U0509053

ZOUXIANG ZHIYE JICHU JIAOYU
DE
ZHUANYE YU KECHENG JIANSHE YANJIU

走向职业基础教育的
专业与课程建设研究

夏益中　吴秋枝　著

人民出版社

目　录

前　言

　　2014年发布的《国务院关于加快发展现代职业教育的决定》提出，"发挥中等职业教育在发展现代职业教育中的基础性作用"，这表明我国中等职业教育有了明确的定位，也预示着中等职业教育专业和课程建设的外部环境将有很大改变。2019年国务院发布的《国家职业教育改革实施方案》强调，"职业教育与普通教育是两种不同教育类型，具有同等重要地位"，这有利于推动我国纵向贯通、横向融通的现代职业教育体系建设。随着我国高中阶段教育基本普及，高等教育进入普及化阶段，纵向贯通的现代职业教育体系和技能型社会建设的推进，中等职业教育走向职业基础教育已大势所趋。当前中等职业学校专业和课程建设的研究和实践，需要我们在清楚认识当前我国中等职业教育发展趋势的基础上，积极探索科学的、符合我国职业教育发展要求的专业和课程建设模式，推进中等职业学校优质专业和优质课程建设。

　　本书第一章探讨了中国特色现代职业教育体系建设情况。以中等职业教育发展为主线分析了中国特色职业教育体系的基本脉络，将我国职业教育体系建设分为探索初期阶段、以中等职业教育为主体阶段、中等职业教育调整阶段、中等职业教育基础地位确立阶段等四个阶段，揭示了中等职业教育在我国职业教育体系不同发展阶段的定位，当前已实现了从职业教育的主体阶段向基础阶段的转变。

　　本书第二章对中等职业教育走向职业基础教育发展趋势进行了研讨。本章首先分析了我国当前中等职业教育发展动因和发展重点工作，其中发展动因包括发展中等职业教育的国家诉求、企业诉求、学生诉求，发展重点工作包括强化基础地位、优化特色发展、推进治理能力建设等。其次分析了当前我国中等职业教育的定位和走向职业基础教育的发展趋势，并探讨促进中等职业教育发展成为职业基础教育发展的策略。

本书第三章对中等职业教育专业建设进行了探讨。在分析我国中等职业学校专业设置管理、专业建设要素及专业建设的历史脉络和现状的基础上，对我国中等职业教育不同时期的专业建设模式进行较深入的探讨，并提出将学科式模式与产教融合模式作为中职专业建设的两种典型建设模式。为了适应中等职业教育走向职业基础教育的趋势，本章对将基于专业治理的专业建设模式作为一种具体化、可操作化的产教融合型模式构建方式进行分析，并对中高职一体化专业建设和专业群建设进行了探讨。

本书第四章对中等职业教育课程建设进行了探析。本章首先在分析中职教育课程的基础性和职业教育课程建设要素的基础上，对中职教育知识的类型、来源、特点进行了分析，并借助知识生态系统理论对当前中职知识生态系统的形成、功能及共生演化进行较深入的探讨，揭示职业基础教育背景下中职学校、企业、高职院校、配套组织等四类共生主体对中职知识生态系统共生模式和共生演化的影响。其次在对中职教育课程规划设计、教学实施、监控评价等课程建设要素进行分析的基础上，对中职课程模式、课程建设模式进行探析，并完整地展示和分析了一个多元主体课程建设模式探索的案例。最后对中职教育混合式教学课程及其建设模式构建进行总结分析，以满足中职教育信息化发展的需要。

第一章

中国特色现代职业教育体系建设

中国职业教育历经 70 多年的风雨变革，职业教育体系演进纵向经历了不同阶段。中等职业教育在职业教育体系中的定位在不同发展阶段也有所不同，目前我国中等职业教育（简称"中职教育"）已完成了从职业教育的主体阶段向职业教育的基础阶段的转变。

一、我国职业教育体系探索初期阶段

新中国成立之初，一穷二白，百废待兴。为了快速填补人才缺口，培养周期短、人才实用性强的中职教育就成为我国职业教育的发展重点。1949年 12 月，召开了第一次全国教育工作大会，明确"今后若干年内着重向中等技术学校发展"，逐步建立起以初等、中等职业教育为主体的职业教育体系。1951 年 6 月 21 日，教育部召开第一次全国中等技术教育会议，会议提出中等技术教育的基本方针、任务。1951 年 10 月 1 日，政务院公布实施《关于改革学制的决定》，这是新中国成立后第一个正式颁布的学制文件。它明确规定，实施中等教育的学校为各种中等学校，即中学、工农速成中学、业余中学和中等专业学校，其中中等专业学校实施各类中等专业教育。当时普通中学多，技术学校少，我国通过对旧有学校进行改造调整及新建职业学校等方式增加职业教育力量，并依靠专业院校培养、短期培训等方式来为社会主义建设提供大量干部和技术人才。

1952 年 8 月 29 日，教育部颁发《中等技术学校暂行实施办法》，这是新中国成立后第一部职业技术教育法规。《中等技术学校暂行实施办法》将学校按程度分技术学校和初级技术学校两级，并确立学校的工作以由中央、大行政区或省（市）人民政府有关业务部门直接领导为原则，各级教育部门对同级业务部门的教育行政机构只尽协助义务，但负有指导和视导教学业务的责任。第一个五年计划布局建设的 156 项重点工程是新中国工业化的开端。中央和地方的工业、交通、农林、财贸等国民经济主管部门，创办了一批中等专业技术学校，培养技术干部和管理干部。劳动部门所属的企业建立技工学校，培养面向生产一线的技术工人。经过几年的建设，一批近代中国所没有的中等地质、矿业、电机电器、铁路交通等学校建立起来。20 世纪 50 年代，我国借鉴了苏联的教育经验，也设立了一批高等专科学校，学制一般为两到三年。

随着我国工业化进程的开启，职业教育人才培养的速度难以满足需求。在"大跃进"时期，我国产生了农业中学、半工半读学校以及城市职业学校等学校类型，扩大了职业教育的覆盖面。到 1965 年，我国已有中职学校7294 所，在校生 126.65 万人，占当时高中阶段学生总数的 53.2%。[1]"文革"期间，职业教育被认为是"资产阶级'双轨制'"的标志，大批职业学校被停办、撤并或改为普通中学。1978 年，我国中职学校在校生仅占高中阶段学生总数的 7.6%，中等教育结构严重失衡。[2]20 世纪 60—70 年代，我国依据实际需要兴建劳动大学、职工大学、管理干部学院，其中最著名的是上海机床厂"7·21"职工大学。现在很多地区还保留有职工大学，作为成人教育的一部分。

这个时期是在计划经济体制下发展职业教育，确定了职业教育要服务

---

[1] 高靓：《新中国 70 年职业教育改革发展历程：锻造大国工匠 奠基中国制造》，《中国教育报》2019 年 9 月 27 日。

[2] 高靓：《新中国 70 年职业教育改革发展历程：锻造大国工匠 奠基中国制造》，《中国教育报》2019 年 9 月 27 日。

国家大规模经济建设的定位。重点发展的高等专科学校、中等专业技术学校和技工学校体现了国家指令性计划配置资源的特征，农业中学、半工半读学校、职工大学则是国家计划招生的补充。因为人才缺口较大，计划经济体制下职业学校学生就业问题并不突出。

二、以中等职业教育为主体的发展阶段

1978—1998 年，我国利用发达国家劳动密集型产业向外转移机会，发展劳动密集型产业和外向型经济，全面推进我国工业化的进程，我国经济高速增长。劳动密集型产业的快速发展加剧了对技术技能型人才的需求，中职教育得到了空前发展，形成中专、技校、职高三类职业学校共同发展格局，高等职业教育（简称"高职教育"）也开始自成系统。

（一）我国中等职业教育结构的完善

党的十一届三中全会后，教育工作以服务国家经济发展为主要目的，中等职业教育也很快进入了黄金发展时期，中职教育结构单一化的问题开始逐渐缓解，学校和在校生规模快速增长，再次达到了高峰。由于中职教育经费的增加，学校的基础设施、办学条件等都得到了改善。

1978 年，邓小平同志在全国教育工作会议上明确指出："要共同努力，使教育事业的计划成为国民经济计划的一个重要组成部分。这个计划，应该考虑各级各类学校发展的比例，特别是扩大农业中学，各种中等专业学校、技工学校的比例"。1980 年 10 月，国务院批转教育部、国家劳动总局《关于中等教育结构改革的报告》。该报告提出了发展中职教育的五条措施：改革普通高中的课程，普通高中要逐步增加职业（技术）教育课程；将部分普通高中改办为职业（技术）学校、职业中学、农业中学；各行各业举办职业（技术）学校，有条件的大中城市还可试办职业技术教育中心；积极发展和

办好技工学校；努力办好中专学校。①

1983 年 5 月，中共中央和国务院发出《关于加强和改革农村学校教育若干问题的通知》，要求："有步骤地增加一批农业高中和其他职业学校"，"力争一九九〇年，农村各类职业技术学校在校学生数达到或略超过普通高中"。②在政策推动下，全国许多地方将普高改为职高或在普高里办职高班，催生了职业高级中学。职业高级中学隶属教育部门，毕业生不包分配、没有干部身份，是第一批应对市场检验的中等职业学校（简称"中职学校"）。1984 年，国家教育统计中对职业高中开始有了比较完整的数据，中职教育由中等专业学校、技工学校、职业高中三类职业技术学校组成的格局从此形成并延续至今。

1985 年 5 月 27 日，发布的《中共中央关于教育体制改革的决定》提出，"调整中等教育结构，大力发展职业技术教育"，"力争在五年左右，使大多数地区的各类高中阶段的职业技术学校招生数相当于普通高中的招生数"，"中等职业技术教育主要由地方负责"，"积极发展高等职业技术院校，优先对口招收中等职业技术学校毕业生以及有本专业实践经验、成绩合格的在职人员入学"。③这个文件还对我国职业教育体系进行了明确阐述，即"逐步建立起一个从初级到高级、行业配套、结构合理又能与普通教育相互沟通的职业技术教育体系"。1986 年 7 月，召开第一次全国职业技术教育工作会议，将"1990 年前后，全国初中后职业技术学校与普通高中招生数大体相当"作为"七五"计划期间的主要目标之一。1987 年 4 月 17 日，国家教委印发《成人中等专业学校暂行条例》，成人中专发展成为中职教育的重要组成部分。

---

① 《国务院批转教育部、国家劳动总局关于中等教育结构改革的报告》，华律网，1980 年 10 月 7 日。

② 《中共中央、国务院关于加强和改革农村学校教育若干问题的通知》，华律网，1983 年 5 月 6 日。

③ 《中共中央关于教育体制改革的决定》，教育部网站，1985 年 5 月 27 日。

这个时期，中职教育成为发展职业教育的重点，初中分流成为主流，并开始了中职生对口升学的探索，中职教育已经在职业教育体系中居于主体地位。1991 年，中职教育在校生数在整个高中阶段在校生数的比重达到 45%，比 1985 年的 35% 提升了 10%。[①]

（二）我国中等职业教育的快速发展

1990 年，以城乡总体计算，基本普及初等义务教育地区的人口约占全国人口总数的 90%，[②] 初中的毛入学率为 66.7%，[③]1991—2000 年，我国义务教育进入快速发展时期，2000 年，全国初中毛入学率达到 88.6%，比 1990 年提高了 21.9 个百分点，初中学生三年保留率为 90.1%。[④]1992 年初，邓小平同志在南方谈话中，号召加快改革和发展。1992 年，党的十四大提出了建立社会主义市场经济体制的目标。民营企业和外资企业崛起，国有企业在政企分开、企业减负增效等背景下推动了我国劳动人事制度改革、企业教育职能剥离。全国经济增长经历了 1989—1990 年短暂下降后，于 1991—2000 年进入高速发展阶段。随着社会主义市场经济体制的建立，企业成为市场主体，有了完全的用人自主权，劳动力市场也日益完善。经济的高速发展，市场对技术技能型人才的需求也在快速增长。

表 1-1　1991—2000 年中国 GDP 年度增长率表[⑤]

年份	1991	1992	1993	1994	1995	1996	1997	1998	1999	2000
GDP 增长率（%）	9.26	14.22	13.88	13.04	10.95	9.92	9.24	7.85	7.66	8.49

---

① 《1991 第二次全国职业教育工作会议》，《职业技术教育》2006 年第 9 期。

② 中国教育年鉴编辑部：《中国教育年鉴 1991》，人民教育出版社 1992 年版。

③ 中华人民共和国教育规划司：《中国教育统计年鉴 2016》，中国统计出版社 2017 年版。

④ 中国教育年鉴编辑部：《中国教育年鉴 2001》，人民教育出版社 2001 年版。

⑤ 根据中国历年国民经济和社会发展统计公报数据整理。

1.发展职业教育的基本政策

随着经济增长对技能性人才需求的扩大及义务教育普及率的提高,1991年1月,我国召开的第二次全国职业技术教育工作会议提出,把发展职业教育作为发展经济的组成部分,要像抓经济工作那样抓劳动者素质的提高。1991年10月17日,国务院发布了《关于大力发展职业技术教育的决定》,这是新中国成立后国家最高行政机构首次就职业教育发展问题作出的专门决策,对我国职业教育的发展起到重要促进作用。

明确了20世纪90年代职业教育发展的主要任务。第一,办好现有各类职业技术学校,并集中力量办好一批起示范和骨干作用的学校。扩大招生规模,使全国高中阶段职业技术学校的在校生人数超过普通高中的在校生人数。第二,广泛开展短期职业技术培训,各类职业技术学校也应积极承担短期培训任务。第三,在普通教育中积极开展职业指导,在不同阶段对学生实行分流教育。城市可在高三分流,对一部分人进行定向性的或预备性的职业技术教育。农村可根据各地的情况,分别采取"三加一"①、初三分流、四年制渗透职业技术内容或办职业初中等多种形式发展初中阶段的职业技术教育。第四,发挥中专学校在同类职业技术教育中的骨干作用,加强技工学校和职业中学建设,努力办好一批培养技艺性强的高级操作人员的高等职业学校。

在发展职业教育政策方面提出:职业技术教育大家来办的方针;从各级政府、各级财政部门、各有关业务主管部门及厂矿企业等多方增加对职业技术教育的投入;提倡产教结合、工学结合。非义务教育阶段的职业技术教育,可以收取学费,用于补充教学方面的开支;有步骤地推行"先培训,后就业",凡进行技术等级考核的工种,逐步实行"双证书"②制度;逐步建立健全职业技术教育的研究、教材出版、信息交流、师资和干部培训等服务体系;要积极稳妥地改革中等专业学校和技工学校的招生和毕业生分配制度;

---

① "三加一",即三年初中教育再加一年职业技术教育。
② "双证书",即毕业证书和技术等级或岗位合格证书。

要改革教学内容和教学方法，突出实践性教学环节，加强职业技能训练。

在职业教育管理方面，明确要求职业教育为本地经济服务，强调了发展职业技术教育主要责任在地方，关键在市、县；要重视发挥各业务部门在发展职业技术教育中的作用；明确要求制定各类职业技术学校的设置标准和评估标准，逐步建立职业技术教育的评估制度；要加强职业技术教育的法规建设等。① 总体而言，《国务院关于大力发展职业技术教育的决定》是具有重大现实意义和深远历史意义的伟大文献。

1993 年和 1994 年先后发布的《中国教育改革和发展纲要》和《国务院关于〈中国教育改革和发展纲要〉的实施意见》，都要求扩大中职教育规模，提出了到 2000 年各类中职学校年招生数和在校生数占高中阶段教育学生数的比例，全国平均保持在 60% 左右的目标。《实施意见》还要求推进全国中心城市和每个县重点建设一两所适合本地区发展特点的、综合性的中等骨干职业学校或培训中心，计划全国逐步建成约 2000 所重点中职学校或培训中心。

1996 年，中职学校的招生数和在校生数已达 415 万人和 1010 万人，分别占高中阶段学生总数的 57.4% 和 56.8%，建设了 675 所国家级重点学校和 1964 所省部级重点学校。② 为了适应社会主义市场经济体制的需要，1997 年国家教委、国家计委下发《关于普通中等专业学校招生并轨改革的意见》，明确了毕业生就业实行市场化的改革方向。

2.《中华人民共和国职业教育法》的颁布与实施

1996 年 5 月 15 日，《中华人民共和国职业教育法》颁布，它以法的形式明确了职业教育的地位、体系构成以及政府和有关方面在发展职业教育中的责任，并将职业学校教育分为初等、中等、高等，表达构建纵向职业教育体系的要求。同年 6 月，第三次全国职业教育工作会议召开，其主要任务就

---

① 《国务院关于大力发展职业技术教育的决定》，1991 年 10 月 17 日。

② 《关于实施〈职业教育法〉加快发展职业教育的若干意见》，1998 年 3 月 16 日。

是宣传和贯彻《职业教育法》，推动职业教育的进一步改革和发展。1998 年 3 月 16 日，国家教育委员会、国家经济贸易委员会、劳动部印发《关于实施〈职业教育法〉加快发展职业教育的若干意见》对建立健全职业教育体系、推进办学体制改革、加快招生和毕业生就业制度改革等方面进行了规定。

第一，建立健全职业教育体系。推进以初中后为重点的不同阶段的教育分流，建立、健全职业学校教育与职业培训并举，并与其他教育相互沟通、协调发展的职业教育体系。地方和部门要加强统筹规划，要充分利用现有的教育资源，采取积极措施推动高职教育发展。根据地方和行业的需求和学校的办学条件，经国家教委审批，可以利用重点中专学校举办高职班或转制来补充。要逐步规范和理顺职业学校教育的学制，初等职业学校教育招收小学毕业生，学习期限为三至四年；中等职业学校教育主要招收完成初中阶段教育的毕业生，学习期限一般为三年，有些可为两年或四年；高等职业学校教育招收中职学校和普通高中毕业生及有同等学力的人员，专科层次的学习期限为两至三年，少数经批准的学校，招收初中毕业生，学习期限为五年。除一些特殊专业（工种）外，要逐步实现中职学校不再招收高中毕业生。

第二，推进办学体制改革。逐步建立、健全有中国特色的、适应社会主义市场经济和社会进步需要的职业教育制度和有效的运行机制。明确了县级以上地方各级政府对所辖行政区域内职业教育的发展负有主要领导责任，行业主管部门、行业组织应依法举办或与其他方面联合举办本行业的职业学校和职业培训机构，企业组织可以单独或联合举办职业学校或职业培训机构，实行多种形式的联合办学，国家大力倡导和支持发展多种形式的民办职业教育。要坚持在政府领导下，教育部门统筹协调，各有关部门分工协作，使各类职业教育能在统一、协调的政策下健康发展。1998 年，国务院对国务院部门（单位）所属中等专业学校的管理体制进行调整，国务院部门（单位）所属的中等专业学校都划转地方管理（除少数部门外），其中国务院部门（单位）所属企业或事业单位举办的中等专业学校，仍由这些单位举办，但教育行政管理职能移交地方。

第三，加快招生和毕业生就业制度改革，推行两种证书制度。积极推进中等专业学校招生、收费并轨改革，实行缴费上学，2000 年，基本完成新旧体制转轨。所有职业学校和职业培训机构的毕（结）业生的就业应逐步转到面向社会、进入市场、公平竞争、自主择业的轨道。要逐步推行学历证书或培训证书和职业资格证书两种证书制度。对职业学校和职业培训机构毕（结）业生，要按照国家制定的职业分类和职业等级、职业技能标准，开展职业技能考核鉴定，考核合格的，按照国家有关规定，发给职业资格证书。同层次、同培养目标的职业学校毕业生有相同的考证资格。从事国家规定的技术工种、特种作业的，应取得相应学历证书或培训证书，并取得相应职业资格证书。

第四，加强职业教育内部建设。到 2000 年，中心城市的各个大的行业及每个县都要建设一至两所骨干职业学校、职业培训机构，并使之相互沟通，努力巩固并提高已建国家和省部级重点职业学校的办学水平；中专学校的教师要基本达到任职资格标准，职业中学、技工学校教师的达标率也要有明显提高。到 2010 年，进一步增加职教特色明显、能起骨干示范作用的国家级和省部级重点职业学校的数量，并进一步提高质量；各类职业学校教师都要基本达到任职资格标准，使我国职业教育的水平登上一个新的台阶。

《关于实施〈职业教育法〉加快发展职业教育的若干意见》促进了适应社会主义市场经济发展所需要的职业教育制度和有效的运行机制的建立和完善；明确了初等、中等、高等职业教育招生范围，加快扩大中职规模，明确了发展高职教育的途径，确定了县级以上地方各级政府对所辖行政区域内职业教育的发展负有主要领导责任。1998 年，中职教育招生 442.26 万人，占高中阶段招生比例的 55.16%，中职教育在校生占中等教育阶段在校生的 60.02%，招生数量和在校生数量均再次达到峰值。①

---

① 数据根据教育部网站历年全国教育事业发展统计公报整理。

（三）我国高等职业教育开始自成体系

1980年，原国家教委批准建立了13所职业大学，例如南京金陵职业大学、合肥联合大学、无锡职业大学、江汉大学等，我国高等职业院校正式诞生。[①]1984年，我国短期职业大学达到82所，在校生达到1万—2万人，[②]为现代高职教育的形成和发展奠定了较为坚实的基础。1985年，《中共中央关于教育体制改革的决定》提出，"积极发展高等职业技术院校"，"逐步建立起一个从初级到高级、行业配套、结构合理又能与普通教育相互沟通的职业技术教育体系"。1986年，全国职业技术教育工作会议首次从官方角度提出"高等职业教育"一词。时任副总理兼国家教委主任李鹏在会上作报告说："一般地讲，像我们的高等职业学校相当一部分广播电视大学、高等专科学校……是不是应该算高等职业教育这个层次。"在这时，高等职业学校、部分广播电视大学、高等专科学校等都应该属于职业性的高等教育。1991年，《国务院关于大力发展职业技术教育的决定》从顶层设计的角度提出，"初步建立起有中国特色的，从初级到高级、行业配套、结构合理、形式多样，又能与其他教育相互沟通、协调发展的职业技术教育体系的基本框架"。1994年，《国务院关于〈中国教育改革和发展纲要〉的实施意见》要求，"通过改革现有高等专科学校、职业大学和成人高校以及举办灵活多样的高等职业班等途径，积极发展高等职业教育"。1994年6月，中共中央和国务院召开的全国第二次教育工作会议，会议强调今后一个时期适当扩大高等教育规模的重点是高等专科教育和高职教育，并提出发展高职教育"三改一补"基本方针，即"通过现有职业大学、部分高等专科学校和独立设置的成人高校改革办学模式，调整专业方向和培养目标来发展；在仍不能满足需求时，经批准可利用少数具备条件的重点中专学校改制或举办高职班等方式作为补充"。至此，我国发展高职教育的政策准备基本完毕，并奠定了高职教育发展的基

---

① 平和光、程宇、李孝更：《40年来我国高等职业教育发展回顾与展望》，《职业技术教育》2018年第15期。

② 李蔺田：《中国职业技术教育史》，高等教育出版社1994年版，第554页。

本格局。

1996年5月颁布的《中华人民共和国职业教育法》规定:"职业学校教育分为初等、中等、高等职业学校教育。初等、中等职业学校教育分别由初等、中等职业学校实施;高等职业学校教育根据需要和条件由高等职业学校实施,或者由普通高等学校实施。其他学校按照教育行政部门的统筹规划,可以实施同层次的职业学校教育。"《中华人民共和国职业教育法》明确了高职教育的法律地位。1998年9月,国家颁布的《中华人民共和国高等教育法》规定,"高等学校是指大学、独立设置的学院和高等专科学校,其中包括高等职业学校和成人高等学校",以法律形式明确了高职教育是我国高等教育的一个独立类型,进一步夯实了高职教育的法律地位。1998年3月16日,国家教育委员会、国家经济贸易委员会、劳动部印发《关于实施〈职业教育法〉加快发展职业教育的若干意见》,进一步提出积极地有步骤地发展高职教育的具体措施,在重申"三改一补"的基础上又提出了"三多一改"的方针,具体内容如下:一是主要通过对现有高等专科学校、职业大学、独立设置的成人高校改革办学模式、调整专业方向和培养目标,以及改组、改制来发展高等职业学校教育;二是在尚不能满足对高职人才的需求时,经国家教委审批,可以利用重点中专学校举办高职班或转制来补充;三是今后,国家每年新增的高校招生计划指标应主要用于发展高等职业学校教育;四是高职教育不仅要实现办学形式多样化、人才培养模式多样化、办学主体多样化,还要通过改革来提高人才培养质量。截至1998年,我国独立设置的高职院校已有101所,招生6.28万人,在校生14.86万人,分别比1985年增长了52%和58%,我国高职教育体系已开始自成体系。

1978—1998年这个时期,我国首先是完善中等职业教育结构,并将发展中等职业教育作为职业教育的工作重点,同时高职教育经过多年发展开始自成体系并逐步完善发展。随着我国市场经济的发展,原有计划经济体制下发展职业教育的模式也有了调整,职业学校和职业培训机构的毕(结)业生的就业逐步转到面向市场、自主择业的轨道。

三、中等职业教育进入调整期的发展阶段

世纪之交，信息技术引发的科技革命，推动人类社会从传统工业经济时代迈向知识经济时代，信息化、智能化成为潮流，知识阶层日益成为劳动主体，中职教育的主体地位因受到高职教育的挑战而开始进入调整期。1999—2014 年，我国中职教育经历了大起大落期和内涵建设期两个时期，而高职教育则经历了规模发展期和内涵建设期两个时期，全国职业教育基本实现了从计划培养向市场驱动转变、从政府直接管理向宏观引导转变，这个阶段后期开始了中等和高等职业教育贯通人才培养模式探索，以促进中等和高等职业教育协调发展，为我国构建现代职业教育体系奠定了基础。

（一）中等职业教育实现面向市场的全面转轨

1.1999—2004 年中等职业教育进入低谷阶段

20 世纪末，以信息技术为主的高科技革命的迅猛发展，知识经济大潮席卷而来，对人类社会的生产、生活、思维等方式产生了巨大的影响。在传统工业经济时代，劳动密集型企业得到快速发展，工厂需要大量技术工人。在知识经济时代，技术产业密集，信息化、智能化为其主要特征，知识阶层将成为劳动主体，企业需要具有较高知识素养和较强技术能力的劳动者，这推动了高等教育快速发展，对传统中等职业教育产生了重大影响。1998 年《中华人民共和国高等教育法》出台后，我国高等教育开始走上了加速发展的通道。同年发布的《面向 21 世纪教育行动振兴计划》明确要求，到 2000 年，高等教育入学率达到 11% 左右，到 2010 年，入学率达到 15%。事实上，1998 年我国高等教育的毛入学率为 9.8%，仅 4 年时间，到 2002 年就提高到 15.0%，我国高等教育也从精英教育阶段进入了大众化阶段。

高等教育扩招的政策，给普通高中教育打了一针强心剂。《1995—2004 年全国各级普通学校毕业生升学率情况表》（表 1-2）表明：我国普通高中升

学率 1995—1998 年在 50% 左右，1999 年上升到 63.8%，2000 年又上升到 73.2%，到 2002 年时已达到 83.5%，以后几年都稳定在 82% 以上，扩大普通高中的招生规模成为当时高中阶段教育的必然选择。

表 1-2　1995—2004 年全国各级普通学校毕业生升学率情况表

年份	小学升初中（%）	初中升高中（%）	高中升高等教育（%）
1995	90.8	50.3	49.9
1996	92.6	49.8	51.0
1997	93.7	51.5	48.6
1998	94.3	50.7	46.1
1999	94.4	50.0	63.8
2000	94.9	51.2	73.2
2001	95.5	52.9	78.8
2002	97.0	58.3	83.5
2003	97.9	59.6	83.4
2004	98.1	63.8	82.5

注：高中升学率为普通高校招生数与普通高中毕业生数之比。数据来源于教育部网站教育历年统计年鉴。

当时，我国每年新增的高校招生计划指标应主要用于发展高等职业学校教育。随着我国发展高职教育的"三改一补"方针的贯彻落实，一大批具有很强实力的中等专业技术学校升格为高等职业学院，中职教育的实力受到很大的影响。同时随着中专和技工学校自主择业的推进，中低端生产的企业受知识经济的冲击无力为技术工人提供优厚待遇。受到 1998 年东南亚金融风暴的影响，我国实行减岗增效，就业问题迅速爆发，中职教育的吸引力出现下滑。《面向 21 世纪教育行动振兴计划》虽然明确了中职学校毕业生中有一定比例可进入高职院校学习，但是要求近期比例控制在 3% 左右，高职教育发展并没有拉动中职学校招生。国家的意愿、政策的导向和民众的选择，中职教育不仅出现优质生源的流失，而且招生总量也现下降，中职教育已居人们高中阶段教育的次选位置，也成为人们眼中"差等生"的不得已选择。

1999 年，全国中职教育招生 275.30 万人，占高中阶段教育招生比例从 1998 年的 55.16% 下降到 41.46%（表 1-3），中职教育开始走入低谷。

表 1-3　1998—2004 年全国中等职业教育招生与在校生情况统计表

年份	招生情况		在校生情况	
	招生数（万人）	高中阶段占比（%）	在校生数（万人）	高中阶段占比（%）
1998	442.26	55.16	1212.70	60.02
1999	375.30	41.46	1115.39	44.43
2000	408.60	44.84	1284.46	51.02
2001	399.94	40.48	1164.94	44.79
2002	473.55	40.11	1190.81	40.95
2003	515.75	40.68	1256.73	38.75
2004	566.20	40.80	1409.24	38.62

数据来源：教育部网站历年全国教育事业发展统计公报。

2000 年，教育部先后印发《关于全面推进素质教育、深化中等职业教育教学改革的意见》《关于中等专业学校管理体制调整工作中防止中等职业教育资源流失问题的意见》，当年全国中职教育招生比例有所回升，但 2001 年全国中职招生比例又创新低。2002 年，国务院发布《关于大力推进职业教育改革与发展的决定》等促进中职教育发展的政策文件，但中职教育下滑的趋势仍没有得到完全扭转。2004 年 2 月，教育部发布的《2003—2007 年教育振兴行动计划》指出，要积极发展普通高中教育，却没有对中职教育规模、普职比提出要求。中职教育的学校数量、师资力量、教学设备、毕业生就业状况等均呈衰落之势。2004 年，中职教育招生占高中阶段教育比例降至 40.80%，在校生比例仅占 38.62%。

2004 年 9 月，国务院七部委出台《关于进一步加强职业教育工作的若干意见》提出，"从现在起到 2007 年，在高中阶段教育中，要加大结构调整工作力度，进一步扩大中等职业教育招生规模，使中等职业教育与普通高中教育的比例保持大体相当，在有条件的地方职业教育所占比例应该更高一些"，"要巩固和加强现有职业教育资源，促进职业院校办出特色，提高质量，中职学校不再升格为高等职业院校或并入高等学校，专科层次的职业院校不再升格为本科院校，教育部暂不再受理与上述意见相悖的职业院校升格的审批和备案"，此后，中职教育资源流失才算基本停止。

2.2005—2010 年中等职业教育规模全面恢复

2005 年，国务院召开了全国职业教育工作会议，颁布了《国务院关于大力发展职业教育的决定》。国务院要求，"到 2010 年，中等职业教育招生规模达到 800 万人，与普通高中招生规模大体相当"，"重点建设高水平的培养高素质技能型人才的 1000 所示范性中等职业学校"，"2010 年以前，原则上中等职业学校不升格为高等职业院校或并入高等学校，专科层次的职业院校不升格为本科院校"。为了保证中职教育招生规模，教育部每年发布关于做好中职学校招生工作的通知，具体落实招生任务，如 2006 年明确要求中职扩招 100 万人，2007 年按要求达到 810 万人，2009 年达到 868 万人。这些政策导向推动中等职业教育走出低谷，中职教育招生规模高中阶段占比于 2005 年开始回升，并于 2009 年达到 51.12%，招生人数于 2010 年达到 870.42 万人（表 1-4），中职教育迈向新的高峰。

表 1-4　2005—2010 年全国中等职业教育招生与在校生情况统计表

年份	招生情况		在校生情况	
	招生数（万人）	高中阶段占比（%）	在校生数(万人)	高中阶段占比（%）
2005	655.66	42.76	1600.05	39.69
2006	747.82	46.19	1809.89	41.68
2007	810.02	49.09	1987.01	43.89
2008	812.11	49.25	2087.09	45.61
2009	868.52	51.12	2195.16	47.30
2010	870.42	51.00	2238.50	47.86

数据来源：教育部网站历年全国教育事业发展统计公报。

　　为了落实《国务院关于大力推进职业教育改革与发展的决定》关于"重点办好起骨干和示范作用的职业学校"的要求，教育部从 2003 年起调整认定国家级重点中等职业学校。教育部办公厅于 2004 年、2009 年、2010 年分批次分别公布了 1504 所、110 所、101 所获得认定的国家级重点中等职业学校名单。国家级重点中职学校的建设与认定，进一步推进了中职学校布局结构调整，夯实了职业学校建设基础，提高了中职教育的整体实力。

　　3.2011—2014 年中等职业教育从扩大规模到提高质量转变

　　2010—2014 年，中职教育招生规模从 870.42 万人下降到 619.76 万人，中职教育招生规模在高中阶段占比也从 51.00% 下降到 43.76%（表 1-5）。这段时间，国家不再强调职普比例，而是启动了国家中等职业教育改革发展示范学校建设。2010 年以前的国家级重点中等职业学校建设强调的是硬件建设，而国家中等职业教育改革发展示范学校建设更侧重于人才培养模式改革、课程体系建设、师资队伍建设、校企合作与工学结合、学校特色发展等方面的探索。总体而言，国家中等职业教育改革发展示范学校建设注重中职学校的教育教学内容改革，通过校企合作机制建设提高中职教育的市场针对性及中职教育的教育教学质量和内生力，增强其服务经济社会发展的能力，提升中职教育对国家的贡献和社会吸引力，实现从注重扩大规模到全面提高质量转变。

表 1-5　2011—2014 年全国中等职业教育招生与在校生情况统计表

年份	招生情况		在校生情况	
	招生数（万人）	高中阶段占比（%）	在校生数（万人）	高中阶段占比（%）
2011	813.87	48.89	2205.33	47.06
2012	754.13	47.17	2113.69	46.03
2013	674.76	45.06	1922.97	44.00
2014	619.76	43.76	1755.28	42.09

数据来源：教育部网站历年全国教育事业发展统计公报。

2010 年 6 月发布的《教育部人力资源和社会保障部、财政部关于实施国家中等职业教育改革发展示范学校建设计划的意见》提出，今后几年中央财政在全国范围内重点支持 1000 所中职学校改革创新，大幅度提高这些学校办学的规范化、信息化和现代化水平，使其成为全国中职教育改革创新的示范、提高质量的示范和办出特色的示范，在中职教育改革发展中发挥引领、骨干和辐射作用。示范校建设的重点任务包括改革培养模式、改革教学模式、改革办学模式、创新教育内容、加强队伍建设、完善内部管理、改革评价模式等。国家中等职业教育改革发展示范学校建设计划从 2010 年起实施，项目计划期为 4 年。2011 年 1 月、2011 年 10 月、2012 年 9 月国家分别公布三批项目建设学校数量和名单，其中第一批立项建设学校 285 所、第二批立项建设学校 377 所、第三批立项建设学校 342 所，共计建设国家中等职业教育改革发展示范学校 1004 所。第一批示范校于 2013 年验收，2014年公布了验收结果，第三批示范校验收结果于 2018 年 12 月公布。

（二）高等职业教育实现全面兴起

1999 年开始，高等教育毛入学率快速上升，2002 年达到 15%，高等教育从精英教育阶段进入大众化阶段；2014 年达到 37.5%，我国高等教育进入大众化中后期阶段。高等教育的迅速发展带动了高职教育的全面兴起。

1.1999—2005 年高等职业教育规模发展阶段

1999 年 1 月，教育部、国家计委联合印发《试行按新的管理模式和运行机制举办高等职业技术教育的实施意见》，提出调整高等教育结构，扩大高等教育招生规模，并将招生计划增量的部分主要用于高职教育。该实施意见还对高职教育的办学层次、办学主体、收费、办学条件、招生等进行了明确规定。同年 6 月，中共中央、国务院印发的《关于深化教育改革，全面推进素质教育的决定》指出，高职教育是高等教育的重要组成部分，并提出要大力发展高职教育，开启了我国高职教育规模发展模式，标志着我国高职教育发展进入"扩招、扩地、扩建"为主要特征的阶段。1999—2001 年，各地相继创建了近百所高职院校。2002 年，国务院召开的全国职业教育工作会议继续要求"扩大高等职业教育的规模"。2005 年发布的《国务院关于大力发展职业教育的决定》进一步要求："高等职业教育招生规模占高等教育招生规模的一半以上。'十一五'期间，要为社会输送 1100 万名高等职业院校毕业生。"《2005 年全国教育事业发展统计公报》披露：2005 年，全国普通高等学校 1792 所，其中本科院校 701 所，高职（专科）院校 1091 所；普通高等教育共招生 504.46 万人，在校生 1561.78 万人。据统计，全国高等职业院校 2005 年招生 268.09 万人，在校生 712.96 万人，[①] 高职招生数、在校生数分别占普通高等教育的 53.1%、45.65%。1998—2005 年，高职的年招生数从 43 万人增加到 268.09 万人，增长 5.2 倍，基本形成了每个地市至少有一所高等职业院校的格局。

2.2006—2014 年高等职业教育内涵式发展阶段

2006 年，我国高职教育招生占普通高校招生数的 53.65%，2006—2008 年高职招生占比稳定在 50% 以上，但是总体呈下降趋势，2009 年下降到 49.01%，直到 2019 年才恢复到 50% 以上，达到 52.86%。2005—2014 年，普通高校本科招生人数从 2363647 人增长到 3834152 人，增长了 64.75%；同期高职专科招生人数从 2680934 人增长到 3379835 人，仅增长了 29.97%。总体而言，我国高职教育从 2006 年开始从规模扩张发展转向提高质量为中心的内涵式发展。2006 年，《教育部关于全面提高高等职业教育教学质量的若干意见》提出，"要认真贯彻国务院关于提高高等职业教育质量的要求，适当控制高等职业教育招生增长幅度，相对稳定招生规模，切实把工作重点放在提高质量上来"。该意见从培养目标、专业改革与建设、课程建设与改革、培养模式、校企合作、专业教学团队建设、教学质量保障体系、规范管理等八个方面对高职教育可持续发展作了详细规定，明确了高职教育要全面

---

① 平和光、程宇、李孝更：《40 年来我国高等职业教育发展回顾与展望》，《职业技术教育》2018 年第 15 期。

提高教育教学质量，走内涵式发展道路。

表1-6　2005—2014年我国普通高等教育本专科毕业生与招生数统计表

年份	普通高校毕业生数			普通高校招生数		
	本科（人）	专科（人）	专科占比（%）	本科（人）	专科（人）	专科占比（%）
2005	1465786	1602170	52.22	2363647	2680934	53.14
2006	1726674	2048034	54.26	2530854	2929676	53.65
2007	1995944	2481963	55.43	2820971	2838223	50.15
2008	2256783	2862715	55.92	2970601	3106011	51.11
2009	2455359	2855664	53.77	3261081	3133851	49.01
2010	2590535	3163710	54.98	3512563	3104988	46.92
2011	2796229	3285336	54.02	3566411	3248598	47.67
2012	3038473	3208865	51.36	3740574	3147762	45.70
2013	3199716	3187494	49.90	3814331	3183999	45.50
2014	3413787	3179884	48.23	3834152	3379835	46.85

数据来源：教育部网站历年中国教育统计数据。

2006年，教育部、财政部联合印发《关于实施国家示范性高等职业院校建设计划加快发展职业教育改革与发展的意见》，决定重点支持建设100所高等职业院校开展国家示范性高等职业院校建设，以带动高等职业院校整体办学质量的提升。2006—2008年，教育部、财政部先后分三批评选出100所"国家示范性高等职业院校建设计划"立项建设院校。通过实施国家示范性高等职业院校建设计划，示范性院校在办学实力、教学质量、管理水平、办学效益和辐射能力等方面有较大提高，特别是在深化教育教学改革、创新人才培养模式、建设高水平专兼结合专业教学团队、提高社会服务能力和创建办学特色等方面取得明显进展。2010年，教育部、财政部下发《关于进一步推进国家示范性高等职业院校建设计划实施工作的通知》，决定建设100所国家骨干高职院校，2015年，国家骨干高职院校建设完成验收工作。

国家通过骨干高职院校建设推进了地方政府完善政策、加大投入，创新办学体制机制，深化教育教学改革，深化内部管理运行机制改革，增强了学校办学活力，提高了教育教学水平，提升了服务能力，实现行业企业与高职院校相互促进、区域经济社会与高职教育和谐发展。实践证明，示范性高等职业院校建设、骨干高等职业院校建设在探索产教融合校企合作、单独招生考试改革、分享优质教育资源、提高整体教育教学水平等方面起到了很大作用，促进了高职教育改革与发展。

（三）中高等职业教育协调发展探索

1985 年发布的《中共中央关于教育体制改革的决定》提出，高等职业技术学院要优先对口招收中职学校的毕业生，这是我国中高职衔接最早探索。2002 年，《国务院关于大力推进职业教育改革与发展的决定》要求加强中职教育与高职教育的衔接与沟通，扩大中职毕业生进入高等学校尤其是进入高等职业学校继续学习的比例，适当增加高职专科毕业生接受本科教育的比例，适度发展初中后五年制高职教育。《中国教育年鉴》中的《全国各级普通学校毕业生升学率情况》统计表显示，2009—2014 年全国普通高中毕业生的升学率分别为 77.6%、83.3%、86.5%、87.0%、87.6%、90.2%，[1]除 2009 年该指标低于 80% 外，其余年份均超过 83%，到 2014 年已达到了 90.2%。中职毕业生的升学率没有列入年鉴，我们暂时没有全国中职毕业生升学情况数据，但是《广州市中等职业学校学生毕业去向调查——以 2013—2015 年毕业生为例》一文显示，2013—2015 年广州市中职毕业生升学率仅分别为 18.9%、22.25%、26.49%。[2]广州市是省会城市和全国一线城市，全国中职学生的升学率应该低于这个水平。由于中职毕业生升读高职教育的

---

① 高中升学率为普通高校招生数与普通高中毕业生数之比。数据来源于教育部网站教育历年统计年鉴。

② 林韶春：《广州市中等职业学校学生毕业去向调查——以 2013—2015 年毕业生为例》，《教育导刊》2016 年第 10 期。

比率较低，中职教育曾被称为"断头教育"。中高职衔接不紧密的问题制约了中职教育的吸引力，不利于职业教育的发展。

表1-7　2013—2015年广州市中职学生毕业去向统计表

毕业去向		2013年毕业生	2014年毕业生	2015年毕业生
就业	就业人数（人）	29826	28617	28448
	就业率（%）	79.78	75.29	71.91
升学	升学人数（人）	7090	8458	10481
	升学率（%）	18.97	22.25	26.49
其他	去向不明人数（人）	467	933	631
	去向不明率（%）	1.25	2.45	1.60

数据来源：林韶春：《广州市中等职业学校学生毕业去向调查——以2013—2015年毕业生为例》，《教育导刊》2016年第10期。

针对中等和高等职业教育在专业、课程与教材体系、教学与考试评价等方面存在脱节、断层或重复现象，职业学校毕业生直接升学和继续学习制度不完善，职业教育整体吸引力不强等问题，2011年8月，教育部发布了《教育部关于推进中等和高等职业教育协调发展的指导意见》，提出了技能型人才系统培养的理念，明确了中职教育在技能型人才培养中的基础性作用及高职教育的引领作用，要求中等和高等职业教育协调发展。该意见要求根据社会人才需求和技能型人才成长规律，改革高职招生考试制度，推广"知识+技能"的考试考查方式，完善职业学校毕业生直接升学和继续学习制度，探索中等和高等职业教育贯通的人才培养模式，拓宽人才成长途径，拓宽技能型人才成长途径。国家为构建中职与高职相互沟通、相互衔接的教育体制提供了政策导向，并且已经在不同的地区进行实践。例如，广东省不仅探索中高职"三二分段"衔接办学，还制定了中高职衔接专业教学标准和课程标准，明确中高职人才培养规格、梯次和结构，促进中等和高等职业教育人才培养质量评价标准的有效衔接。

随着《教育部关于推进中等和高等职业教育协调发展的指导意见》的实施，我国中职毕业生的升学率有提升的趋势，中高职衔接的方式也不断丰富，高职院校的自主招生考试规模也在不断扩大，中高职贯通培养模式也得到逐步推广。

四、中等职业教育确立基础地位阶段

2012年起，我国GDP增速开始回落。2014—2019年我国GDP增速维持在7%左右，经济发展从高速增长转为中高速增长，从要素驱动、投资驱动转向创新驱动成为我国经济新常态。在经济新常态推动下，高职教育成为我国职业教育体系的主体，中职教育开始走向职业基础教育。

（一）中国现代职业教育体系构建

1.中国特色现代职业教育体系的顶层设计

随着我国经济发展进入"新常态"，技术进步不仅推动了原有产业升级发展，催生了大量新兴产业，也要求一线劳动者接受更长时间的教育与培训，掌握更多的知识、技术、技能，这是高等教育大众化的原动力，也导致了高等教育的主要增量是高职教育。大量新兴产业发展和产业升级带来了人才结构调整，可概括为两个80%，即：人才队伍中的80%是应用型人才、应用型人才中的80%是复合型人才。[①] 创新驱动发展要求科学研究、实验开发、推广应用三个环节缺一不可。推广应用就是把创新的成果转化到生产实践中去，这又导致其人才需求量大，而职业教育在推广应用中具有不可替代的作用。这也决定了职业院校必须走"产教融合、校企合作"的道路，推进

---

① 陈锋：《〈现代职业教育体系建设规划（2014—2020年）〉解读》，中国高职高专教育网，2014年11月4日。

教育链、人才链、产业链、创新链形成有机衔接，才能更好地履行使命。

技术进步、产业升级、创新驱动，要求把职业教育放到国家经济社会发展的全局，对教育结构进行重大调整，对教育制度进行重大创新。2014 年 6 月发布的《国务院关于加快发展现代职业教育的决定》明确，"到 2020 年，形成适应发展需求、产教深度融合、中职高职衔接、职业教育与普通教育相互沟通，体现终身教育理念，具有中国特色、世界水平的现代职业教育体系"。教育部、国家发展改革委、财政部、人力资源和社会保障部、农业部、国务院扶贫办等六部门印发的《现代职业教育体系建设规划（2014—2020 年）》将我国教育体系分为普通教育体系、职业教育体系、继续教育体系等三个相互关联、相互沟通的组成部分，并对如何构建现代职业教育体系的内部系统进行了阐述，即"系统构建从中职、专科、本科到专业学位研究生的培养体系，满足各层次技术技能型人才的教育需求，服务一线劳动者的职业成长。拓宽高等职业学校招收中等职业学校毕业生、应用技术类型高等学校招收职业院校毕业生通道，打开职业院校学生的成长空间。"

时任教育部发展规划司副司长的陈锋同志在对《现代职业教育体系建设规划（2014—2020 年）》进行了解读：他将我国现代职业教育体系建设的指导思想概括为"就业导向、系统培养、产教融合、全面发展"，其中"就业导向是方向，系统培养是结构，产教融合是机制，全面发展是目标"。[1] 他进一步将现代职业教育体系的基本特征概括为"贯通、衔接、立交、融合"。"贯通"是就业导向、产教融合的前提，实现技术技能型人才从中职—高职—本科—学位研究生的贯通培养。"衔接"是指普通教育与职业教育衔接、职业教育与继续教育衔接，搭建起人才多样化成长路线图。"立交"是要建立教育和就业的"旋转门"，通过教育、就业，再教育、再就业，促进个人成长。"融合"是要求建立有效机制，促进教育与经济社会、产业相融合，促

---

[1]　陈锋：《〈现代职业教育体系建设规划（2014—2020 年）〉解读》，中国高职高专教育网，2014 年 11 月 4 日。

进职业学校与所服务的产业、所在的城市、所在的社区形成共同体，实现共同发展。

2.纵向贯通的职业教育体系建设

2014年《国务院关于加快发展现代职业教育的决定》对建设纵向贯通的现代职业教育体系提出明确目标要求：总体保持中职学校和普通高中招生规模大体相当，高职教育规模占高等教育的一半以上，总体教育结构更加合理。到2020年，中等职业教育在校生达到2350万人，专科层次职业教育在校生达到1480万人，接受本科层次职业教育的学生达到一定规模。为了实现目标，国家采取了如下措施：

发挥中职教育的基础性作用。发挥中职教育的基础性作用是纵向贯通的职业教育体系的基础。《国务院关于加快发展现代职业教育的决定》要求总体保持中职学校和普通高中招生规模大体相当，巩固提高中职教育发展水平。2017年教育部等四部委发布的《高中阶段教育普及攻坚计划（2017—2020年）》重申"普通高中与中等职业教育结构更加合理，招生规模大体相当"。两个文件都要求提高中职教育吸引力，加强技术技能培养和文化基础教育，实现就业有能力、升学有基础。国家为了进一步加强中职教育内涵建设，制订了一系列的教育标准。教育部发布了会计等专业的《中等职业学校专业教学标准（试行）》《中等职业学校焊接技术应用专业实训教学条件建设标准》等实训教学条件建设标准、《中等职业学校茶叶生产与加工专业仪器设备装备规范》等教育行业标准，以及中职学校思想政治、语文、历史、数学、英语、物理、化学、信息技术、体育与健康等公共必修课程标准。《人力资源社会保障部、教育部关于深化中等职业学校教师职称制度改革的指导意见》则明确了中职学校教师职称评价基本标准，构建分类清晰、名称统一、科学规范的中职学校教师职称制度，畅通中职学校教师职业发展通道，为加快发展现代职业教育提供人才支撑。

创新发展高等职业教育。创新发展高职教育，发挥高职教育在优化高等教育结构中的重要作用，是构建纵向贯通的职业教育体系的重点。2015年，教育部印发了《高等职业教育创新发展行动计划（2015—2018年）》，全面系统布局高职教育改革发展，并通过高职改革来引领职业教育的发展。全国共启动建设优质高职学校456所，校企共建生产性实习基地1933个，省级协同创新中心727个；骨干专业建设项目覆盖834所高职院校的408种专业，建设布点数达3815个，十大重点产业相关专业新增专业点1253个。一批优质职业教育资源集中呈现，职业教育大规模培养技术技能型人才的能力不断地增强。建设职教高考制度，实施高职分类考试招生，连续三年超过招生人数的一半，分类考试招生的改革已经成为主渠道。根据国务院印发的《国家职业教育改革实施方案》的要求，教育部、财政部于2019年3月29日发布了《关于实施中国特色高水平高职学校和专业建设计划的意见》，同年教育部确定了197所首批"双高计划"建设院校，其中高水平学校建设高校56所（A档10所、B档20所、C档26所），高水平专业群建设高校141所（A档26所、B档59所、C档56所）。

开展本科层次职业教育探索。2015年11月发布的《教育部、国家发展改革委、财政部关于引导部分地方普通本科高校向应用型转变的指导意见》要求确定一批有条件、有意愿的试点高校率先探索应用型发展模式，把办学"转到服务地方经济社会发展上来，转到产教融合、校企合作上来，转到培养应用型、技术技能型人才上来"。截至2021年2月，全国已有300余所地方本科高校参与应用转型改革试点，国家在此基础上遴选了100所进行重点支持，推动学校产教融合项目建设和深化转型改革，使其真正成为培养应用型、技术技能型人才的应用型本科高校。2019年，教育部批准全国首批15所职业本科试点学校，它们由"职业学院"更名为"职业大学"，同时升格为本科院校，职业教育的属性不变。应用型本科高校与本科层次职业学校同属现代职业教育体系中的本科层次，是目前我国职业教育的最高层次，都肩负着培养应用型、技术技能型人才的使命。随着职业教育类型定位确立，我国开始建立高校分类体系，实行分类管理。2021年1月，教育部印发《本科层次职业学校设置标准（试行）》和《本科层次职业教育专业设置管理办法（试行）》，明确本科层次职业教育的设置标准，确定了其高层次技术技能型人才培养定位。截至 2022 年 2 月，我国有职业本科学校 32 所，在校生 12.9 万人，2021 年招生 4.1 万人。[①] 同年 10 月，中共中央办公厅、国务院办公厅印发的《关于推动现代职业教育高质量发展的意见》提出：到 2025 年，职业本科教育招生规模不低于高职教育招生规模的 10%；一体化设计职业教育人才培养体系，推动各层次职业教育专业设置、培养目标、课程体系、培养方案衔接。

2022 年 5 月 1 日，新修订的《中华人民共和国职业教育法》正式施行。新《职业教育法》规定"职业学校教育分为中等职业学校教育、高等职业学校教育"，"高等职业学校教育由专科、本科及以上教育层次的高等职业学校和普通高等学校实施"。经过几十年的不懈努力，我国已经形成了以中等职业教育为基础、高等职业教育为主体，本科层次职业教育稳步发展，中高等职业教育相衔接的纵向贯通、横向融通的现代职业教育体系。

（二）中职教育基础地位的确立

1. 中等职业教育基础地位的确立

（1）中国教育进入了新阶段。自 2015 年以来，我国教育总体进入了一个新阶段，首先是九年义务教育实现了全面普及，其次是实现高中阶段教育全国普及，再次是高等教育也从大众化后期走向普及阶段。

据 2015 年《中国教育报》披露，2010 年至 2014 年，我国小学毛入学率保持在 103.8% 至 104.6% 之间，初中毛入学率由 100.1% 上升到 103.5%，[②] 九年义务教育实现了全面普及。根据表 1-8 可知，2010—2014 年我国 98% 以上的小学生升初中，87.5% 以上的初中生进入高中阶段教育，83.3% 以上的普通高中毕业生升读普通高校。2014 年，我国初中升学率达到 95.1%。

---

① 《教育部推动职业本科教育发展》，《人民日报》2022 年 2 月 24 日。
② 柴葳、刘博智：《九年义务教育实现全面普及》，教育部网站，2015 年 11 月 27 日。

教育改革发展成效显著，九年义务教育实现全面普及，我国教育开始进入新的发展阶段——普及高中阶段教育时期。

表1-8　2009—2014年全国各级普通学校毕业生升学率情况表

年份	小学升初中（%）	初中升高中（%）	高中升高等教育（%）
2009	99.1	85.6	77.6
2010	98.7	87.5	83.3
2011	98.3	88.9	86.5
2012	98.3	88.4	87.0
2013	98.3	91.2	87.6
2014	98.0	95.1	90.2

2012年，教育部公布的《国家教育事业发展第十二个五年规划》提出，"基本普及高中阶段教育，毛入学率达到87%"。2014年，我国高中阶段教育毛入学率已达86.5%，接近达成目标；2015年，高中阶段教育毛入学率已达到了87%。2017年4月，教育部等四部门印发的《高中阶段教育普及攻坚计划（2017—2020年）》，加快全国普及高中阶段教育的进程。从表1-9可知，到2020年我国高中阶段教育毛入学率达到91.2%，全国普及了高中阶段教育。

表1-9　2011—2020年高中阶段教育与高等教育招生情况统计表

年份	高中阶段教育			高等教育招生		中国GDP
	招生（万人）	在校生（万人）	毛入学率（%）	普通本专科（万人）	毛入学率（%）	年度增长率（%）
2011	1664.65	4686.61	84.0	681.50	26.9	9.55
2012	1598.74	4592.28	85.0	688.83	30.0	7.86
2013	1497.45	4369.92	86.0	699.83	34.5	7.77
2014	1416.36	4170.65	86.5	721.40	37.5	7.43
2015	1397.86	4037.69	87.0	737.85	40.0	7.04
2016	1396.26	3970.06	87.5	748.61	42.7	6.85

续表

年份	高中阶段教育			高等教育招生		中国 GDP
	招生（万人）	在校生（万人）	毛入学率（%）	普通本专科（万人）	毛入学率（%）	年度增长率（%）
2017	1382.49	3970.99	88.3	761.49	45.7	6.95
2018	1349.76	3934.67	88.8	790.99	48.1	6.75
2019	1439.86	3994.90	89.5	914.90	51.6	5.95
2020	1504.00	4127.80	91.2	967.45	54.4	2.3

数据来源：高中阶段教育与高等教育有关数据根据教育部网站公布的中国教育历年统计数据。

自 2002 年我国高等教育进入大众化阶段以来，我国高等教育规模不断扩大，先后超过俄罗斯、印度和美国。2008 年，全国各类高等教育在学人数达到 2900 万人，毛入学率达到 23.3%，中国高等教育规模居世界首位。2014 年，全国普通本专科招生 721.40 万人，高中升学率达到 90.2%。高等教育毛入学率 2014 年为 37.5%，2015 年达到 40.0%，我国高等教育大众化进入中后期阶段。2019 年，高等教育毛入学率达到了 51.6%，在学总人数达到 4002 万，跨入了高等教育普及化阶段，已建成世界规模最大的高等教育体系。

（2）中等职业教育基础地位的确立。2005 年发布的《国务院关于大力发展职业教育的决定》提出了"以服务为宗旨、以就业为导向"的职业教育办学方针，中职学生的升学在一段时间内曾被严格限制。2007 年教育部下发《关于进一步做好高等学校各类招生管理工作的通知》强调，从 2007 年起高校对口招收中职毕业生计划不超过当年应届中职毕业生 5% 的比例安排，中职教育一度被社会称为"断头教育"。随着全国义务教育的全面普及、高中阶段教育基本普及、高等教育进入大众化中后期，职业教育也进入了一个新的时期。2015 年 9 月教育部发布的《全国职业教育工作专项督导报告》显示，2014 年全国高职院校在校生 1006.6 万人，规模首次突破千万人大关，高职教育已占整个高等教育规模的 40%；全国中职招生 628.85 万人，占高中阶段招生数的 44.12%，与普通高中招生规模基本持平。中职教育的发展环境发生巨大改变，中职教育的功能与地位也发生了变化。

2014 年 5 月发布的《国务院关于加快发展现代职业教育的决定》不仅提出落实好高中阶段教育职普招生大体相当，加快普及高中阶段教育的要求，而且要求推进中等和高等职业教育紧密衔接，发挥中等职业教育在发展现代职业教育中的基础性作用，促进技术技能型人才的系统培养、多样成才。还特别强调在保障中职学生技术技能培养质量的基础上，加强文化基础教育，实现就业有能力、升学有基础；专科高等职业院校并可通过"文化素质＋职业技能"、单独招生、综合评价招生和技能拔尖人才免试等考试招生办法招收中职毕业生，招收中职毕业生的比例得到适度提高，以初中毕业生实行中高职贯通培养也得到推广。同年 9 月发布的《国务院关于深化考试招生制度改革的实施意见》再次强调了高职院校考试招生与普通高校相对分开，实行"文化素质＋职业技能"评价方式，并要求 2015 年通过分类考试录取的学生占高职院校招生总数的一半左右，2017 年成为主渠道。《国务院关于加快发展现代职业教育的决定》推动了中职教育从"以就业为导向"向"就业与升学并重"转变，也基本上确立中职教育在现代职业教育体系中的基础地位。

2019 年 1 月发布的《国家职业教育改革实施方案》进一步明确中职教育的定位：第一，中职教育是普及高中阶段教育的重要基础，保持高中阶段教育职普比大体相当，使绝大多数城乡新增劳动力接受高中阶段教育。第二，中职教育是建设中国特色职业教育体系的重要基础，建立"职教高考"制度，为学生接受高职教育提供多种入学方式和学习方式，扩大对初中毕业生实行中高职贯通培养的招生规模。第三，发挥中职学校作用，帮助部分学业困难学生按规定在职业学校完成义务教育，并接受部分职业技能学习。鼓励中职学校联合中小学开展劳动和职业启蒙教育。根据《国家职业教育改革实施方案》要求，我国从 2020 年开始不再限制专科高职学校招收中职毕业生的比例，并确立了到 2025 年"职业本科教育招生规模不低于高等职业教育招生规模的 10%"的高职本科发展目标。

《2021 中国职业教育质量年度报告》披露，2020 年中职升学人数达

145.33万人，升学率为49.24%，升学人数比2019年上升5.07个百分点。目前，全国各地通过职教高考、自主招生考试、五年一贯制、中高职贯通、中本贯通、中高本贯通、技能拔尖人才免试升学等方式，积极拓展中职学生升学渠道，中职教育在我国现代职业教育体系中的基础地位也得到了完全确立。

2. 优化职业教育的类型定位

（1）职业教育是一种教育类型。2019年1月国务院颁布的《国家职业教育改革实施方案》提出，"职业教育与普通教育是两种不同教育类型，具有同等重要地位"，要求经过5—10年左右时间，职业教育"由参照普通教育办学模式向企业社会参与、专业特色鲜明的类型教育转变"。这为推动我国职业教育从"层次"到"类型"的转变，实现职业教育与普通教育的并行与对等发展奠定了思想基础。2021年4月，习近平总书记针对职业教育作出重要指示，指出当前职业教育要"优化职业教育类型定位"，其发展路径是"深化产教融合、校企合作"，改革步骤是"深入推进育人方式、办学模式、管理体制、保障机制改革"，战略重点是"稳步发展职业本科教育，建设一批高水平职业院校和专业"，发展目标是"推动职普融通，增强职业教育适应性，加快构建现代职业教育体系，培养更多高素质技术技能型人才、能工巧匠、大国工匠"。2022年5月1日起施行的新修订的《职业教育法》首次以法律形式明确"职业教育是与普通教育具有同等重要地位的教育类型"，并通过推进普职融通等顶层设计，真正实现职业教育从"层次"到"类型"的转变。职业教育类型定位的明确，为我国职业教育构建现代职业教育体系提供了逻辑起点，为我国职业教育走出一条中国特色的发展道路指明了方向。

（2）优化职业教育的类型定位。近年来，我国不仅通过加快建设以中等职业教育为基础、以高等职业教育为主体，本科层次职业教育稳步发展的纵向贯通、横向融通的现代职业教育体系来优化职业教育的类型定位，如下制度建设也促进了职业教育的类型发展。

首先，是加快建立健全"职教高考"制度。2014年《国务院关于深化考试招生制度改革的实施意见》要求，高职院校考试招生与普通高校相对分开，高职院校实行分类考试，考试评价方式为"文化素质＋职业技能"。即中职毕业生报考高职院校，参加文化基础与职业技能相结合的测试。普通高中毕业生报考高职院校，参加职业适应性测试，文化素质成绩使用高中学业水平考试成绩，参考综合素质评价，学生也可参加统一高考进入高职院校。2015年《教育部 国家发展改革委 财政部关于引导部分地方普通本科高校向应用型转变的指导意见》要求，应用型本科高校适当扩大招收中职、专科层次高职毕业生的比例，试点高校招收中、高等职业院校优秀应届毕业生和在职优秀技术技能人员，应当将技术技能测试作为录取的主要依据之一。按照2016年《教育部关于做好普通高职（专科）招生计划管理工作的通知》要求，自2016年起将分地区、分部门所属高校普通高职（专科）招生计划审批权下放至各省级教育行政部门和有关部门（单位），为高职院校分类招考提供了更好的政策环境。《国家职业教育改革实施方案》要求建立"职教高考"制度，采用"文化素质＋职业技能"的考试评价方式，使之成为高职考试招生主渠道，为学生接受高职教育提供多种入学方式和学习方式。新修订的《职业教育法》以法律的形式确认了"国家建立符合职业教育特点的考试招生制度"、中高职贯通招生和培养、文化素质与职业技能相结合的考核方式等。"职教高考"制度建设促进了中职、高职专科及高职本科的有机衔接，也为职普融通奠定了很好的基础。

其次，是推进"1+X"证书制度试点。2019年4月，教育部、国家发展改革委、财政部、市场监管总局等四部门印发《关于在院校实施"学历证书＋若干职业技能等级证书"制度试点方案》，正式启动"1+X"证书制度试点工作，并要求院校将"1+X"证书制度试点与专业建设、课程建设、教师队伍建设等紧密结合，提升职业教育质量和学生就业能力。同年6月，教育部职业技术教育中心研究所发布了《关于首批"1+X"证书制度试点院校名单的公告》，确定了建筑信息模型（BIM）首批"1+X"证书制度试点院校320所、Web前端开发422所、老年照护231所、物流管理355所、汽车运用与维修465所、智能新能源汽车195所。"1"为学历证书，"X"为若干职业技能等级证书。

学历证书全面反映学校教育的人才培养质量,在国家人力资源开发中起着不可或缺的基础性作用。职业技能等级证书是毕业生、社会成员职业技能水平的凭证,反映职业活动和个人职业生涯发展所需要的综合能力。"1+X"证书不仅完善了职业教育和培训体系的制度,更是深化产教融合、校企合作的一项重要制度设计。职业教育培训评价组织是职业技能等级证书及标准的建设主体,它通过凝聚有关行业领域龙头企业、院校专家,调动社会力量参与职业教育标准开发、教材和学习资源建设、师资培训、考核管理等,颁发行业企业高度认可的有关证书,引领创新培养培训模式和评价模式,增强人才培养与产业需求的吻合度,培养复合型技术技能型人才。2019 年 11 月,《教育部办公厅、国家发展改革委办公厅、财政部办公厅关于推进"1+X"证书制度试点工作的指导意见》发布,要求健全协同推进机制,保障有序开展有关师资培训、规范考核颁证。"1+X"证书制度试点深化了教师、教材、教法"三教"改革,促进校企合作和实训基地建设,为进一步构建国家资历框架创造条件。

3."面向 2035"的中职教育现代化建设

2017 年,中国共产党第十九次全国代表大会报告指出,"中国特色社会主义进入了新时代","发展是解决我国一切问题的基础和关键",并作出了"到 2035 年基本实现社会主义现代化,到 2050 年建成社会主义现代化强国"的重大战略部署。2019 年《中国教育现代化 2035》提出了"到 2035 年我国要实现教育现代化、迈入教育强国行列"的总体目标,并系统勾画了我国教育现代化的战略愿景、战略目标、战略任务和实施路径。《中国教育现代化 2035》提出了推进教育现代化的八大基本理念,即更加注重以德为先,更加注重全面发展,更加注重面向人人,更加注重终身学习,更加注重因材施教,更加注重知行合一,更加注重融合发展,更加注重共建共享。《中国教育现代化 2035》既是我国教育发展的现实选择,也是我国积极履行联合国教科文组织《仁川宣言》及联合国大会《2030 年可持续发展议程》倡议的反映,对我国教育事业具有深远影响。职业教育是促进全民终身学习、推进教育公平、培养技术技能型人才、促进就业创业创新、推动中国制造和服务上水平的重要基础。没有职业教育现代化，就没有教育现代化。"面向2035"中等职业教育现代化建设的目标应包括如下几个方面：第一，中职教育现代化首先是受教育者的现代化。发展中国特色世界先进水平的优质教育是"面向2035"的重要任务。中等职业教育现代化必须坚持以人民为中心的发展思想，并将受教育者现代化作为中职教育优质发展的重要标准，不断促进人的全面发展。随着我国从传统农业社会向工业社会、知识社会转型，"职业—工作—技术—技能"这些现代工作体系要素深入社会机体，中职教育受教育者必须在继承中国传统优秀文化的基础上，养成现代社会职业人应当具备的文化素养、生活素养和职业素养，增强对现代社会的认知能力、实践能力和生存能力，树立劳动光荣、技能宝贵、创造伟大的思想，以更好地适应经济社会现代化发展的要求。同时要帮助受教育者树立终身学习的理念，养成终身学习的习惯，获得终身学习的能力，以适应不断变化发展的社会。第二，中职教育现代化关键是中职学校的现代化。"面向2035"教育现代化，中职教育承担着培养现代中职受教育者、全面普及高中阶段教育、显著提升中职教育服务能力的重任，但是目前中职教育并没有得到社会的完全认可。"面向2035"建设现代化中职学校，要更注重学校的育人文化、育人环境、基础设施、教师队伍的专业化、教育教学的现代化，并实现学校与社会现代化的有机统一。一是要坚持用习近平新时代中国特色社会主义思想及"教育四大支柱"等国际职业教育新思维武装学校的办学理念；二是要重视职业教育转型发展的趋势，不仅需要考虑劳动力市场的需求，更需要帮助学习者去开发自身的技能，增强他们的发展潜力，设计好学生就业和升学通道，满足受训者终身学习和发展方面的需求；三是要重视校园环境建设的信息化、智能化，并推进利用现代信息技术改造课堂教学过程，实现学校教育教学方法和手段的现代化；四是要实现中职学校与社会关系的协同化，促进产教融合、校企合作、中高职衔接，吸纳多元社会主体参与学校办学与治理，提高职业学校的社会服务能力，更充分地发挥职业教育资源的社会价值。第三，中职教育现代化的基础是中职教育治理现代化。形成全社会共同参与的教育治理新格局是"面向2035"教育现代化的重要目标。中职教育是跨界教育，相对于普通高中教育而言更应重视治理体系和治理能力现代化建设。中职教育治理体系和治理能力建设首先是构建完备的职业教育法律法规体系，健全中职学校办学法律支持体系，提高中职教育法治化水平，实现从人治到法治的转变；其次是进行国家资历框架建设，构建服务全民的终身学习体系，搭建中职教育与其他教育组成部分的沟通平台，让中职生拥有更加开放畅通的人才成长通道；再次是完善中职教育的标准体系，保证专业建设、课程设置、师资培养、教育教学等方面有标准可依；最后是要实现治理主体从一元化向多元化的转变，促进治理主体的联动共治，实现治理结构的有机化及内部治理结构与外部治理结构的配合与衔接，提高治理效能和资源整合能力。

（三）全面推进产教融合、校企合作

从新中国成立初期的半工半读教育形式探索，到1991年提出"产教结合、工学结合"改革理念，2005年推行"工学结合、校企合作、顶岗实习"人才培养模式，再到党的十九大报告中提出的"产教融合、校企合作"，我国职业教育在持续发展过程中不断拉近与产业的距离。

1.推进产教融合、校企合作

自1991年《国务院关于大力发展职业技术教育的决定》提出产教结合、工学结合的改革理念以来，工学结合、校企合作渐渐成为我国职业教育基本的人才培养模式，产教融合、校企合作、工学结合也成为关系到建设有中国特色职业教育的一个带有方向性的关键问题。自2014年以来，我国职业教育产教融合、校企合作在政策、制度层面推进力度也不断加强，力求在政府干预与市场介入之间寻求适度的平衡。

2014年，《国务院关于加快发展现代职业教育的决定》将"产教融合、特色办学"作为职业教育发展的基本原则。2014—2016年教育部单独发布了《教育部关于开展现代学徒制试点工作的意见》《教育部关于深入推进职业教育集团化办学的意见》，与其他主管部门联合发布了《关于加快推进养老服务业人才培养的意见》《职业学校教师企业实践规定》《加快发展现代旅游职业教育的指导意见》《国家邮政局、教育部关于加快发展邮政行业职业教育的指导意见》《交通运输部、教育部关于加快发展现代交通运输职业教育的若干意见》《制造业人才发展规划指南》等文件推进职业教育产教融合、校企合作、工学结合。从某种意义上来说，党的十九大报告倡导的"深化产教融合、校企合作"，是我国职业教育适应"我国经济已由高速增长阶段转向高质量发展阶段"的必然要求。

2017年12月发布的《国务院办公厅关于深化产教融合的若干意见》指出深化产教融合的主要目标是："逐步提高行业企业参与办学程度，健全多元化办学体制，全面推行校企协同育人，用10年左右时间，教育和产业统筹融合、良性互动的发展格局总体形成，需求导向的人才培养模式健全完善，人才教育供给与产业需求重大结构性矛盾基本解决，职业教育、高等教育对经济发展和产业升级的贡献显著增强。"2018年2月，教育部等六部门在印发《职业学校校企合作促进办法》时明确了产教融合、校企合作是职业教育的基本办学模式，是办好职业教育的关键所在。各个省市也纷纷出台深化产教融合的实施意见或方案，并且开始了产教融合型城市试点。2019年1月颁布的《国家职业教育改革实施方案》要求，促进产教融合校企"双元"育人，并要求建立产教融合型企业认证制度，对进入目录的产教融合型企业给予"金融＋财政＋土地＋信用"的组合式激励，并按规定落实相关税收政策。2019年3月，国家发展改革委、教育部印发《建设产教融合型企业实施办法（试行）》，同年4月，教育部网站公布了四川航天工业集团等24家先期重点建设培育的产教融合型企业建设名单，名单内的企业均独立举办或作为主要举办者举办职业院校一所以上。

2019年10月，国家发展改革委、教育部等六部门印发的《关于印发国家产教融合建设试点实施方案的通知》明确要求，通过5年左右的努力，试点布局 50 个左右产教融合型城市，在试点城市及其所在省域内打造一批区域特色鲜明的产教融合型企业，在全国建设培育 1 万家以上产教融合型企业，建立产教融合型企业制度和组合式激励政策体系。同时，国家发展改革委办公厅、教育部办公厅印发《试点建设培育国家产教融合型企业工作方案》，力争到 2022 年，以中央企业和全国性特大型民营企业为重点，建设培育若干国家产教融合型企业。目前，天津等省市已公布了第一批产教融合型企业名单。产教融合型城市、行业、企业的建设必将促进教育链、人才链与产业链、创新链有机衔接，进一步发挥企业在职业教育中办学主体的作用，为解决技术技能型人才供给与产业需求重大结构性矛盾奠定较好基础。

产教融合型企业的培育与认证是我国校企合作政策的重大突破。根据《建设产教融合型企业实施办法（试行）》规定，产教融合型企业是指深度参与产教融合、校企合作，在职业院校、高等学校办学和深化改革中发挥重要主体作用，行为规范、成效显著，创造较大社会价值，对提升技术技能型人才培养质量，增强吸引力和竞争力，具有较强带动引领示范效应的企业。[1]国家建设培育产教融合型企业要求具备一定的条件：第一是要求企业自身能够提供相对完整的教育功能和教育要素，如，独立举办或作为重要举办者参与举办职业院校，或承担学徒制试点，或实施"1+X"证书制度，或能够接收学生开展较大规模的实习实训等；第二是企业开展实质性校企合作，推动构建形成校企命运共同体，包括加大资本、技术、知识、设施、管理等要素投入，通过设备捐赠、订单培养、共建实训基地、共享知识产权等发挥重要办学主体作用。当前历史条件下，产教融合型企业一般为生产型企业。根据该办法，我国将重点建设培育主动推进制造业转型升级的优质企业，现代农业、智能制造、高端装备、新一代信息技术、生物医药、节能环保等急需产业领域企业，以及养老、家政、托幼、健康等社会领域龙头企业。优先考虑

---

[1]　陆娅楠：《我国将培育产教融合型企业：企校大合唱，创新动力强》，《人民日报》2019 年 4 月 4 日。

紧密服务国家重大战略、技术技能型人才需求旺盛、主动加大人力资本投资、发展潜力大、履行社会责任贡献突出的企业。继 2019 年确定了 24 家先期重点建设培育的产教融合型企业后，教育部于 2021 年 6 月又公示 63 家国家产教融合型企业名单。大部分省市也开始建设和培育省级、市级产教融合型企业，这对我国职业教育校企合作的开展起到积极的推动作用，也是充分发挥企业重要办学主体作用的基本保障。

2. 推行现代学徒制

2014 年 2 月 26 日，李克强总理主持召开国务院常务会议，要求"开展现代学徒制试点"。同年 6 月发布的《国务院关于加快发展现代职业教育的决定》要求，"开展校企联合招生、联合培养的现代学徒制试点"，推进校企一体化育人，标志现代学徒制已经成为国家人力资源开发的重要战略。同年 8 月发布的《教育部关于开展现代学徒制试点工作的意见》要求，按照"政府统筹、协调推进"的总要求，稳步推进现代学徒制试点工作。2015 年 7 月 24 日，人力资源和社会保障部、财政部联合印发了《关于开展企业新型学徒制试点工作的通知》，对以企业为主导开展的学徒制进行了规定。各地积极开展"招生即招工、入校即入厂、校企联合培养"的现代学徒制试点工作。

2014 年，广东省教育厅批准了 4 所学校共 12 个专业招生 650 人试点探索现代学徒制。2015—2018 年，广东有 39 个试点地区和单位入选教育部现代学徒制试点单位，占比 7%。2018 年 9 月，《广东省职业教育条例》正式实施，广东省在全国率先以法规的形式明确了企业育人主体地位，确立了职业教育校企双主体实施的合作机制，强调了县级以上人民政府应当引导职业学校、行业组织和企业开展现代学徒制。2019 年 1 月发布的《广东省职业教育"扩容、提质、强服务"三年行动计划（2019—2021 年)》确定了对开展学徒培养的企业可给予每生每年 4000—6000 元的培训补贴标准。2019 年初，广东有 54 所高校 194 个专业点开展现代学徒制，超过 200 家规模以上企业参与育人，受益学生（学徒）超过万人，实现了校企精准对接、精准育人。

从 2015 年到 2018 年，教育部分三批遴选 562 个现代学徒制试点单位和行业试点牵头单位（表 1-10）。2019 年，发布的《教育部办公厅关于全面推进现代学徒制工作的通知》进一步确定了全面推广现代学徒制的目标任务和工作举措，明确了学徒具有企业员工和职业学校学生双重身份，并对三天在企业、两天在学校的"3+2"培养模式进行了推广。随着我国高等教育毛入学率继续提升，劳动力初始就业年龄的高移，劳动力就业年限有下降趋势，构建现代学徒制培养体系，不仅有利于提升技术技能型人才的培养能力和水平，也对缓解我国劳动力层级结构的失衡有重大意义。

表 1-10　2015—2018 年我国现代学徒制试点单位统计表

批次	试点地区（个）	试点企业（家）	试点专科高职院校（所）	试点中等职业学校（所）	行业试点牵头单位（家）	合计
第一批	17	8	100	27	13	165
第二批	2	5	154	38	4	203
第三批	1	4	156	29	4	194
合计	20	17	410	94	21	562

3. 职业教育集团建设

职业教育集团是职业院校、行业企业等组织为实现资源共享、优势互补、合作发展而组织的教育团体。1992 年，北京自发组建国内首个职业教育集团——北京蒙妮坦美发美容职业教育集团。截至 2013 年底，全国共有职教集团 865 个，全国 34 个省区市中，30 个省区市（除台湾、香港、澳门未统计，西藏未建立）均已建有集团化办学机构，开始职业教育集团化办学工作。[①] 实践表明，职业教育集团化办学既是职业教育深化产教融合、校企合作的一种组织形式和有效途径，也是实行政府统筹、行业指导、企业参与的职业教育办学体制重要实现形式。

---

① 中国职业技术教育学会：《职业教育集团化办学之数据报告》，中国职业技术教育网，《图悦读》第 10 期。

为了满足社会对技术技能型人才的旺盛需求，2014 年发布的《国务院关于加快发展现代职业教育的决定》鼓励多元主体组建职业教育集团，要求到 2020 年职教集团基本覆盖所有职业院校。2015 年 6 月发布的《教育部关于深入推进职业教育集团化办学意见》提出，支持示范、骨干职业院校，牵头组建面向区域主导产业、特色产业的区域型职教集团；支持行业部门、中央企业和行业龙头企业、职业院校，牵头组建行业型职教集团；支持组建跨区域、跨行业的复合型职教集团；鼓励国内外职业院校、行业、企业、科研院所和其他社会组织等各方面力量加入职教集团，以增强职教集团化办学的活力，促进教育链与产业链融合。经济社会发展和国家政策引导，推动了职业教育集团化办学迅速发展，职教集团数量快速增长。截至 2016 年底，全国职教集团数量增加到 1406 个，已覆盖了除西藏自治区之外的所有省（自治区、直辖市）；在 1406 个集团中，有 1095 个属于行业性职教集团，其中有 98 个集团主要服务第一产业，有 530 个集团服务第二产业，有 467 个集团服务第三产业。在 1406 个集团中，共有成员 35945 个，其中行业企业占比近 73%；参与集团的高职院校数量为 1236 所，占高职院校总数的 91%；在全国职教集团总数中，已注册为法人实体型集团的共有 53 个。① 职业教育集团化办学已成为我国职业教育多元主体办学的重要实现形式。

2019 年 1 月，国务院发布的《国家职业教育改革实施方案》要求，"到 2020 年初步建成 300 个示范性职业教育集团（联盟），带动中小企业参与"。2019 年 9 月，教育部发布《关于开展示范性职业教育集团（联盟）建设的通知》，全国于 2019 年和 2020 年分两批各选择培育建设 150 个左右的示范性职业教育集团（联盟），遴选标准包括治理结构、资源共建共享、产教融合、人才培养、社会服务能力、政府保障以及特色和影响等七方面的内容。到 2020 年 12 月，全国成立 1500 个职业教育集团，3 万多家企业参与职业教育，确定 150 家示范性职业教育集团（联盟）培育单位。2021 年 6 月，

---

① 刘俊仁：《中国职业教育集团化办学年度报告》，MVE 网北京讯，2017 年 12 月 5 日。

教育部公布第二批 149 家示范性职业教育集团（联盟）培育单位，并将按照《职业教育提质培优行动计划（2020—2023 年）》要求，适时认定一批实体化运行的示范性职教集团（联盟）。职业教育集团化办学是我国职业教育改革发展的重要亮点，正在逐步成为中国特色职业教育走向世界的名片。

第二章

中等职业教育走向职业基础教育

高红琴、徐晔分别于 2009 年、2019 年发表了相同标题论文《我国中等职业教育身份危机研究》，这说明了我国中职教育身份危机至少持续了 10 年。2018 年，姜大源教授也指出，近年来"出现了'全面普及普通高中教育''取消或减少中等职业教育'的声音甚或行动"①。从某种程度上来说，中职教育的身份危机，是其办学定位的复杂性引发的，也是当前中职教育发展模式的危机。只有找到中等职业教育发展的动因，抓住重点，才能推动中等职业教育走向职业基础教育。

一、中等职业教育发展动因及重点

世界职业教育已经进入转型发展的时代，我国职业教育也进入了体系重构阶段，这必然会引发中职教育发展模式的转变。所谓发展模式，是以特定时空和特定条件下的事物为对象，用以回答该事物"为什么要发展""发展什么"以及"怎样发展"。

---

① 姜大源：《再议中等职业教育的基础地位问题》，《中国职业技术教育》2018 年第 25 期。

（一）当前我国中等职业教育发展的动因

1. 发展中等职业教育的国家诉求

国家是发展中职教育的坚定支持者，也是主要推动者。普及高中阶段教育，改善劳动力技能结构，促进产教融合、校企合作，是当前国家发展中职教育的主要诉求。

普及高中阶段教育诉求。2010 年我国劳动力层级结构中劳动力的初级、中级、高级[①] 三个层级比例大致为 50：40：10,[②] 其中占据总劳动力 40% 的中级人才，主要来自包括中职教育在内的高中阶段教育。自 1999 年以来，提高中高级劳动力人口比重成为国家教育发展战略。2019 年，我国普通高中招生 839.49 万人，中职教育招生 600.37 万人，普通本专科招生 914.90 万人，全国各类高等教育在学总规模 4002 万人；高中阶段毛入学率和高等教育毛入学率分别达到 89.5% 和 51.6%。[③] 扩大中职教育招生规模，成为我国普及高中阶段教育的重要途径。据中国统计年鉴数据，我国 15—64 岁劳动年龄人口，2012 年为 100403 万人，2018 年为 99357 万人，下降 1046 万人；占总人口的比重，2012 年为 74.1%，2018 年为 71.2%，下降了 2.9 个百分点。总体劳动参与率从 2012 年的 70.6% 下降到 2018 年的 68.5%，下降了 2.1 个百分点。2010 年左右开始，珠三角、长三角地区相继出现用工短缺，并最终影响到了全国，一直持续到现在。这里当然有很多因素，其中与我国适龄劳动力人口下降、青年人口中高等教育入学率的提高、青年初次就业年龄上升有一定关系。高级劳动力占比扩大，也推动我国技术创新和产业经济转型升级，高质量发展成为新趋势，产业结构调整成为新常态。

---

① 初级指将初中及初中以下文化程度，中级指高中文化程度（包括中等职业教育和普通高中），高级是指大学文化程度（包括高等职业教育及普通大学和研究生）。

② 《中国 2010 年人口普查资料》，中国统计出版社 2012 年版。

③ 《2019 年全国教育事业发展统计公报》，教育部网站，2020 年 5 月 20 日。

表 2-1 2012 年与 2018 年人口数据对比表

年份	总人口（万人）	15—64 岁		劳动人口参与率（%）①
		人口数（万人）	比重（%）	
2012	135404	100403	74.1	70.6
2018	139538	99357	71.2	68.5

数据来源：《中国统计年鉴 2019》与 CEIC 网站。

改善劳动力技能结构诉求。党的十八大以来，我国产业经济开始"更新换代"，新产业、新技术、新材料、新设备、新工艺层出不穷，也催生了不少新职业、新工种。2017 年底，全国技能劳动者 1.65 亿人，占就业人员总量的 21%；高技能型人才 4791 万人，占技能劳动者比例为 29%。② 由于我国技能型人才满足不了经济高质量发展和产业转型升级对人才的需要，战略新兴行业和智能制造所需高技能型人才缺乏，就业结构性供需矛盾十分突出。《国务院办公厅关于印发职业技能提升行动方案（2019—2021 年）的通知》要求，"到 2021 年底，技能劳动者占就业人员总量的比例达到 25% 以上，高技能型人才占技能劳动者总量的比例要达到 30% 以上"。目前，工业发达的日本和德国，其整个产业工人队伍中高级技工占比分别为 40% 和 50%，而中国这一比例仅为 6% 左右。欧洲职业教育中心（CEDEFOP）2008 年发布的关于欧盟 25 国 1996—2020 年劳动力层级结构的预测报告指出，2020 年，欧盟 25 国初级劳动者占 19%，中级劳动者占 50%，高级劳动者占 31%。中间层次的劳动者中，占主要地位的产业工人基本上都是技术工人。发达国家产业工人中，高级工所占的比例高达 35%，中级工为 50%，初级工仅占 15%。③ 根据西方经济发达国家的经济发展经验，我国技能型人才需求长期会保持增

---

① 香港环亚经济数据有限公司（CEIC）：《中国劳动人口参与率》，CEIC 网站。

② 荀凤元：《专家这样解读〈职业技能提升行动方案（2019—2021 年）〉》，中国青年网，2019 年 5 月 25 日。

③ 姜大源：《关于加固中等职业教育基础地位的思考（连载一）》，《中国职业技术教育》2017 年第 9 期。

长。国家也提出了加快现代职业教育体系建设，深化产教融合、校企合作，落实高中阶段职普招生大体相当，培养数以亿计技术技能型人才的诉求。

产教融合、校企合作诉求。2002年，党的十六大报告要求，坚持以信息化带动工业化，以工业化促进信息化，走出一条科技含量高、经济效益好、资源消耗低、环境污染少、人力资源优势得到充分发挥的新型工业化道路。在一定时期内一个国家的劳动力结构应该与产业结构相适配。2002年以来，国家要求加快生产、服务一线急需的技能型人才的培养，特别是现代制造业、现代服务业紧缺的高素质高技能专门人才的培养，并将工学结合、校企合作作为中职教育的基本培养模式，以提高青年的就业能力。2014年发布的《国务院关于加快发展现代职业教育的决定》将产教融合作为发展职业教育的基本原则，要求教育教学改革与产业转型升级衔接配套。国家对职业教育教学改革具体要求可以概括为"五个对接"，即：逐步实现专业设置与产业企业岗位需求对接，课程内容与职业标准对接，教学过程与生产过程对接，毕业证书与职业资格证书对接，职业教育与终身学习对接。2019年，国务院发布的《国家职业教育改革实施方案》明确要求建立产教融合型企业认证制度，促进产教融合校企"双元"育人。产教融合、校企合作、工学结合是国家的基本诉求，目的是提高包括中职教育在内整个职业教育的人才培养质量，为经济社会发展提供有力的技术技能型人才和智力支撑。

2.发展中等职业教育的企业诉求

我国计划经济时期，行业办学、企业办学是我国中职教育的主要办学形式。随着我国社会主义市场经济的确立和深入推进，劳动力供求主要通过人力资源市场进行配置，企业对中职教育的诉求也出现不同的特点。

企业技能型人才需求诉求。近几年，每年春节前后就会看到"用工荒""技工荒"的报道。郭芳等对重庆市主要工业生产加工型用人情况进行了调研，被调查企业涉及化工、机械制造、冶金、汽摩制造、轻工纺织、食品生产、电子设备制造、数码产品生产等行业。根据调查分析，企业中无职称或职业资格证书的员工所占的比例最大，高达35%，而初级的比重也占到 34%，中级的占到 25%，副高及高级员工仅占总体的 6%。在具备初中及以上学历的企业员工中，职业院校毕业生占 33.5%，本科毕业生占 22.5%，硕士毕业生占到 3.1%，有初高中文凭的占到 44%。这份调查报告反映了重庆市加工型企业人力资源现状：无职称或职业资格证书人才比重最大，中高级技能型人才比重偏低。当期企业招聘的员工近七成的学历在大专及以下，中职、职高、高中及以下人数占 36%，大专占 38%，本科及以上占 26%。这反映了重庆市加工型企业人力资源需求的结构特点，中级技能型人才需求稳中有升、高技能型人才用人紧张。该报告还披露了在企业技能型人才中，21—30 岁青年人比例占到了 54%，近 43% 的员工工作稳定性不强，青年人离职率居高不下，流失最多的员工类型是技术工人。技术工人离职率居高不下，既反映了技术工人的短缺，也说明了员工对企业满意度低。[1] 据一份西安市中职毕业生就业调查报告显示，企业关注求职条件依次为专业技能、工作经验、综合素质、学历和学校名气，这也说明了随着经济的高速发展，市场对人才的要求越来越高。[2]

企业参与职业教育诉求。20 世纪 80 年代末，全国有技校 4184 所，其中企业和企业主管部门办的占 80% 以上，遍及机械、电子、能源、交通等 22 个部门和系统，近 50 个工种（专业）。1995 年，企业办中职教育的机构还有 2850 所，到 2006 年下降至 520 所（其中技工学校 2006 年下降到 263 所）。[3] 企业举办中职教育机构数量的急骤减少，相应也导致企业投入的减少。2007 年，全国各地发文组建的职教集团共有 184 个，2009 年达到 444 个，增长了 260 个。截至 2016 年底，全国职业教育集团 1406 个，共有成员 35945 个，其中行业企业占比近 73%（26234 个）。[4] 对比全国实有企业总量

---

① 郭芳、牟彬彬、黄真：《重庆市企业技能型人才需求调研报告》，《才智》2017 年第 10 期。

② 王艳：《西安市中职学校学生就业现状及对策研究》，长安大学硕士学位论文，2017 年。

③ 刘红：《企业参与职业教育的发展状况与思考》，《中国职业技术教育》2011 年第 29 期。

④ 中国职业技术教育学会：《中国职业教育集团化办学年度报告（2017）》，语文出版社 2018 年版。

2907.23万户(截至2017年9月)① 及2017年底的企业法人单位1809.77万个,② 参与职业教育集团的企业数量还是微不足道。我国企业参与职业教育,尤其是企业举办职业教育的下滑与我国的经济体制改革有一定的关系。在新形势下,如何在现有的基础上,鼓励企业更多地参与中职教育,是政府、职业教育界及全社会应该思考的问题。

开办企业的目的是追求赢利,因为企业本质上是自主经营、自负盈亏,实行独立核算的经济单位。企业参与职业教育有如下几个动因:一是企业自己举办中职教育,深度介入人才培养,保证企业自身人力资源的长期优势,提升企业的核心竞争能力。二是企业与职业学校建立稳定的合作关系,获得人才和技术方面的优势或获取额外的经济利益。三是提高企业的社会声誉和影响力。企业参与职业教育更多是站在企业自身利益角度,只有能够给企业带来经济利益,在市场上获得竞争优势,才符合企业的要求。行业组织可以集合本行业大部分企业的职业教育利益,但是由于我国行业组织发展滞后,它本身就受到生存发展问题的困扰。面对企业参与职业教育的困境,最后还是需要政府统筹形成合理机制,以调动企业参与的热情。

3.发展中等职业教育的学生诉求

与中职教育密切相关的其他利益主体包括学生及家长、义务教育与普通高中教育、高职教育和社会大众等,而中职学生与发展中职教育关系最密切。

中职教育毕业生的就业诉求。广东、山东、四川三省的2019年度中职教育质量报告披露,三省2019届中职毕业生就业率(包括升学人数)分别为98.12%、98.11%、97.0%;其中直接就业率(不包括升学人数)分别为65.18%、53.14%、50.8%,说明了近年中职教育毕业生直接就业人数有所下降。广东、山东、四川三省的中职毕业生平均月薪分别为2248元、2955.95元、2472元。2019年6月,麦可思研究院对15.2万名2018届大学生毕业半

---

① 《党的十八大以来全国企业发展分析(2012年9月—2017年9月)》,中国政府网,2017年1月27日。

② 《中国统计年鉴2019》,中国统计出版社2019年版。

年后培养质量进行了跟踪评价，并在《2019 年中国大学生就业报告》中披露：2018 届本科毕业生的月收入 5135 元，2018 届高职高专毕业生的月收入 4112 元。2018 年、2019 年城镇居民月均可支配收入分别为 3271 元、3529 元。[①] 从整体上看，以上三省中职应届毕业生的月平均收入低于城镇居民月均可支配收入，与高职和本科应届毕业生月均收入有较大的差距。《重庆市企业技能型人才需求调研报告》也披露当时重庆市主要工业生产加工型企业男性员工在收入、企业福利、休假三个方面的满意度分别为 42.15%、45.26%、50.56%；女性员工在这三个方面的满意度分别为 38.17%、41.24%、45.71%。员工认为工资待遇较低，这可能也是重庆市主要工业生产加工型企业技术工人离职率高、近 43% 的员工工作稳定性不强的原因所在。[②] 我国正处在转变发展方式、优化经济结构、转换增长动力的攻关期，结构性、体制性、周期性问题相互交织，经济下行压力大，部分行业企业经济转型较困难，导致企业生产效率不高，经济效益欠佳，也影响到员工的经济利益。

中职毕业生拓展发展空间的诉求。近年来中职毕业生的就业率很高，但是中职教育每年招生人数仅占高中阶段招生人数的 40% 左右。2017 年《人民日报》曾刊登了一则题为《中职学生就业前景好为啥招生难?》的报道，该报道说中职教育是"政府重视，社会轻视，家长歧视，学生蔑视"，其发展的最大瓶颈是观念层面，不愁就业的中职教育始终面临招生难。其实中职教育也有过高光时刻，20 世纪 80 年代的职教热仍然让人记忆犹新，特别是中专学校招生，都要百里挑一。当时中职毕业生可以到政府部门、大型国有企业单位、事业单位、金融机构等就业，这些都是当时热门的职业或工作。现在中职毕业生达不到很多用人单位的准入门槛。学生及家长、社会大众关注中职教育的成本（包括机会成本）与收益，特别关注学生个人成长空间问题。虽然政府对中职教育给予了足够的关注，但相对于普通高中教育而言，

---

① 根据国家统计局官方网站公布的每年城镇居民人均可支配收入按 12 个月平均计算。

② 郭芳、牟彬彬、黄真：《重庆市企业技能型人才需求调研报告》，《才智》2017 年第 10 期。

中职教育还是没有得到社会的高度认同。这一切均源于社会分层，尤其是阶层之间的巨大差距。职业分层造成社会分层，而社会分层加剧了职业分层，两者之间的刚性互动是一时难以改变的。近年来，我国通过实施"职教高考"打通中职学生的上升通道。2019年，广东、山东、四川三省中职毕业生升学率分别为32.94%、44.97%、46.2%，这是一个良好的现象。作为人类共同利益的教育应该以人为本、公正开放，为每一个人提供多渠道选择机会，让每一个人通过中职教育获得更多的社会流动的机会，这样人们才可能以更加平和、更公正的心态去对待中职教育。因为人是有追求的，自己努力奋斗过，社会也给了机会，人们才会珍惜自己拥有的一切。

共同利益是人类在本质上共享并且互相交流的各种善意，是通过集体努力紧密团结的社会成员关系中的固有因素。① 在发展中职教育过程中，应遵循普遍人性中蕴含着的团结和社会正义的价值观，释放各个社会群体的善意，尊重各个层面利益主体的诉求，让全体社会成员共同努力、共同行动去推动中职教育可持续健康发展。我们相信，随着我国纵向贯通的职业教育体系日益完善，中职教育与普通高中教育学生都会拥有同样多的选择机会，去创造自己丰富多彩的人生。

（二）我国中等职业教育发展重点

自2014年以来，我国先后发布的《国务院关于加快发展现代职业教育的决定》《国家职业教育改革实施方案》《职业教育提质培优行动计划（2020—2023年）》《关于推动现代职业教育高质量发展的意见》等职业教育重要的政策性文件，核心思想是加快建设纵向贯通、横向融通的中国特色现代职业教育体系，提高职业教育现代化水平和服务能力。对于当前我国中职教育而言，其发展重点如下：

---

① 联合国教科文组织编：《反思教育：向"全球共同利益"的理念转变?》，联合国教科文组织总部中文科译，教育科学出版社2017年版。

1.强化中等职业教育的基础地位

目前，中职教育已完成从职业教育体系的主体地位向基础性地位的过渡。

（1）发挥普及高中阶段教育的重要作用。《中国教育现代化2035》明确提出"到2035年全面普及高中阶段教育"的发展目标。《国务院关于加快发展现代职业教育的决定》《国家职业教育改革实施方案》《职业教育提质培优行动计划》等文件都把发展中职教育作为普及高中阶段教育和建设中国特色现代职业教育体系的重要基础，要求保持高中阶段教育职普比大体相当。保持高中阶段教育职普比大体相当，就需要调整办学定位，优化中职学校布局，推动中职学校多样化发展，从单纯"以就业为导向"转变为"就业与升学并重"，打开中职学生的成长空间，让中职学生就业有能力、升学有优势、发展有通道，提高中职学校对初中毕业生的吸引力。同时，中职教育要坚持面向人人的理念，系统设计中职考试招生办法，使绝大多数城乡新增劳动力接受高中阶段教育，提升高中阶段教育的普及程度。

（2）加强中等职业学校的基础建设。马树超等于2019年撰文指出"中职学校基本办学条件不达标仍然普遍，半数以上学校在校生规模达不到1200人的设置标准，学校建设规划用地、生均占地面积、生均校舍建筑面积分别有50%的学校不达标，贫困地区职业学校办学条件薄弱问题更为突出"。[①]2020年9月，教育部、国家发展改革委等九部门发布的《职业教育提质培优行动计划（2020—2023年）》提出要实施中职学校教学条件达标行动和优质中职学校建设计划，以提高中职教育的基础能力、办学水平、人才培养质量，促进中职教育由追求规模扩张向提高质量转变。

实施中职学校教学条件达标行动，就是要全面核查中职学校基本办学条件，优化中职学校布局，支持集中连片特困地区每个地市原则上至少建好办好一所符合当地经济社会发展需要的中职学校，切实改变部分地方中职学校

---

① 马树超、郭文富：《坚持学历教育与职业培训并举 推动新时代职业教育改革》，《中国职业技术教育》2019年第7期。

散、小、差的状况，推动中职学校建设上规模、上水平，目标是到 2023 年中职学校教学条件基本达标。目前我国中职学校教学条件达标的依据文件是教育部于 2010 年印发的《中等职业学校设置标准》，其中对我国中职学校的学生规模、教师队伍、校园校舍和设施条件、校领导班子资历、专业与教学文件、办学经费等教学条件作出了规定，具体见表 2-2。

表 2-2 中等职业学校达标基本标准一览表

序号	指标名称	达标基本标准
1	校园占地面积	新建学校的建设规划总用地不少于 4 万平方米；生均用地面积指标不少于 33 平方米。
2	校舍建筑面积	新建学校建筑规划面积不少于 2.4 万平方米；生均校舍建筑面积指标不少于 20 平方米。（不含教职工宿舍和相对独立的附属机构）
3	办学规模	学历教育在校生数在 1200 人以上。
4	师资队伍	专任教师一般不少于 60 人，师生比达到 1∶20，专任教师学历应达到国家有关规定，专任教师中，具有高级专业技术职务人数不低于 20%。 专业教师数应不低于本校专任教师数的 50%，其中"双师型"教师不低于 30%。每个专业至少应配备具有相关专业中级以上专业技术职务的专任教师 2 人。 聘请有实践经验的兼职教师应占本校专任教师总数的 20% 左右。
5	仪器设备	工科类专业和医药类专业生均仪器设备价值不低于 3000 元，其他专业生均仪器设备价值不低于 2500 元。计算机拥有数量不少于每百生 15 台。适用印刷图书生均不少于 30 册。有 200 米以上的环形跑道田径场，有满足教学和体育活动需要的设施和场地。
6	经费保障	依据《职业教育法》和地方有关法规多渠道筹措落实办学经费，学校基本建设、实验实训设备、教师工资（含绩效工资）和培训经费及生均经费等正常经费，应有稳定、可靠的来源和切实的保证。
7	内部管理	中等职业学校应当具备法人条件，并按照国家有关规定办理法人登记。 应具有学校章程，实行校长负责制，校长应具有从事三年以上教育教学工作的经历，校长及教学副校长应具有本科以上学历和高级专业技术职务，其他校级领导应具有本科以上学历和中级以上专业技术职务。 应具有符合当地社会经济建设所需要的专业，有明确的教学计划、教学大纲等教学文件，以及相适应的课程标准和教材。

国家实施优质中职学校建设行动计划包括两个部分：一是教育部会同各地有关部门在全国范围内遴选建设 1000 所左右优质中职学校和 3000 个左右优质专业；二是人力资源和社会保障部会同各地有关部门在全国范围内遴选建设 300 所左右优质技工学校和 300 个左右优质专业。许多省市为配合国家优质学校和专业建设计划，也开展省级优质学校（或称示范学校、高水平中职学校）建设。广东省教育厅于 2021 年确定建设高水平中职学校建设单位 71 个、培育单位 17 个，主要建设内容包括了加强党的建设、落实立德树人、打造高水平专业群、提升校企合作水平、提升学校治理能力、提升社会服务水平、提升信息化水平、提升国际及粤港澳台交流合作水平、特色发展等十项建设任务，目的是建设一批具有广东特色、全国水平、引领改革的高水平中职学校，带动和引领全省中职教育高质量发展。

（3）健全职业教育高考招生制度。如何合理拓展中职毕业生的升学发展空间关系到中职教育吸引力和社会认同度的关键问题，更是实现夯实中职教育在现代职业教育体系基础地位的核心所在。中职毕业生升学不是一个新鲜的问题，如广东省中职毕业生可通过"3+ 证书"高考进入高职院校就读已经有 20 余年的历史。2014 年，我国启动新高考改革，推进分类高考，将高考分为学术型高考和技能型高考。高职院校既可通过普通高考招生，又可通过技能型高考招生。技能型高考是针对高职院校的招生考试，实行"知识 + 技能"考试模式，也为扩大高职院校单独招生考试试点范围和规模准备了条件。近年来，我国出现"3+2"中高贯通培养、中本贯通培养等形式，丰富了中职毕业生升读高职教育的途径。

2019 年，国务院印发的《国家职业教育改革实施方案》提出，建立"职教高考"制度，完善"文化素质 + 职业技能"的考试招生办法。采用"职教高考"招生的高校，包括高职院校、职业教育本科院校、应用型本科院校等。"职教高考"不限于中职的学生参加，也允许所有高中毕业生，以及具有同等学力的社会人员报考。中共中央办公厅、国务院办公厅印发了《关于推动现代职业教育高质量发展的意见》强调，到 2025 年，职业本科教育招生规模不低于高等职业教育招生规模的 10%，职业教育吸引力和培养质量显著提高。完善"文化素质＋职业技能"的考试招生办法，把"职教高考"建成与普通高考同等地位的高考，有利于打破职业教育学历"天花板"，畅通技术技能型人才成长渠道，有利于巩固中职教育的基础地位，实现职业教育体系的纵向贯通。

2. 优化中等职业教育的类型发展

（1）夯实一体化人才培养体系的基础。《国家职业教育改革实施方案》提出"职业教育与普通教育是两种不同教育类型，具有同等重要地位"，职业教育在实践上实现了从"层次"向"类型"的转变，这是我国对高素质技术技能型人才成长规律重新认识的结果。从一个初学者到能胜任工作，再从胜任到专家，再从专家到技能大师，技术技能型人才成长具有很强的进阶性特征。由于我国长期以来对中职毕业生升学比例的政策限制，我国高职教育的生源主要来源于普通高中，中职毕业生的特点及其所学内容为高职教育所忽视。近年来，我国积极探索中高职贯通培养，中高职培养目标不清晰、课程内容重复等问题得到了人们的重视。中职教育如何为高职教育提供合格生源，高职教育如何引领中职教育发展，职业教育体系如何搭建各层次相互衔接的技术技能型人才一体化培养的内部通道等问题，也进入了现代职业教育体系建设的议程之中。

中职教育是建设现代职业教育一体化人才培养体系的基础，在保证中职教育与高职教育专业设置一体化、人才培养目标一体化、课程体系一体化、培养方案一体化、评价方式一体化等方面起到十分关键的作用。中职教育与普通高中一样都属于高中阶段教育，两者的育人功能相同点是打基础，中职教育要为学生后续高职教育打基础。职业教育与普通教育是两种不同教育类型，具有同等重要地位。普通高中教育注重核心素养的培养，尚未进入专业化培养阶段。中职教育是学生步入职业教育的第一个环节，开启了技术技能型人才的专业化培养进程。要发挥中职教育在职业教育体系中的基础性功能，更需要对中职、高职专科、高职本科进行一体化设计，让各层次职业教育完全融合成一个整体。要特别注意职教高考制度的设计，良好的职教高考制度应成为职业教育技术技能型人才一体化培养的基础和守护者。

（2）深化产教融合、校企合作。产教融合、校企合作是当前我国中职教育的基本办学模式，也是职业教育作为类型教育的基本特征。但是"产教融合、校企合作"并不是单个中职学校能解决的问题，如果升学考试的内容与就业内容保持相对一致时，中职学校开展产教融合、校企合作的积极性就会相应提高；如果升学考试的内容与就业内容不相关时，产教融合、校企合作对于要升学的中职学生而言就如同鸡肋。从国家层面做好职教高考制度建设，改变高职教育人才选拔考试的内容和方式，才有可能彻底解决就业与升学的矛盾问题，进而深化产教融合、校企合作，保证中职教育健康发展。

当前，我国企业参与职业教育办学还存在动力不足的问题，其重要办学主体作用还不能充分发挥。自 2014 年开展现代学徒制试点以来，教育部先后批准了 562 个试点单位，其中行业单位共 21 家，占比 3.74%；试点的地区有 20 个，占比 3.56%；试点高职院校有 410 所，占比 72.95%；试点中职学校有 94 所，占比 16.73%；试点企业仅有 17 家，占全部试点的比例仅为 3.02%。① 为了应对在产教融合、校企合作过程中所面临的挑战，国家采取了如下措施：

一是实施国家产教融合建设试点。我国将深化产教融合改革作为推进人力资源供给侧结构性改革的战略性任务，并于 2017 年和 2019 年分别出台了《国务院办公厅关于深化产教融合的若干意见》和《国家产教融合建设试点实施方案》，探索产教融合型城市、产教融合型行业、产教融合型企业的培育与建设。国家以城市为节点、行业为支点、企业为重点建立产教融合试点推进机制，健全产教融合型企业制度和组合式激励政策体系，以促进教育体系和产业体系的人才、智力、技术、资本、管理等资源要素集聚融合、优势

---

① 马树超、郭文富：《坚持学历教育与职业培训并举　推动新时代职业教育改革》，《中国职业技术教育》2019 年第 7 期。

互补，打造支撑高质量发展的新引擎。

二是深化校企合作协同育人模式改革。加强行业职业教育教学指导委员会建设，提升行业举办和指导职业教育的能力。支持行业领军企业主导建设全国性职教集团，发挥职教集团推进企业参与职业教育办学的纽带作用，打造实体化运行的示范性职教集团（联盟）和技工教育集团（联盟）。鼓励地方开展混合所有制、股份制办学改革试点，推动各地建立健全产教融合型企业认证制度，建立一批具有辐射引领作用的高水平专业化产教融合实训基地、覆盖主要专业领域的教师企业实践流动站或教师企业实践基地。全面推行现代学徒制和企业新型学徒制，创新中国特色技能型人才培养模式，为促实现经济高质量发展提供有力人才支撑。

三是完善校企合作激励约束机制。健全以企业为重要主导、职业学校为重要支撑、产业关键核心技术攻关为中心任务的产教融合创新机制。推动各地建立健全省级产教融合型企业认证制度，落实"金融＋财政＋土地＋信用"的组合式激励政策。对纳入产教融合型企业建设培育范围的试点企业，兴办职业教育的投资符合规定的，可按投资额的30%比例，抵免当年应缴教育费附加和地方教育附加。

3. 推进中等职业教育治理能力建设

完善中等职业教育标准体系。标准化是中职教育实现科学管理和现代化管理的基础，有必要根据类型教育的特点及职业基础教育的定位，系统地健全中职教育标准体系。中职教育标准体系主要包括：第一是国家层面的中职学校相关的标准，如中职学校设置标准，中职学校教师、校长专业标准，"双师型"教师基本要求，岗位实习标准，实训条件建设标准，等等；第二是国家层面的衔接贯通，全面覆盖中等、专科、本科职业教育的专业目录及专业设置管理办法，专业教学标准和课程标准，技能等级及其认证标准，人才培养质量标准，等等；第三是各地根据经济社会发展需要和有关技术规范，补充制定区域性标准；第四是职业学校全面落实国标和省标，开发具有校本特色的更高标准。通过构建国家、省、校三级专业教学标准体系，完善各类标准的动态更新和执行情况检查机制，促进中职教育高质量发展。

做好"1+X"证书制度试点和推进工作。职业技能等级证书分为初级、中级、高级，是职业技能水平的凭证，反映职业活动和个人职业生涯发展所需要的综合能力。把学历证书与职业技能等级证书结合起来，探索实施"1+X"证书制度，是《国家职业教育改革实施方案》的重要改革部署，也是重大创新。中职学校是"1+X"证书制度试点的实施主体，要坚持以学生为中心，积极发挥职业技能等级证书在促进人才培养、实施职业技能水平评价等方面的优势，将证书培训内容有机融入专业人才培养方案，创新探索"岗课赛证融通"综合育人模式改革。结合"1+X"证书制度实施推进，探索职业教育国家"学分银行"建设，对学历证书和职业技能等级证书所体现的学习成果进行认证、积累与转换，促进书证融通及国家资历框架的探索。

进一步完善现代职业学校制度。实现"面向2035"中职教育现代化，关键是中职学校现代化，这需要以推进教育现代化的八大基本理念为指导进行现代职业学校制度建设。扩大中职学校在专业设置和调整、人事管理、教师评聘、收入分配等方面的办学自主权。通过推进高质量党建工作，加强党对学校的全面领导，制订完善体现现代职业教育特色的章程和制度建设，完善学校治理结构，建立学校、行业、企业、社区等共同参与的学校理事会或董事会，健全科学决策、民主管理机制。建立企业经营管理和技术人员与学校领导、骨干教师相互兼职制度。强化依法办学，进一步健全体现中职办学和管理特点的绩效考核分配机制。

完善政府、行业企业、学校、社会等多方参与的质量监管评价机制。中共中央国务院印发的《深化新时代教育评价改革总体方案》要求分别从党委、政府、学校、教师、学生等角度深化新时代教育评价改革。《国家职业教育改革实施方案》要求以学习者的职业道德、技术技能水平和就业质量，以及产教融合、校企合作水平为核心，建立职业教育质量评价体系。新《职业教育法》规定"职业学校、职业培训机构应当建立健全教育质量评价制度，吸纳行业组织、企业等参与评价，并及时公开相关信息，接受教育督导和社会监督"。完善以章程为核心的校内规则制度体系，健全职业学校内部治理结构，中职学校要研究制订质量考核办法，建立技能抽查、实习报告、毕业设计抽检等随机性检查制度，吸纳行业、企业和社会力量参与学校教学工作诊断与改进，切实发挥学校质量保证主体作用。

二、中等职业教育走向职业基础教育

当前，中职教育不仅要服务学生就业，还要为学生适应社会生活、职业发展和继续升学奠定基础，中职教育正在走向职业基础教育。

（一）我国中等职业教育发展的定位

1.工作体系的定位：劳动力结构与教育结构

知识经济对我国经济社会的影响。从 20 世纪 70 年代开始，西方发达国家开始从工业经济社会走向知识经济社会，其主要动力是信息技术革命和商业全球化浪潮。美国是通过信息高速公路驶入这个时代的，以网络化计算机和通信技术为代表的高新技术正得到各国政府的高度重视。2002 年，党的十六大报告指出，坚持以信息化带动工业化，以工业化促进信息化，走出一条科技含量高、经济效益好、资源消耗低、环境污染少、人力资源优势得到充分发挥的新型工业化道路。中国特色新型工业化发展道路加快了我国产业结构升级转型的速度，第三产业所占比重上升，第一产业所占比重下降。部分经济发达的省市，如上海第三产业从业人员已经超过所有从业人员的50%以上，但是从全国整体上看，我国仍是一个制造业大国。纵观世界各国经济社会发展的进程，工业化都要经历由劳动密集型向技术密集型转化的第一次工业化，再经历由技术密集型向知识密集型转化的第二次工业化。虽然我国是世界上工业门类最齐全的国家，但核心技术还远远落后于发达工业国几十年，我国仍处在第一次工业化的中后期。知识经济形态的经济增长模式与劳动密集型和资源密集型为主的经济增长模式具有很多的不同。党的十九大报告指出，加快建设制造强国，加快发展先进制造业，推动互联网、大数据、人工智能和实体经济深度融合，在中高端消费、创新引领、绿色低碳、共享经济、现代供应链、人力资本服务等领域培育新增长点、形成新动能。基于工业化水平综合指数预测，到 2020 年，中国基本实现工业化，再经过 10 年到 20 年的工业化深化过程，到 2035 年中国将全面实现工业化。[①]

新型工业化与劳动力结构。目前，中国特色新型工业化道路正进入战略攻坚期，而形成与其适应匹配的劳动力结构是促进信息化和工业化深度融合，成功实现产业转型升级的关键。我国第七次人口普查数据显示：2020年，大陆地区人口总体规模达到 14.1 亿人；2010—2020 年增加 7205 万人，比 2000—2010 年增量减少 185 万人；2010—2020 年平均增长率为 0.53%，比 2000—2010 年增速降低 0.04 个百分点。中国人口高速及超高速增长的时期已渐行渐远，人口惯性增长阶段正渐趋尾声，人口零增长乃至负增长的时代则渐行渐近。预计"十五五"时期，我们会迎来中国人口总量的"拐点"，[②]迈入人口零增长乃至负增长时代。2020 年人口普查，在全国人口中 15—59 岁人口为 894376020 人，占总人口的 63.35%，与 2010 年相比，15—59 岁人口的比重下降 6.79 个百分点；60 岁及以上的老年人口总量为 2.64 亿人，已占到总人口的 18.7%，较 2010 年 60 岁及以上人口的比重上升 5.44 个百分点。[③] 在"十四五"时期，20 世纪 60 年代第二次出生高峰所形成的更大规模人口队列则会相继跨入老年期，中国人口老龄化水平演进会进入"快车道"。人口增长速度放缓，适龄劳动人口绝对数与相对数下降，16—59 岁劳动年龄人口平均受教育年限从 2010 年的 9.67 年提高至 2020 年的 10.75 年，总体劳动参与率从 2010 年的 71% 下降到 2020 年的 66.8%，下降了 4.2 个百

[①] 黄群慧：《新中国 70 年工业化进程的历史性成就与经验》，中国共产党新闻网，2019 年 7月 9 日。

[②] 翟振武：《第七次全国人口普查公报解读》，国家统计局网站，2020 年 5 月 12 日。

[③] 国家统计局：《第七次全国人口普查公报》，国家统计局网站，2020 年 5 月 11 日。

分点。① 根据发达国家工业化的历史经验，从第一次工业化到第二次工业化转变过程中的每一阶段，会形成由"生产、制造—流通、销售—服务、配送"等三个环节组成的全产业链。每一个环节所需的劳动力结构都表现为初、中、高等三个层级进阶式人才链，不管是在劳动密集型的金字塔形结构，还是技术密集型的洋葱头形结构，或者是知识密集型的橄榄形结构，受过中等教育的中级人才在全产业链背景下的全人才链中所占比例始终是最大的。②2017 年底，全国技能劳动者 1.65 亿，占就业人员总量的 21%；高技能型人才 4791 万人，占技能劳动者比例为 29%。③ 到 2021 年底，我国技能劳动者占就业人员总量的比例达到 25% 以上，高技能型人才占技能劳动者的比例达到 30% 以上。随着新一代信息技术和人工智能技术的广泛应用，我国技能型人才需求长期会保持增长，中职教育培养的技能型人才将成为整个社会的基础性人才。中职教育不仅可以提高中级人才特别是技能型人才的比重，还可以提高我国劳动力参与率。

教育结构与国家资历框架。《现代职业教育体系建设规划（2014—2020年）》把我国教育体系分为普通教育、职业教育和继续教育三大组成部分。职业教育与普通教育是属于两种不同类型的教育。普通教育产生发展的基础是学术体系，教育内容也主要是学术知识，服务对象是学术体系，能力培养也侧重于学术能力，因此也称之学术教育。物品设计、生产和交换是人类社会的存在与发展的基础，徐国庆将人类物品设计、生产和交换体系称为工作体系。职业教育存在的基础是工作体系，教育内容主要来源是工作体系，服务对象也是工作体系，其功能也是把学生导向工作体系。在传统工业经济社会中，教育结构是金字塔式的，企业的员工结构也是金字塔式的；教育金字塔顶尖的精英高校毕业生成为企业最顶层的少数精英员工，而企业大部分员

---

① 香港环亚经济数据有限公司（CEIC）：《中国劳动人口参与率》，CEIC 网站。
② 姜大源：《再议中等职业教育的基础地位问题》，《中国职业技术教育》2018 年第 25 期。
③ 荀凤元：《大规模开展职业技能培训加快建设知识型、技能型、创新型劳动者大军》，人社部网站，2019 年 5 月 24 日。

工终身从事简单重复的技能操作。教育金字塔顶尖的精英高校毕业生往往来自较有名望的普通高校，而从事简单技能操作的员工一般来自于职业院校或基础教育毕业生，这更加剧了普通教育与职业教育的社会分化。目前，在用人单位的重视程度、政府部门的政策倾向、不同院校及文凭的声望等诸多方面，职业教育与普通教育相比还存在较大差距，职业教育的社会认同度相对较低是当前客观存在的事实。

到了知识经济社会，原有的金字塔式的员工结构被打破，企业组织开始转向扁平化管理，并由上而下地释放权力，赋予员工们更大的自主权，以发挥员工的才智和潜能。知识经济不仅影响了企业员工的结构，也推动了社会劳动结构从金字塔形向洋葱头形及橄榄形结构转变。"职业、工作、技术"这些工作体系的基本要素不再如工业社会那样稳固不变。普通教育所追求的学术教育及应试能力已不能满足社会经济发展的需要，一定的工作技能和生活技能成为人们的"标配"，建设技能型社会成为时代的需要。知识经济社会需要所有社会成员持续不断地学习新知识、掌握新技能、发展新能力，全民终身学习时代来临了。随着互联网的发展及其在教育中的广泛应用，人们的学习方式更加多元化。为了激发全民终身学习，国家资历框架建设成为保证各类学习成果的可比性和可转换性的重要举措。

自 20 世纪 80 年代英国、新西兰等国开始构建资历框架以来，全球有超过 160 个国家和地区已经构建、正在构建或准备构建资历框架。郑炜君、王顶明、王立生等对多个国家和地区的资历框架文本进行研究，编制了《部分国家、区域、地区资历框架层级和层级标准维度》[①]（表 2-3）。从表 2-3 中我们可以发现，在 13 个国家、区域和地区的资历框架中，有 10 个将技能列为资历框架层级标准的主要维度。这显示了技能不仅在个人成长中具有不可替代的作用，而且是教育与劳动力市场沟通衔接的桥梁，已经成为各级各类

---

① 郑炜君、王顶明、王立生：《国家资历框架内涵研究——基于多个国家和地区资历框架文本的分析》，《中国远程教育》2020 年第 9 期。

教育不可缺少的要素。中职教育的基础性技术技能型人才，不仅是现时社会就业层次中不可缺少的部分，还是培养资历框架中更高层级技术技能型人才的重要基础。

表2-3　部分国家、区域、地区资历框架层级和层级标准维度

资历框架名称	层级	层级标准主要维度
欧洲资历框架	8	3个：知识；技能；能力
太平洋资历框架	10	3个：知识与技能；应用；自主性
东盟资历框架	8	2个：知识与技能；应用与责任
爱尔兰资历框架	10	3个：知识；技能；能力
英国资历框架	8+1	3个：知识与理解；运用与行为；自主性与问责
苏格兰资历框架	12	5个：知识与理解；实践；通用认知技能；沟通、信息沟通技术与运算技能；自主性、问责和与他人合作能力
法国资历框架	5	0个：没有对层级标准维度的明确表述
德国资历框架	8	4个：知识；技能；社交；自主性
澳大利亚资历框架	10	3个：知识；技能；知识和技能的应用
泰国资历框架	6	5个：伦理与道德发展；知识；认知技能；人际交往技巧与责任感；运算分析、沟通与信息技术技能
斯里兰卡资历框架	12	4个：知识；技能；态度、价值观、专业精神与生活愿景；思维定式与范式
马来西亚资历框架	8	5个：知识与理解；认知技能；功能性技能；个人和创业技能；伦理和专业精神
中国香港资历框架	7	4个：知识与智能；过程；自主性和问责；沟通、资讯、通信科技和运算能力

2.教育类型的定位：中等职业教育与普通高中教育

中职教育与普通高中教育都属于中等教育，不存在层次上的差别，但存在类型上的不同。

（1）我国政府对中等职业教育的定位。我国《普通高中课程方案（2017年版）》规定，"普通高中教育是在义务教育基础上进一步提高国民素质、

面向大众的基础教育"，其任务是"促进学生全面而有个性的发展，为学生适应社会生活、高等教育和职业发展作准备，为学生的终身发展奠定基础"，其培养总目标是"在义务教育的基础上，进一步提升学生综合素质，着力发展学生核心素养，使学生成为有理想、有本领、有担当的时代新人"。《普通高中课程方案（2017年版）》将培养总目标分解为具有理想信念和社会责任感、具有科学文化素养和终身学习能力、具有自主发展能力和沟通合作能力等三个分目标。普通高中教育的这三个分目标都指向"着力发展学生核心素养"，它包括了文化基础、自主发展、社会参与三个方面的六大核心素养（即人文底蕴、科学精神、学会学习、健康生活、责任担当、实践创新），以便学生具有能够适应终身发展和社会发展需要的必备品格和关键能力。

我国政府部门规定，中职教育是中等教育的重要组成部分，在现代职业教育体系中具有基础作用，今后一个时期总体保持普通高中和中职学校招生规模大体相当，①其主要任务是"为初高中毕业生开展基础性的知识、技术和技能教育，培养技能型人才"②，其培养目标是"培养与我国社会主义现代化建设要求相适应，德、智、体、美全面发展，具有综合职业能力，在生产、服务一线工作的高素质劳动者和技能型人才"③。《教育部办公厅关于制订中等职业学校专业教学标准的意见》对培养目标进行分解：他们应当热爱社会主义祖国，能够将实现自身价值与服务祖国人民结合起来；具有基本的科学文化素养、继续学习的能力和创新精神；具有良好的职业道德，掌握必要的文化基础知识、专业知识和比较熟练的职业技能，具有较强的就业能力和一定的创业能力；具有健康的身体和心理；具有基本的欣赏美和创造美的能力。④

---

① 教育部等：《现代职业教育体系建设规划（2014—2020年）》，2014年。
② 教育部等：《现代职业教育体系建设规划（2014—2020年）》，2014年。
③ 教育部：《关于制定中等职业学校教学计划的原则意见》，2009年。
④ 《教育部办公厅关于制订中等职业学校专业教学标准的意见》，2012年。

表 2-4　中职教育与普通高中教育定位、任务、目标对比表

类型	定位	任务	目标
普通高中教育	普通高中教育是在义务教育基础上进一步提高国民素质、面向大众的基础教育。	促进学生全面而有个性的发展，为学生适应社会生活、高等教育和职业发展作准备，为学生的终身发展奠定基础。	普通高中课程在义务教育的基础上，进一步提升学生综合素质，着力发展学生核心素养，使学生成为有理想、有本领、有担当的时代新人。
中职教育	是中等教育的重要组成部分，在现代职业教育体系中具有基础作用。	为初高中毕业生开展基础性的知识、技术和技能教育，培养技能型人才。	培养与我国社会主义现代化建设要求相适应，德、智、体、美全面发展，具有综合职业能力，在生产、服务一线工作的高素质劳动者和技能型人才。

我们可以发现，政府主管部门对普通高中教育培养的人才类型并没有作出明确表达，但是"具有科学文化素养和终身学习能力"这一分目标揭示了普通高中教育的特质属性。《普通高中课程方案（2017 年版）》对"具有科学文化素养和终身学习能力"目标进行更深入阐述，就是"掌握适应时代发展需要的基础知识和基本技能，丰富人文积淀，发展理性思维，不断提升人文素养和科学素养。敢于批判质疑，探索解决问题，勤于动手，善于反思，具有一定的创新精神和实践能力"。这说明了普通高中教育强调的是理性思维和科学精神，侧重为学术型人才的培养打下坚实基础。政府教育主管部门明确地将中职教育培养的人才类型定位为技能型人才或技术技能型人才，强调的是"专业知识和比较熟练的职业技能"及"较强的就业能力"；同时我国经济发展现状、劳动力结构决定了我国中职教育在技术技能型人才培养中的基础地位，这些也明确了中职教育的特质属性。

（2）社会本位与个人本位。我国对中职教育的定位带有较强的"社会本位"的倾向。社会本位是以社会需要为导向的一种价值取向。教育的社会本位就是以社会需求为出发点，强调教育要适应社会的需要来培养人才，强调

教育要为政治、经济、文化和社会服务。中职教育具有很强的职业性，是与经济发展联系最紧密的教育，同时因为在特定时期相对于普通高中教育易为社会忽视，所以提出了"抓职教就是抓经济""抓职教就是抓民生"等口号，目的是为了提高各级政府和社会重视职业教育的程度，这当然具有较强的功利色彩。我国对普通高中教育的定位则体现了较强的"个人本位"特征。个人本位是指以满足个人需要为导向的一种价值取向。教育的个人本位就是以个人需求为出点开展教育活动，强调个人的需要和利益的实现，注重个体的发展和完善。针对长期以来存在的普通高中教育片面追求升学率的倾向，教育部印发的《普通高中课程方案（2017年版）》进一步明确了普通高中教育的定位，强调普通高中教育是在义务教育基础上进一步提高国民素质、面向大众的基础教育，要促进学生全面而有个性的发展，而不只是为升大学作准备，还要为学生适应社会生活和职业发展作准备，为学生的终身发展奠定基础。根据表2-5我们可知，2018—2019年，我国中职教育不论是招生规模还是在校生规模都仅占高中阶段教育总数的40%左右，这还是国家总体控制普通高中供给规模情况下才实现的。相对于普通高中教育为学生提供的可选择性、多样化成长通道，我国中职教育学生个人成长通道要单一得多，发展的空间也受到限制，这应该是社会大众认为普通高中教育相对于中职教育而言更有魅力的重要原因。

表2-5　2018—2019年全国普通高中与中职教育学生规模对比表

教育类型	2018年				2019年			
	招生（万人）	占比（%）	在校生（万人）	占比（%）	招生（万人）	占比（%）	在校生（万人）	占比（%）
普通高中	792.71		2375.37		839.49		2414.31	
中职教育	557.05	41.27	1555.26	39.53	600.37	41.70	1555.26	39.46

数据来源：2018年、2019年全国教育事业发展统计公报。

改革开放以来，我国经济由劳动密集型为主转向技术密集型为主，现在又在经历由技术密集型向知识密集型转化，技术技能型人才整体不足，结构化短缺也十分明显。2019 年 8 月，李克强总理在黑龙江哈尔滨主持召开部分省份稳就业工作座谈会时表示，中国的技能型人才缺口高达 2000 万。[①]正是由于这些因素，我国希望通过提高中职教育服务经济社会发展的能力，解决技术技能型人才短缺的问题，这也是我国政府对中职教育定位具有很强"社会本位"倾向的根本原因之一。我们可以从美国职业教育 STW 和 STC 运动中得到启发，STW 出发点是工作需要和雇主需要，具有"社会本位"教育的倾向，但并没有得到社会广泛的认同；而 STC 运动以学生个人生涯为出发点，具有"个人本位"教育的倾向，重视中职教育与中等后教育的联系，为学生提供更多的选择权，所以 STC 运动取得了更大的成功。顾明远教授说过，"教育的确离不开政治和经济并要为它们服务。但教育更是人的权利，同时只有人的个体得到发展，才能为政治经济服务"[②]。随着我国经济社会的发展，"以人为本"的科学发展观也深入人心，学生主体地位逐步得到加强，中职教育定位由"社会本位"向"个人本位"转变，更加关注学生职业生涯可持续发展，为学生提供就业、升学等多元化成长通道已经成为趋势。

（3）高中阶段教育的职普融通。《广东终身教育资历框架等级标准》和香港《资历级别通用指标》修订本及附注（2018 年版本）都对高中阶段教育的资历标准进行了描述。香港资历框架通用三级对应的是高中阶段学历，包括中七、文凭、中学文凭等资历；而广东资历框架三级包括高中、中职、中技等资历。对比香港与广东省两地资历框架通用三级指标描述（表 2-6）我们可发现，两者都是围绕某一学习或工作领域来展开，要求在掌握相应领域的知识、技能的基础上，在一定的环境下完成相应的任务，并需要学会与他人合作，对自己和他人的工作负责。广东、香港资历框架都融合了教育和

---

① 周程程：《我国技能型人才缺口 2000 万　总理强调发挥技工院校作用，通过扩招培养人才》，每日经济新闻，2019 年 8 月 21 日。

② 顾明远：《对教育本质的新认识》，《中小学德育》2016 年第 3 期。

劳动力两个市场的相关要求，进一步细化可实现在两个市场间的衔接和互认，搭建教育与人力市场互通桥梁。

表2-6 香港、广东资历框架通用三级指标描述对比表

香港资历通用三级指标		广东终身教育资历框架三级标准	
维度	指标描述	维度	指标描述
知识及智能	展现并／或应用某学习或工作领域之广泛的实务及理论知识；在熟悉但偶然陌生的环境下，运用各类智能；独立地取得、组织及评估资讯，并作出合理的结论。	知识	掌握某个工作或学习领域所需要的事实性和理论性知识。
过程	在熟悉或若干陌生的环境下，运用已知范围内的技术性技能，从事各类工作；对清楚界定但有时是不熟悉或未能预计的问题，作出各类回应；在熟悉的环境下，作概论和预测。	技能	具有在某个工作或学习领域中，选择和应用相应的信息、工具和方法，解决具体问题和完成相应任务所需要的技能。
自主性及问责性	在指导／评估下，从事自主工作；对自己工作成果的质量负责，包括符合现行惯例之规定，对他人工作成果的质量负清楚界定而有限的责任；与他人合作时，调节自己的行为。	能力	能够在变化但可预测的环境中，基于工作或学习的指引进行自我管理，监督他人的常规工作，承担评价和改进工作或学习的有限职责。
沟通、资讯及通讯科技运用	在熟悉及若干陌生的环境下，运用多类常用并操练纯熟的技能；以详细和复杂的书面及口语形式，作沟通响应，并运用适当的表达方式及风格，向对象作出陈述；运用各类标准信息及通讯科技应用程序，取得、处理及整合信息；运用各类数字和图像数据，支持工作或学习。	—	

香港的资历框架建设时间较长，在实现高中阶段职普融通方面取得十分可喜的成效。香港初中毕业生（中三）根据本身实际情况可以修读高中教育或职业专才教育。香港高中教育课程分设核心科目、选修科目、其他学习经

历等课程，其中选修科目中的应用学习课程就是职业教育类课程，学生参加香港中学文凭考试时在应用学习课程上取得的成绩，也为香港高校、相关国家和地区高校所认可。中四、中五离校生可以申请进入职训局青年学院等学习，修读职专国际文凭课程、职专文凭课程及证书课程。取得职专国际文凭或职专文凭都可以按一定渠道升学。中六毕业生可修读职训局开设的基础课程文凭、职专文凭及文凭等中六全日制课程，或者学习毅进文凭课程，毕业后也可按规定渠道申请修读高级文凭课程。香港通过实施带有强制性的七级资历框架及其通用标准，通过学分累积和转换制度，实现了高中阶段的普职融通。

为消除普通教育与职业教育的对立，我国先后颁布了一系列政策性文件以引导职普融合，如《现代职业教育体系建设规划（2014—2020 年)》明确提出建立职业教育和普通教育双向沟通的桥梁。职普横向融通方式包括了普通学校和职业院校可以互认课程和学分、学习者通过规定渠道在普通学校和职业院校之间转学、兴办综合高中等。职普纵向融通方式包括了高等职业院校招收普通学校毕业生、普通高等学校招收中职学校和高职院校毕业生等。在高中阶段的职普融通方面，上海等地进行了综合高中的实验，天津市开展了普职融通实验联合体建设探索，青岛市中职与普高合办了融通实验班等。在青岛市的中职普高融通实验班探索过程中，试点中职学校优先为合作普通高中参加春季高考的学生开展技能考试方面的辅导，帮助普高学校优化、实施通用技术课程。当前，我国高中阶段的职普融通还没有形成成熟的制度，但是创建开放而灵活的教育结构是一种趋势。

3.教育层次的定位：中等职业教育与高等职业教育

中职教育与高职教育同属于职业教育这一教育类型,[1] 共同承担培养数以亿计技术技能型人才的任务。二者存在层次的衔接性，但也具有不同特质。

---

[1] 张正名、濮如洲：《略谈高等职业教育的培养目标》，《武汉电力职业技术学院学报》2019 年第 3 期。

我国对高职教育的定位是"高等教育的重要组成部分"，在高等教育体系中"发挥优化高等教育结构的重要作用""在职业教育体系中发挥引领作用"。① 高职教育的主要任务是"以培养高等技术应用性专门人才为根本任务"②"重点培养高端技能型人才"③，其培养目标是"培养拥护党的基本路线，适应生产、建设、管理、服务第一线需要的，德、智、体、美等方面全面发展的高等技术应用性专门人才"④。目前，我国高职教育主体是大专层次的高职教育，本科层次的高职教育已经进入试点阶段，高端技能型人才专业硕士培养制度还在探索之中。中职教育在职业教育体系中发挥基础性作用，高职教育在职业教育体系中发挥引领作用，这是我国政府对中职与高职在职业教育体系中的总体定位。中高职衔接是推进中等和高等职业教育协调发展的重要途径。

表2-7　中等与高等职业教育定位与培养体系对比表

层次	定位	任务	目标	培养体系
中等职业教育	是高中阶段教育的重要组成部分，在职业教育体系中发挥基础性作用。	为初高中毕业生开展基础性的知识、技术和技能教育，培养技能型人才。	培养与我国社会主义现代化建设要求相适应，德、智、体、美、劳全面发展，具有综合职业能力，在生产、服务一线工作的高素质劳动者和技能型人才。	中等专业学校 职业高中 成人中专 技术工学校
高职专科教育	是高等教育的重要组成部分，在职业教育体系中发挥引领作用。	以培养高等技术应用性专门人才为根本任务，重点培养高端技能型人才。	培养拥护党的基本路线，适应生产、建设、管理、服务第一线需要的，德、智、体、美、劳全面发展的高等技术应用性专门人才。 培养能工巧匠、大国工匠。	职业技术学院

---

① 《教育部关于推进中等和高等职业教育协调发展的指导意见》，2011年。
② 《教育部关于加强高职高专教育人才培养工作的意见的通知》，2000年。
③ 《教育部关于推进中等和高等职业教育协调发展的指导意见》，2011年。
④ 《教育部关于加强高职高专教育人才培养工作的意见的通知》，2000年。

续表

层次	定位	任务	目标	培养体系
高职本科教育	是高等教育的重要组成部分，在职业教育体系中发挥引领作用。	高层次技术技能型人才培养定位。	突出知识与技能的高层次，使毕业生能够从事科技成果、实验成果转化，生产加工中高端产品、提供中高端服务，能够解决较复杂问题和进行较复杂操作。培养能工巧匠、大国工匠。	职业大学应用型大学

2019 年，全国各类高等教育在学总规模 4002 万人，[①] 高等教育毛入学率 51.6%；我国普通本专科招生 914.90 万人，在校生 3031.53 万人，毕业生 758.53 万人；另有五年制高职转入专科招生 46.00 万人；专科起点本科招生 31.75 万人；[②] 普通专科招生数 483.61 万人，普通本科招生数 431.29 万人，普通专科招生数达到了普通本科招生数的 112.13%，超过了普通本科招生规模，我国高职教育占高等教育的半壁江山（表 2-8）。

表 2-8　2019 年我国普通本专科学生情况表

	毕业生数（人）	招生数（人）	在校生数（人）
普通本专科	7585298	9149026	30315262
其中：本科	3947157	4312880	17508204
专科	3638141	4836146	12807058

数据来源：《2019 年全国教育事业发展统计公报》。

2019 年中职教育毕业生 493.47 万人，在规模上达到普通本专科招生规模的 53.97%，达到普通专科招生规模的 135.64%。我国教育年鉴没有反映

---

① 包括研究生、普通本专科、成人本专科、网络本专科、高等教育自学考试本专科等各种形式的高等教育在学人数。

② 《2019 年全国教育事业发展统计公报》，教育部网站，2020 年 5 月 20 日。

中职毕业生升学情况，田华推断"中等职业学校通过升学考试进入高等职业学校的比例很低，大致占据了整个招录比例的二十分之一"①。根据《2019年度广东省中等职业教育质量报告》，2019年广东省中职毕业生升学达到8.69万人，占毕业学生总数的32.94%。其中，通过对口单独招生、五年一贯制入学、"三二分段"、技能拔尖人才面试入学及高职自主招生等考试招生渠道入学人数占比达57.65%。②2018年广东省试点本科招收中职毕业生，四所普通本科高校共录取中职毕业生166人。根据《山东省中等职业教育质量年度报告（2019)》，2019年山东省中职毕业生通过春季高考、三二连读等形式升入高一级学校的比例为44.97%。③目前我国"职教高考"制度已初步建立，中高职贯通培养已经初具规模，中职生升学渠道不断拓宽，职业教育体系内部联系也越来越紧密。

技术技能型的人才系统培养离不开中等与高职教育的分工合作、相互配合、相互衔接。在中高职探索一体化人才培养过程中，中高职在专业设置与建设、课程与教材体系、教学与考试评价等方面仍然存在脱节、断层或重复现象。引发这些现象的原因有很多，如对类型教育特质属性认识不清、中职教育存在普高化的倾向、对中职教育基础作用的认识存在偏差、高职教育的引领能力不足等。学者匡瑛认为，"在职业活动专业化后，工作岗位对从业人员能力要求呈现的一种层次性特点，这种层次性集中表现为劳动的复杂程度"④。职业教育成为类型教育的根源在于相应行业/职业发展引发的"职业活动专业化"，而不是"学术活动"。正是职业活动劳动复杂程度不同，才导致了职业教育分为不同的教育层次，每个层次所需相应理论素养和技术技能

---

① 田华、论中等：《职业教育与高等职业教育的衔接》，《延边教育学院学报》2020年第2期。
② 广东省教育厅：《2019年度广东省中等职业教育质量报告》，广东省教育厅网，2020年6月15日。
③ 山东省教育厅：《山东省中等职业教育质量年度报告（2019)》，山东省教育厅网，2020年6月16日。
④ 匡瑛：《高等职业教育的"高等性"之惑及其当代破解》，《华东师范大学学报（教育科学版)》2020年第1期。

水平也由劳动复杂程度所体现的方向来确定。职业教育层次的分化和定位，应立足于行业和职业发展，按照相应工作的劳动复杂程度来确定。所以，建设中国特色的现代职业教育体系，不仅仅是要完整地建立中职、大专层次、本科层次、研究生职业教育的学校体系，更重要的是要深入工作体系，把握技术技能型人才职业能力成长的规律，精确找到各层次职业教育的定位，开展层次分明而又纵向贯通的人才培养。只有这样，我国职业教育才能走出困惑，开启新的征程，才能形成职业教育一体化人才培养体系。

（二）中等职业教育走向职业基础教育

随着我国高中阶段教育进入全面普及阶段及高等教育进入普及化发展阶段，纵向贯通的职业教育体系不断完善，中职教育的单纯就业导向发展模式已经不能满足人们对更高质量的需求，这推动着中职教育转向职业基础教育。

1. 中等职业教育与职业基础教育

传统的基础教育一般指的是初等和初级中等两个教育阶段各类教育的总称。2001 年发布的《国务院关于基础教育改革与发展的决定》将普通高中教育纳入基础教育范畴。2007 年，教育部提出"在我国，目前基础教育包括幼儿教育（一般为 3—5 岁）、义务教育（一般为 6—15 岁）、高中教育（一般为16—19 岁），以及扫盲教育"[1]。一般地，当前我国所称的基础教育广义上包括幼儿教育、小学教育、普通中等教育，但是不包括中职教育。对于什么是基础教育，许多学者强调基础教育是没有专业、职业指向性的基本教育。许海认为，"基础教育是普通教育，职业教育属专业教育，两者性质不同"[2]。1985年 5 月 27 日，《中共中央关于教育体制改革的决定》提出职业教育是与基础教育、高等教育和成人教育地位平行的四大教育板块之一，但是在这四大教

---

① 《关于基础教育的定义、范围和阶段》，教育部网站，2007 年 4 月 19 日。

② 许海：《也谈"什么是基础教育"》，《中小学管理》1992 年第 2 期。

育板块中，职业教育并不是完全独立存在的。如，我国把初等职业学历教育看成是基础教育的组成部分，高等教育也可分为普通高等教育与高等职业教育，中职教育包括成人中专教育。所以，也有观点认为当前教育可直接分为高等教育和基础教育两大部分，高中阶段教育就归入基础教育。张黎宁、张冠男就提出"中职教育也是基础教育，是为受教育者奠基未来的教育"①。

20 世纪 70 年代兴起的新职业主义为我们讨论中职教育的基础性提供了很好的视角。在第三次科技革命的影响下，英美等西方主要国家的社会结构和就业结构等都发生了巨大变化，不仅与职业生活相脱离的传统学术教育不能满足职业生活的需要，就是传统的以狭隘职业训练为主的职业教育也无法满足这一需要。职业生活是每个人走向社会的必经环节，工作不仅是生活的重要组成部分，更是其生活的基础。新职业主义提出发展职业教育，把教育与学生以后的职业生活密切联系起来，并主张职业教育的对象不仅仅是面向学业失败者和经济地位低下者，而是面向所有青年人。核心技能理论是新职业主义的核心理论。所谓核心技能，是指完成任务与解决问题的实际能力，而不是传统意义上高度专门化的狭义技能，具有通用性、可迁移性和工具性。② 核心技能是任何职业都不可或缺的，介于抽象的原理知识和操作技能、应用技术之间的某种能力，也称关键能力或核心能力。英国工业联盟、教育与就业部以及资格与课程署共同认可了六种核心技能，即交流（Communication）、数字运用（Application Of Number）、信息技术（Information Technology）、与人合作（Working With Others）、提高自我学习和增进绩效（Improving Own Learning And Performance）以及解决问题的能力（Problem Solving）。③ 核心技能理论的建立，为职业教育适应时代的变革及职普融通提供了很好的途径，减少了职业教育与普通教育之间的对立。新职业主义主张

---

① 张黎宁、张冠男：《不应忽略中职教育的基础性》，《职教论坛》2009 年第 2 期。

② 石伟平、徐哲岩：《新职业主义：英国职业教育新趋向》，《外国教育资料》2000 年第 3 期。

③ 黄日强、黄勇明：《核心技能——英国职业教育的新热点》，《比较教育研究》2004 年第 2 期。

普通教育向职业教育靠拢，职业教育向普通教育靠拢，以建立一个一体化的教育体系，这一主张在美国取得了实践性成就。目前，职业教育不仅进入了美国的基础教育领域，实现全民职业教育，而且学生可以在学术教育与职业教育间进行自由切换。

随着新一代信息技术崛起，我国提出了积极推进农业现代化、新型工业化、新型城镇化和信息化的"新四化"。目前，我国农业增加值占 GDP 比例已降到不足 10%，工业占比也下降为 40%左右，而第三产业占比已达 50%以上，[①] 我国城镇化率目前已接近 60%。技术创新升级是实现"新四化"的基本推力。技术升级既需要大量应用技术研发人员，也需要将技术转化为现实生产力的技术技能型人才。应用技术研发人才与技术技能型人才，都不属于学术型人才，而是属于应用型人才。伴随经济结构转型和社会结构转换，现存的人才结构与新职业需求极不相称，这需要基于应用型人才培养体系构建一个范围更广的教育框架，因此职业教育体系的重要性日益突出。多层次应用型人才的需求推动了高职教育的快速发展，中职教育在职业教育体系中也完成了从主体地位到基础地位的过渡。"职业教育与普通教育是两种不同教育类型，具有同等重要地位"[②]，这不仅仅明确了职业教育的类型教育的地位，更深刻地揭示了应用型人才的独立价值及其培养方式与方法的独立性。时任教育部部长陈宝生指出，要"在行动上把职业教育和普通教育区分开来，特别是要把科学和技术、知识和技能区分开来，践行类型教育新理念"[③]。徐国庆通过比较科学知识与技术知识后认为，"技术知识在思维模式上与科学知识有本质区别"，"技术相对科学的独立性的确立，要求建立基于技术知识的、具有相对独立性的应用型人才培养体系。"[④] 如果说核心技能理论与实践促进了职普融通，提高了职业教育的地位，那么"技术知识与思维模式的独

---

① 刘治彦：《新职业的兴起缘由及启示》，《人民论坛》2019 年第 27 期。

② 《国家职业教育改革实施方案》，2019 年。

③ 陈宝生：《办好新时代职业教育服务技能型社会建设》，《光明日报》2021 年 5 月 1 日。

④ 徐国庆：《中等职业教育的基础性转向：类型教育的视角》，《教育研究》2021 年第 4 期。

立性"就奠定了职业教育类型教育的地位。中职教育作为应用型人才培养体系中的一个基础学制层次，必然要为高一层次的各类教育打基础。中职教育的主要功能也从就业功能开始转向应用型人才培养体系的基础教育，成为职业基础教育。

因为职业教育与普通教育是两种不同类型的教育，两者形成的体系可以分别称之为职业教育体系和普通教育体系。普通教育体系从纵向上可分为幼儿教育、小学教育、普通中等教育、普通高等教育。普通高等教育，主要包括全日制普通博士学位研究生、全日制普通硕士学位研究生、全日制普通学士学位、全日制普通本科、全日制普通专科；幼儿教育、小学教育、普通中等教育属于基础教育，可称之为普通基础教育。职业教育体系从纵向上可分为初等职业教育、中等职业教育、高等职业教育（专科层次职业教育、本科层次职业教育、研究生层次职业教育）；其中初等职业教育、中等职业教育也应属于基础教育，可称之为职业基础教育。职业基础教育与普通基础教育之间的质的差别性主要体现为如下两个方面：职业基础教育采用的是技术思维模式，普通基础教育采用的是科学思维模式；职业基础教育侧重培养以实践为基础的能力，普通基础教育侧重培养以学术为基础的能力；职业基础教育培养的是技术技能型人才，目的让其将来成为工匠；普通基础教育培养的是学术人才，目的是让其将来成为学者。职业生活是每个人走向社会的必经环节，但是并不是所有的"职业"都是当前职业教育所指的"职业"，技术技能型人才所对应的职业注重具体、实践和操作，学术型人才对应的职业注重抽象、理论和思考。其实这两类职业都有各自所注重的技能，而核心技能却是两者都应具备的技能，美国的职业教育完全融入人们所"公认的基础教育"不是没有道理的。传统单纯以直接就业为目标的中职教育走向职业基础教育，并不意味着中职教育成为高职教育的附庸，因为职业基础教育具有其独立的价值。《现代职业教育体系建设规划（2014—2020 年）》指出，"中等职业教育在现代职业教育体系中具有基础作用，为初高中毕业生开展基础性的知识、技术和技能教育，培养技能型人才"。职业基础教育的独立价值，指的是职业基础教育在整个教育系统内部，具有它自己独立的、不依附于其他类型和层次教育的价值。

2.职业基础教育是中职教育的现实选择

（1）政策变化推动中职教育走向职业基础教育。2005 年《国务院关于大力发展职业教育的决定》提出的"以服务为宗旨、以就业为导向"的职业教育办学方针，推动了职业院校更好地面向社会、面向市场办学，校企合作、工学结合人才培养模式在中职学校得到广泛的推行，就业导向的中职教育得到了充分发展。2014 年《国务院关于加快发展现代职业教育的决定》要求中职教育要"在保障学生技术技能培养质量的基础上，加强文化基础教育，实现就业有能力、升学有基础"，发挥其在发展现代职业教育中的基础性作用。经过 10 年的发展，中职教育的功能发生很大的改变，不仅要为区域经济社会培养合格技术技能型人才，还要为高等职业院校输送具有明确职业志向和基础职业能力的生源。2014 年，我国高考制度出现新的变化，开始形成技能型和学术型两种高考模式，技能型高考的考试内容为技能加文化知识。我国许多中职毕业生开始可以通过"三二分段"、自主考试等多种不同的技能型高考方式进入高职院校及部分应用本科院校深造。中职教育开始了"就业导向"向"基础导向"发展模式的过渡。

2019 年《国家职业教育改革实施方案》明确了"职业教育与普通教育是两种不同教育类型"，要求把发展中职教育作为普及高中阶段教育和建设中国特色职业教育体系的重要基础，并通过建立"职教高考"制度，完善"文化素质＋职业技能"的考试招生办法，为学生接受高职教育提供多种入学方式和学习方式。为了更好地落实《国家职业教育改革实施方案》，教育部等九部门联合发布了《职业教育提质培优行动计划（2020—2023 年)》要求通过强化中职教育的基础性作用、巩固专科高职教育的主体地位、稳步发展高层次职业教育，推进职业教育协调发展，构建纵向贯通的现代职业教育体系，培养多层次高质量的技术技能型人才；同时提出，国家不限制专科高职学校招收中职毕业生的比例，适度扩大专升本招生计划，为职业教育学生搭建成长通道。2021 年，中共中央办公厅、国务院办公厅印发的《关于推动现代职业教育高质量发展的意见》提出，到 2025 年，职业本科教育招生规模不低于高等职业教育招生规模的 10%，职业教育吸引力和培养质量显著提高。职业教育类型定位的确立、中职教育基础地位的明确、"职教高考"制度的建立、国家不限制中职毕业生的升学比例等政策，为中职教育从"就业导向"转向"基础导向"发展模式准备了理论和制度基础，最终将推动中职教育走向职业基础教育。

（2）技术技能型人才培养需要职业基础教育。每个个体只要开始有了职业意识，也就会开始职业选择和职业能力培养的尝试。美国心理学博士格林豪斯（Greenhaus）将一个人的职业生涯分为职业准备阶段（0—18 岁）、进入组织阶段（18—25 岁）、职业生涯初期（25—40 岁）、职业生涯中期（40—55 岁）和职业生涯后期（55 岁至退休）等五个阶段。职业准备阶段的主要任务是发展职业想象力，对职业进行评估和选择，接受必需的职业教育，以取得相应的从业证书和基本的职业能力，达到职业入门的要求。进入组织阶段的主要任务是在一个理想的组织中获得一份工作，在获取足量信息和发展自己的职业能力的基础上，尽量选择一种合适的、较为满意的职业。格林豪斯十分重视个人早期对职业生涯发展的影响，认为每个人在找到自己的"天职"之前，都应接受必要的职业教育，进行必要的职业准备。近年来，我国教育界也意识到在青少年时期进行职业启蒙、职业体验等教育活动的重要性，开始在中小学推行职业启蒙教育。

一个人的职业生涯具有阶段性，一个人的技术技能发展也具有阶段性。美国德雷福斯兄弟（H. Dreyfus 和 S. E. Dreyfus）通过长期的实验研究，将技术技能型人才的成长分为新手（Novice，也有翻译成初学者）、入门（Advanced Beginner，通常翻译为高级初学者）、胜任（Competence，也有翻译成有能力者）、精通（Proficiency，也有翻译成熟练者）、专长（Expertise，也有翻译成专家）、驾驭（Mastery，也有翻译成大师）、实践智慧（Practice Wisdom）等七个阶段，人们通常称之为德雷福斯（Dreyfus）技能获得模型。

技术技能型人才从初学者成长为专家、大师，不是一蹴而就的，职业教育的任务就是通过一定的方法帮助学习者从初学者逐级向更高级阶段发展，而不同层次职业教育在技术技能型人才系统培养中承担不同的培养任务。许多动作技能和心智技能的获得都需要有一个长期练习的过程，不同的技能获取还有相对合理的最佳年龄阶段。因此，我国自 2011 年开始就在探索中高职贯通培养，贯通专业以始读年龄小、培养周期长、技能要求高的专业为主。《国家职业教育改革实施方案》也提出"在学前教育、护理、养老服务、健康服务、现代服务业等领域，扩大对初中毕业生实行中高职贯通培养的招生规模"。

当前，我国已明确要建立包括初等职业教育、中等职业教育、高职专科、高职本科、专业硕士、专业博士等组成的纵向贯通的职业教育体系，各层次职业教育的地位及人才培养定位如表 2-9 所示。国家发挥中职学校作用，帮助部分学业困难学生按规定在职业学校完成义务教育，并接受部分职业技能学习，发挥职业教育促进义务教育"控辍保学"作用。鼓励中职学校联合中小学开展劳动和职业启蒙教育，将动手实践内容纳入中小学相关课程和学生综合素质评价。建立普通高中和中职学校合作机制，探索课程互选、学分互认、资源互通，支持有条件的普通高中举办综合高中，部分地区加强中职与普高的合作，帮助普高学生参加"文化素质 + 职业技能""职教高考"教育。为了推进职业教育协调发展，我国正在建立健全"职教高考"制度，完善"文化素质 + 职业技能"的考试招生办法，让分类考试招生成为高职学校招生的主渠道，为中职学生继续升学深造搭建成长通道，完善了中职教育走向职业基础教育的制度基础。我国中职教育在教育体系中不仅承担着为整个社会提供最基础技能型人才，以及为高职教育提供优质生源，同时还通过职普融通向普通中小学输出优质技能教育。中职教育正在让技能教育走向人人，逐渐成为我国基础教育的类教育，基础导向发展模式已成为我国中职教育发展的现实选择。

表 2-9　我国各层次职业教育人才培养层次定位情况表

办学层次	在职业教育体系中的地位	人才培养层次定位
中职教育	作为普及高中阶段教育和建设中国特色职业教育体系的重要基础。强化中职教育的基础性作用，保持高中阶段教育职普比大体相当。	积极招收初高中毕业未升学学生、退役军人、退役运动员、下岗职工、返乡农民工等接受中等职业教育，使绝大多数城乡新增劳动力接受高中阶段教育。
高职专科	巩固专科高职教育的主体地位。不限制专科高职学校招收中职毕业生的比例。	专科高职教育是优化高等教育结构和培养大国工匠、能工巧匠的重要方式，输送区域发展急需的高素质技术技能型人才。
高职本科	把发展本科职业教育作为完善现代职业教育体系的关键一环，畅通技术技能型人才成长通道。到2025年职业本科教育招生规模不低于高等职业教育招生规模的10%，适度扩大专升本招生计划。	培养高素质创新型技术技能型人才。
专业学位硕士、博士	根据产业需要和行业特点，适度扩大专业学位硕士、博士培养规模。	以职业需求为导向、以实践能力培养为重点、以产学研用结合为途径培养专业学位研究生。

3.技能型社会建设推动中职基础导向模式的深入实施

（1）建设技能型社会目标的提出。早在一百多年前，我国职业教育奠基人黄炎培先生就提出"使无业者有业，使有业者乐业"。2009年欧阳河提出，"展望2020年，我国职业教育发展将进入一个新的历史时期，那就是建设人人有技能的社会"[1]。无数职业教育先驱都希望我们伟大的祖国能早日实现职业教育面向人人，建成人人有技能的社会。中国经济由高速增长阶段转向高质量发展阶段，高质量发展背后的逻辑是要建立一种普遍的全民高技能、高技术、高劳动生产率、高经济竞争力的发展模式。虽然我国是人口大国，但是现有存量劳动力和传统人力资源开发却都面临着转型压力，技能型人才与产业需求不匹配依旧是掣肘当前我国技能型人才队伍建设的关键问题。我

---

① 欧阳河：《建设人人有技能的社会》，《教育与职业》2009年第10期。

国是人口大国，但是在从低端劳动力为主的劳动密集型产业向技术密集型产业转型升级中，现有存量劳动力和传统人力资源开发却都面临着转型压力。技能型人才与产业需求不匹配依旧是掣肘当前我国技能型人才队伍建设的关键问题，这要求人才的供需匹配从传统的学历匹配、专业匹配转变为技能匹配。

2017年1月9日，农业部出台《"十三五"全国新型职业农民培育发展规划》，这标志着我国"农民"开始从一种被自然赋予的身份走向一种自由选择的职业，也表明"职业—工作—技术—技能"为基本要素的工作体系将覆盖全国城市和乡村，全民职业化的时代终于来临。2017年2月6日，中共中央、国务院印发的《新时期产业工人队伍建设改革方案》提出"构建产业工人技能形成体系"。2018年以来，山西省委、省政府按照"人人持证、技能社会"的总体思路，把实施全民技能提升工程作为工作的重中之重，不断完善"全劳动周期、全工种门类"培训体系。2019年出台的《职业技能提升行动方案（2019—2021年）》提出"全面提升劳动力技能水平和就业创业能力"，"到2021年底技能劳动者占就业人员总量的比例达到25%以上，高技能型人才占技能劳动者的比例达到30%以上"。2021年4月，全国职业教育大会提出建设"技能型社会"的理念和战略。2021年6月，人力资源和社会保障部印发《"技能中国行动"实施方案》提出，"十四五"时期，我国要新增技能型人才4000万人以上，技能型人才占就业人员比例达到30%，东部省份高技能型人才占技能型人才比例达到35%，中西部省份高技能型人才占技能型人才比例在现有基础上提高2—3个百分点。2021年10月，中共中央办公厅、国务院办公厅印发的《关于推动现代职业教育高质量发展的意见》要求，"到2035年，职业教育整体水平进入世界前列，技能型社会基本建成"。

技能型社会是指国家重视技能、社会崇尚技能、人人学习技能、人人拥有技能的社会。保证人人学习技能，人人拥有技能，持续提高技能水平，并实现人才供需的技能匹配，这需要加快构建覆盖全社会的技能形成体系。

技能形成体系包括了技能投资制度、技能供应制度、技能评价和资格认证制度、技能使用制度、社会合作制度等在内的保障技能形成的制度体系。[①]构建技能形成体系，需要通过完善职业教育和职业培训等相关制度，建立健全有效的技能形成干预机制，形成有利于提高技能水平的体制环境，为建设技能型社会提供制度保障。2021 年 5 月，时任教育部长陈宝生指出："我们要高举'技能型社会'这面旗帜，加快构建面向全体人民、贯穿全生命周期、服务全产业链的职业教育体系"，"让技术技能'长入'经济、'汇入'生活、'融入'文化、'渗入'人心、'进入'议程"，[②]加快建设技能型社会。

（2）技能型社会建设加快中职教育走向职业基础教育。构建国家重视技能、社会崇尚技能、人人学习技能、人人拥有技能的技能型社会，必须要重视相应的教育体系特别是技术技能教育体系的构建。家庭、学校、企业、社会也在建设技能社会建设中具有不同的教育责任、技能教育经验，各级各类教育在技能型社会教育体系的整体框架中具有不可替代作用。我们认为，构建面向人人、贯穿全生命周期、服务全产业链的职业教育体系是技能型社会教育体系的核心力量。

第一，中职教育要坚持面向人人，促进技能形成制度覆盖全体社会成员。数字和人工智能技术正在改变当今世界，社会对人工操作与基础认知的职业技能需求在下降，技术性的、社会性的、情绪性的以及更高层次认知的职业能力需求在上升。这些新技术不仅带来新业态、新商业模式，也改变了人们生活方式，人们不仅需要学习特定职业技能，而且还需要学习掌握一定的工作技能、生活技能和未来技能才能适应这个时代的发展。生活技能指向的不仅是日常生活中洗衣、做饭、做家务、整理内务、做好个人时间管理等的实践能力，更重要的是社会心理和人际交往技能。生活技能可以帮助个体

---

① 李羿：《如何推动构建产业工人技能形成体系？》，中国工会新闻网，2019 年 1 月 9 日。
② 陈宝生：《办好新时代职业教育服务技能型社会建设》，《光明日报》2021 年 5 月 1 日。

采取适应和积极的行为，有效地处理日常生活中的各种需要和挑战的能力。技能型社会不仅要通过技能形成制度促进全体社会成员习得和积累技能，还要通过人人拥有技能实现社会公平及解决许多社会问题，包括解决劳动力市场中存量劳动力的技能更新与深化，关注增量劳动力和潜在劳动力的技能形成，拉动弱势群体走进未来技能以实现发展中的社会公平等，这要求建立一个面向人人的职业教育体系。对于中职教育而言，其课程内容不仅要包括特定职业技能，更重要的还要包括工作和生活必需的基础知识、基础技能和通用技能，让个体在更广阔的社会中为工作及工作之外的生活作准备，让其成为社会成员提高生活质量和职业发展水平的重要阶梯。

第二，建设纵向贯通的职业教育体系，保证技能学习与提升贯穿全生命周期。天津大学潘海生教授认为，技能型社会教育体系框架包括基础教育的技能启蒙、职业教育的技能养成、企业内训的技能提升、社会培训的技能补给、继续教育的技能获得，贯穿全生命周期。[①] 我国的职业教育体系包括了职业学校教育和职业培训两个组成部分，潘教授所提的技能学习和获得需要基本上可以在职业教育体系中找到相应的实现途径。在技能型社会中，职业教育更应聚焦于人的全面发展，关注技能学习和发展的阶段性、发展性、终身性等特点，实现技能形成制度集合贯通人的生命周期，促进每个社会成员和劳动者能得到普惠性人力资本提升。我国职业教育在技能型社会建设的进程中要实现培养多样化人才、传承技术技能、促进就业创业的重要功能，首先要从行动上加快构建完善纵向贯通、横向融通的现代职业教育体系，保证社会成员在不同职业生涯阶段的技能需求能通过职业教育体系获得满足。国内外许多著名的学者从不同角度提出自己的职业生涯发展阶段理论，强调从出生开始到生命结束的各个阶段的独立价值与意义，并高度重视人生早期经历对职业生涯的影响。格林豪斯将0—18岁称为职业准备阶段、18—25

---

① 《百余名学者齐聚济南，共话构建技能型社会，教育如何发力》，山东教育新闻网，2021年5月21日。

岁为进入组织阶段。萨柏将 0—14 岁称为成长阶段、15—24 岁为探索阶段。西方发达国家职业教育体系很早就介入了个体 0—18 岁的技能启蒙和技能养成教育，为个体今后的技能提升和职业发展打下较为坚实的基础。在构建职业教育体系时，我们要充分考虑到技术技能养成的特点和技术技能型人才成长规律，加强现代社会的基础技能和通用技能项目的研究和开发，构建以中职教育为核心的职业基础教育体系，并以职业启蒙、职业体验、通用专项技能训练、展示因技术快速发展形成的综合性技能等方式实现高中及以前阶段的职普融通，增进青少年对现代工作体系的了解，增强职业教育兴趣，激发技能学习的热情，为建设人人学习技能、人人拥有技能的技能型社会奠定基础。

第三，加强职业教育产教融合，建设服务全产业链的职业教育体系。我国是全世界唯一拥有联合国产业分类中所列全部工业门类的国家。2021 年，我国制造业增加值达 31.4 万亿元，占全球比重近 30%。随着工业化和信息化深度融合进一步加快，制造业生产模式发生深刻变革，制造业向智能、绿色、服务方向升级取得了显著成效，个性化定制、网络化协同等新业态新模式不断涌现，2021 年，我国数字经济规模达到 7.1 万亿美元，位居世界第二。智能化、数字化、大数据、网络化对社会成员的技能需求产生深度的影响，一方面使得简单重复性工作岗位的需求大幅萎缩，另一方面不断出现依赖高技术技能的新工作岗位，这要求职业教育体系要强化全产业链的劳动力技能开发服务。全产业链的劳动力技能开发需求主要包括"高新技术产业的劳动力技能深化与升级，国家基础产业领域的劳动力技能更新，传统产业领域、弱势中小企业的生产力提升引发的劳动力技能开发需求等"[1]。职业教育特别是中职教育在做好服务全产业链的基础上，要特别做好高新技术产业技术技能型人才培养工作。高新技术产业的发展是中职教育改变"托底"教育的不良形象和定位的重要机遇，中职教育一方面要深化技术与技能关系的认

---

① 张学英、张东:《技能型社会的内涵、功能与核心制度》,《职教论坛》2022 年第 1 期。

识，清晰领悟技术与技能具有适配性和伴随性的特点，提高中职教育的前瞻性和引领性；另一方面要强化产教融合，提高职业教育与经济社会发展的适应性，深度融入现代产业发展洪流，培养更多契合产业数字化、智能化转型升级等高技术产业所需的技术技能型人才，让职业教育受教育者推动所有产业、所有企业走进未来技能型社会。

技能型社会建设给中职教育带来了无限机遇和挑战。目前我国高中阶段进入了全面普及阶段，中等教育水平成为新增劳动力的基础学历。由于我国还处于工业化中后期及同时发展知识经济阶段，中等教育水平的劳动力也必将长期是我国劳动力结构中比重最大的组成部分。中职教育培养的技能型人才是整个社会的基础性人才，一方面为社会提供满足岗位的中级技能型人才，另一方面也需要为高职教育输送优秀毕业生。由于国情的不同，我们自然不可能照搬别国的做法，但是技能型社会建设确实给进一步思考如何将技术技能教育纳入基础教育体系提供契机，也为中职教育转向职业基础教育提供良好环境。美国生涯和技术教育（CTE）是普职合一的单轨制教育，并通过立法明确 CTE 在基础教育系统中的重要性。2020 年，美国社区学院协会（American Association of Community Colleges）的《社区学院日报（Community College Daily）》报道：高中的生涯和技术教育（CTE）项目为中学教育和职业教育成功提供了一条清晰的道路，"CTE 可以为学生提供扎实的技术知识和就业技能基础，以补充他们的学术学习，并为他们进入大学和职业选择做好准备"，"高中参加 CTE 最终可以帮助美国填补'中等技能'职位的短缺，CTE 为年轻人提供了从中学开始学习这些技能的重要途径"。[1] 当前我国中职教育应加快实现以就业为导向向职业基础教育导向发展模式的变革，并进一步加快中职教育与普通中小学融通发展，促进技术技能教育融入基础教育体系，这是建设技能型社会的需要，也是实现学生全面发展的需要。

---

[1]　Ellie Ashford, "CTE in High School is a Bridge to College", *Community College Daily*, OCTOBER 7,2020, https://www.ccdaily.com/2020/10/cte-in-high-school-is-a-bridge-to-college/.

（三）中等职业教育走向职业基础教育的策略

1.大力推进职业基础教育发展是关键

"两类教育、同等重要"是我国对职业教育与普通教育的基本定位，但是目前我国基础教育仅限于普通基础教育，主要开展的是学术教育，重视学生学术能力的培养，忽视职业启蒙和技能养成。这种现象说明我国职业教育体系建设存在"基础性问题"没有解决，大力推进职业基础教育是解决"基础性问题"的基本路径。

（1）深化职业基础教育的认识。对于基础教育，有的认为其是一个类型教育概念，有的认为其是一个层次教育概念。"基础教育是没有专业、职业指向性的基本教育"的观点，就是将基础教育视为一种类型教育概念，即基础教育是学术教育，是普通基础教育。也有认为基础教育是与高等教育相对而言，特指中小学阶段的教育，这种观点就是将基础教育视为一个层次教育的概念。认同基础教育就是普通基础教育观点的人不是少数，在社会具有很强的影响力，体现为基础教育"学术性"有余、"职业性"不足，这导致了教育体系内学生的职业理想限于"光鲜体面"的工作，许多普通高中毕业生择校择业时"茫然无措"，许多初中毕业生不管自己的学习兴趣和实际情况，一味追求升读普通高中。我们认同基础教育是一个层次概念，在我国基本普及高中阶段教育以前，基础教育只限于初等教育及以前教育。目前，我国高中阶段教育已进入全面普及阶段，我国基础教育包括高中阶段及以前层次教育。因为基础教育是一个层次概念，我们在坚持普通教育与职业教育是两种不同类型教育基础上，可以将基础教育分为普通基础教育和职业基础教育两种类型教育。

在教育双轨制条件下，职业基础教育与普通基础教育都是基础教育层次中的两种不同类型的教育，19世纪，英国、德国、瑞士等欧洲国家学校教育制度是双轨制的典型代表。在教育单轨制条件下，职业基础教育和普通基础教育都是基础教育的两大主要内容，如美国在全国范围内推行的从幼儿园到大学后的生计教育等。我国实行分支型学制，儿童在接受了共同的基础教育之后再进行分流，一部分继续接受普通教育，另一部分接受职业教育后就业。1996 年原国家教委印发的《全国教育事业"九五"计划和 2010 年发展规划》提出"职业教育以初中后为重点，实行小学后、初中后和高中后三级分流"。我国职业教育取消了小学后分流，实行的是初中后和高中后分流。目前我国基础教育强调学术教育，忽视职业教育，实质上是普通基础教育，形成了人才类型多样化与基础教育单一性的矛盾。联合国教科文组织在《2012 年全民教育全球监测报告》中认为，所有青年都需要基础技能、可转移技能和技术及职业能力等三类主要技能，也就是说每个青年都应掌握一定的技术及职业能力（即技术技能）。我国教育要求必须与生产劳动和社会实践相结合，培养德智体美劳全面发展的社会主义建设者和接班人。劳动教育历来被认为与职业具有内在的联系，因为劳动可分家务劳动和职业劳动，而且职业劳动对人类社会的意义不言而喻。但是普通中小学开展劳动教育时却很少将之与职业劳动联系在一起，自然也很少与职业教育联系在一起。

　　德国的"职业基础教育年（Beruf Sgrund Bildung Sjahr）"[①] 最初萌芽可追溯至 19 世纪初的进修学校。1958 年起，德国在各州开始试设一年制职业基础学校。1969 年德国颁布的《职业教育法》对将三年职业义务教育中的第一年称为"职业基础教育年"，并规定"职业基础教育的第一阶段应该视为为进一步实施的职业专业教育打下宽广基础的阶段，向受教育者传授尽可能广泛的职业活动领域所共同具有的基本技能、基本知识和行为方式，从而为从事多样的职业活动做准备"。[②] 现实中，我国对职业基础教育和职业专业教育基本不作区分，所提及的职业教育一般指的都是"职业专业教育"。对于什么是职业基础教育，孙芳芳、袁梦琦认为"广义而言，凡是能够为个人的职业成长、成熟与成功提供基础性支持的教育均属于职业基础教育范畴"，旨在帮助青少年儿童及需要弥补职业基础教育的成人"了解自己，认识职业

---

① 也有学者将其翻译成"职业预备教育年"或"职业基础学年"。

② 徐涵：《德国关于职业基础教育的教育理论与教育政策的讨论》，《职教论坛》2004 年第 4 期。

世界、增强多种职业发展潜能"。[1]我国政府层面并没有提出"职业基础教育"的概念，但是却明确要求在普通中小学嵌入职业载体和职业基础教育相关内容。2019年《国家职业教育改革实施方案》提出"鼓励中等职业学校联合中小学开展劳动和职业启蒙教育，将动手实践内容纳入中小学相关课程和学生综合素质评价"。2022年的新《职业教育法》第十九条规定，"县级以上人民政府教育行政部门应当鼓励和支持普通中小学、普通高等学校，根据实际需要增加职业教育相关教学内容，进行职业启蒙、职业认知、职业体验，开展职业规划指导、劳动教育"。

（2）将普通中小学的职业启蒙教育纳入职业基础教育的范围。参照我国现行基础教育的划分，我们认为职业基础教育包括中职教育和普通中小学开展的职业启蒙教育、劳动技术教育、信息技术教育、技能教育等。根据发达国家经验和职业生涯发展阶段理论，职业基础教育要尽早让少年儿童了解工作世界，熟悉简单的劳动工作，帮助学生形成和塑造职业和职业选择概念认知，参与体验工作情境，培养他们的职业意识。国家也多次明确提出鼓励中职学校与中小学合作进行职业体验教育，这也为中小学开展职业启蒙教育提供了政策支持和基本方向。

目前我国实施的《义务教育课程设置实验方案》是从2001年秋季开始实施的。这个义务教育课程方案除开设语文、数学、英语、体育这些课程外，还开设了综合课程、综合实践活动、地方与学校课程。综合实践活动内容主要包括信息技术教育、研究性学习、社区服务与社会实践以及劳动与技术教育等，使学生通过亲身实践，发展收集与处理信息的能力、综合运用知识解决问题的能力以及交流与合作的能力，增强社会责任感，并逐步形成创新精神与实践能力。一般情况下，综合实践活动、地方课程、校本课程统筹使用课时，要求占九年义务教育总课时的16%—20%。《广东省普通高中课程实施方案（2020年修订）》规定："根据国家课程方案要求，普通高中开设

---

① 孙芳芳、袁梦琦：《论我国职业基础教育的缺位与回归》，《当代职业教育》2019年第5期。

语文、数学、外语、思想政治、历史、地理、物理、化学、生物学、技术（含信息技术和通用技术）、艺术（或音乐、美术）、体育与健康、综合实践活动和劳动等国家课程，以及校本课程。"

从这两份课程方案来看，职业启蒙教育目前还没有得到足够重视，但是义务教育与普通高中开设的综合实践课程、校本课程、劳动与技术、技术等课程为普通基础教育阶段开展职业教育或职业启蒙教育预留了空间。教育部于2017年印发的《中小学综合实践活动课程指导纲要》将"设计制作"和"职业体验"列为综合实践活动的主要方式及其关键要素。国家还支持各地结合本地经济实际情况，倡导职业院校、行业企业以及其他社会资源积极参与中小学职业启蒙教育，形成具有操作性的实施方案，将普通中小学的职业启蒙教育纳入现代职业教育体系之中，成为职业基础教育的重要组成部分，使整个现代职业教育体系有更广阔的社会基础。

（3）发挥中职教育在职业基础教育中的关键作用。随着高中阶段教育全面普及的推进，全国将有近50%的适龄学生参加中职教育。这些学生年龄一般在15—18岁之间，正是职业生涯发展的关键时间，对后续的职业发展具有决定性影响。自2000年以来，我们就一直强调就业、技能培养、专业建设，建设国家、省重点中职学校和示范学校，中职教育的实力有长足的发展，但中职教育的社会认可度和吸引力却总是难以取得实质性的突破。原教育部陈宝生部长强调："构建现代职业教育体系基础在中职。解决不好中职的基础性问题，高质量的职业教育体系就无从谈起"[1]。因此如何发挥中职在职业基础教育中的关键作用是一个需要社会长期关注与研究的问题。

第一，从教育类型角度来看，中职教育是应用型人才培养体系的基础教育，也就是职业教育的基础教育。普通教育以培养学术型、工程型人才为主，职业教育以培养技术型和技能型人才为主。技术型和技能型人才的成长有不同于学术型与工程型人才的规律，也有其成长的时间周期，不是单一学

---

[1] 陈宝生：《办好新时代职业教育服务技能型社会建设》，《光明日报》2021年5月1日。

制层次、单一类型的教育能够完成的任务，中职教育应该立足于此，发挥其作为职业基础教育的关键作用。教育从来就不是只被动适应社会的发展，它还要去主动地引领社会的发展。中职教育作为职业教育的基础教育，需要实现从"适应导向"向"设计导向"的转变，培养学生具备参与设计未来的技术和工作世界的能力，提高中职教育及受教育者的境界，让中职学生树立创造更美好职业工作世界的远大理想。

第二，从基础教育属性来看，2007 年教育部在回答网友的"什么是基础教育"的问题时答复道："基础教育是面向全体学生的国民素质教育，其根本宗旨是为提高全民族的素质打下扎实的基础，为全体适龄儿童少年终身学习和参与社会生活打下良好的基础"，并将"高中教育（一般为 16—19 岁）"列为基础教育的重要组成部分。[①] 中职教育作为基础教育也要为学生终身学习和参与社会生活打下基础，因此要注意职业生涯和综合素养教育、必要文化基础知识教育、基础技能与可转移技能教育、符合社会经济需要的专业技能训练、学习能力与发展能力的培养等。中职教育要坚持基础性与职业性相统一的原则，从为了职业而教育转向通过职业进行教育，从单纯技能训练转向以技能训练为载体或桥梁，去实现满足学生的通识性、职业性、技术性、学术性等方面的教育目的。

第三，中职教育在发挥其社会服务功能时，要注意将为普通中小学的职业基础教育服务作为其社会服务的主要内容之一，有意识地在普通中小学的技术技能教育、职业启蒙教育及职业体验教育中发挥关键作用，提升普通中小学职业启蒙教育的认识和水平，为职业教育体系建设发挥更好的作用。

2.促进中职教育从设计模式向内生模式转变

（1）坚守中等职业教育的职业性。"职教高考"制度拓宽了中职毕业生接受高职教育的通道，为中职学生接受高职教育提供了便利的入学方式，具有十分重要的意义。但是因为传统求学观念、高考精英选择机制、学历至上

---

① 《关于基础教育的定义、范围和阶段》，教育部网站，2007 年 4 月 19 日。

的用人制度，以及社会评价压力等多方面因素，伴随着高考而产生的应试主义的弊端不期而至。如果处理不当可能会导致中职教育削弱技能型人才培养质量，失去职业学校的办学特色。从国家层面来看，只有建设和完善体现职业教育人才选拔特色的"职教高考"制度，形成真正适合技术技能型人才选拔的机制和考试方式，才能促进中职学生健康成长和职业教育的持续良性发展。中职学校强化职业基础教育功能，推进技术技能型人才的系统化培养，要遵循职业能力成长规律，不能退回到普通高中教育的人才培养方式。随着高中阶段教育的全面普及，中级技术技能型人才正在成为我国社会发展的基础性人才，中职教育在保证我国合理的劳动力人才层级结构中发挥基础性作用。同时，我们应该看到，中职学生升学与转型也是为了未来更好地就业，所以中职教育一定要坚守"职业性"的底线。

中职教育的专业是建立在对某一职业的特征和要求的深刻认知及科学把握的基础之上的，与职业始终保持着内在的、天然的联系。中职教育就是通过这一职业载体进行的教育，通过培养学生相应职业适应能力和职业发展能力，实现学生德智体美劳的全面发展，最终让其具备能够参与设计未来的技术和工作世界的愿望和能力。中职教育源于"职业—工作—技术"所组成的工作体系，也服务于这一工作体系，并最终通过受教育者去改造和完善这一工作体系。我国中职教育在探索技术技能型人才培养过程中，不断地向西方职教发达国家学习，学习德国的双元制、加拿大的 CBE 模式、澳大利亚的 TAFE 模式、英国的 BTEC 模式及现代学徒制等，并试图将这些模式移植到我国中职教育的实践之中，但是在移植过程中又发现诸多水土不服的问题。其原因在于这些西方职教发达国的职教模式的形成、发展有其自己的环境和条件，并从相应的工作体系内生而成。也就是说，在职业教育现代化进程中，中职教育发展模式存在内生模式与设计模式两种不同模式。这要求中职教育要深化产教融合、校企合作，将自己扎根于产业和职业发展的土壤之中，并从中得到滋养。

（2）我国与西方国家职业教育发展模式比较。西方职业教育的源头可追溯至人类有史时代之后的家庭手工业生产中，人们在进行这些工业活动的时候取得了相应的技术，并一代代把技术传递下来，这就是职业教育最初的简单形式——也可以把它看作是一种学徒制度。[①] 中世纪行会制度产生，学徒制度是手工业行会组织的一个重要组成部分。产业革命后，工厂生产代替家庭手工业，学校取代了学徒制度。进入 20 世纪初期，英国、德国、法国等西方各国多以立法的形式使职业教育成为教育制度的一个部分。从西方经济发达国家的经济、技术和社会发展的角度看，职业教育发展经历了四种形态：与农业经济时代手工业生产技术相适应的"学徒制"形态的职业教育，与工业革命时期机器化生产相适应的"职业学校"形态的职业教育，与工业社会后期跨国经营和集团化经营相适应的"学校—企业"混合形态的职业教育，与知识经济时代"扁平化"企业组织相适应的"企业为导向"形态的职业教育。[②] 从西方职业教育发展经历来看，现代职业教育是伴随工业化进程产生发展起来的，因为西方工业化进程是一个自然演进的过程，所以西方职业教育发展具有较强自然演进的特点。徐国庆在《职业教育原理》中提出，西方职业教育是从工厂制度内部内生出来的，其发展所遵循的是内生模式，因此能得到企业界的认同与支持。[③]

我国最早的工业化思想可以追溯到 1840 年鸦片战争失败之后以洋务运动为代表的近代工业思想，洋务运动标志着中国工业化的开端，也催生了我国近代职业教育。我国真正意义上的大规模工业化进程是在新中国成立以后开启的，也推动了我国逐步建立起以初等、中等职业教育为主体的职业教育体系。伴随着我国快速的工业化进程，中国制造业不断发展壮大，2010 年以后中国就已成为世界产出第一的制造大国。工业化水平和技术进步带动职业教育发展，至今我国形成了以中职教育为基础、专科高职教育为主体、本科及以上高层次职业教育稳定推进的中国特色现代职业教育体系。回溯我国职业教育发展过程可以发现，我国中职教育发展具有很强的设计模式的特

---

① 彭厚英：《西方职业教育制度发展阶段综述》，《世界职业技术教育》2002 年第 2 期。

② 王炜波：《论职业教育发展形态的演变》，《学术交流》2005 年第 12 期。

③ 徐国庆：《职业教育原理》，上海教育出版社 2007 年版。

点。在不同的历史阶段，我国分别学习或参照了苏联、德国等不同国家和地区的职业教育，并结合我国实际对中职教育体系进行设计；然后通过政府动员人力物力推动实施，并对设计的实施情况进行控制，以期达到设计的目的；整个发展过程体现为"设计—实施—控制"三个环节有节律运动。按设计模式发展起来的中职教育，并没有扎根于经济社会发展的土壤，好像始终是游离于经济社会发展之外，一项政策可让中职教育规模迅速扩大，也可让中职教育几近停滞。近二十年来，我国中职教育大力推行产教融合、校企合作、工学结合，试图实现"职业学校"形态的职业教育向"学校—企业"混合形态的职业教育过渡，但是进程并没有预期的那么顺利。这种以政府顶层设计为主动力源，形成由上而下、由外而内的运行轨迹推动中职教育的改革发展，具有明显的"外生"倾向和"设计"痕迹，校企之间的合作似乎缺少内在的利益机制及共生条件。

（3）促进中职教育发展向内生模式转变。2019年的《国家职业教育改革实施方案》提出职业教育要完成"三个转变"，即"由政府举办为主向政府统筹管理、社会多元办学的格局转变，由追求规模扩张向提高质量转变，由参照普通教育办学模式向企业社会参与、专业特色鲜明的类型教育转变"。职业教育要完成三个转变，其实质就是要实现职业教育发展由设计模式向内生模式的转变。"内生"是内部生长的动力机制，是事物发展成熟的标志，"基础"是"内生"的土壤和环境。职业教育要实现内生发展，则必须向"基础"回归，找到职业教育发展的逻辑起点与最终归宿。

第一，促进中职教育内生发展的文化路径。"职业"是人类社会组织的一种重要方式，也是职业教育的基础。职业生活占据着人生大部分最宝贵的时间，选择自己的"天职"是人生大事。任何职业都是在一定的社会文化环境中形成和发展起来的，同时也形成了自己的职业文化。学生的漫漫职途需要职业教育选择正能量的职业文化来指引。职业教育通过规范的教育化活动，将职业文化内化为每一个人的职业认知，帮助人们形成正确的职业观念，从而营造出良好积极的职业文化环境，使职业文化更具历史传承性和社会效应。当职业成为一个人自觉的、发自内心的选择，特别是成为一种信仰时，职业教育才真正走出"被选择困境"，职业教育的质量才会被人们真正认可。技术文化是指在工业化进程中，围绕着技术与机器、企业与生产而形成的一整套行为规范，这些规范的功能在于支持企业生产和技术改进，支配着相关人员的行为。[①] 技术文化是现代工业社会的产物，其最核心的逻辑是技术合理性，其最典型的呈现是"工匠精神"。中职教育可通过教育化活动宣传以"工匠精神"为代表的技术文化，引导学生执着专注、精益求精，一丝不苟、追求卓越，以更好地满足技术进步的需要，满足生产过程所提出的需要。当职业学校从里到外都散发出浓浓的职业文化和技术文化的气息时，学校师生都将因之找到职业教育的精气神，校企也将因之找到彼此合作的文化基础。

第二，促进中职教育内生发展的技术路径。社会学家帕森斯（T. Parsons）认为，任何一个组织都可以从技术、管理、外部关系三个基本层面来描述。对于中职学校而言，技术层面关注的核心是如何培养人的问题，涉及中职学校的人才培养模式的确定，最后落实在人才培养的核心环节——教学过程。2005 年以来，我国中职教育逐步形成了融合中高衔接、校企合作、工学结合、岗位实习等特点的产教融合型人才培养模式，加强职业院校学生实践能力、职业技能及文化基础的培养，并通过强化"双师型"教师队伍建设、创新教学模式与方法、改进教学内容与教材及推动现代信息技术与教育教学深度融合，提高教育教学质量。国家还通过职业院校技能大赛（含学生竞赛项目、教师教学能力竞赛项目、班主任专业能力竞赛项目）推动项目教学、情境教学、模块化教学、混合式教学等以学生为中心的教学方法的广泛运用，提高课堂教学效果。人才培养模式的改革是提高教育质量的关键，涉及教学目标、教学计划、教学内容、教学方法、实训实习基地、教学辅助工具、教学评价等诸多要素的合理设计、配置和使用。这需要中职学校长期坚

---

① 陈洪捷、徐宏伟、咸佩心等：《德国工业技术文化与职业教育（笔谈）》，《中国职业技术教育》2021 年第 36 期。

持创新改革，才能形成有别于普通教育的、具有职业教育特点的人才培养、评价的标准和制度，形成推动中职教育内生发展强大动力。

第三，促进中职教育内生发展的制度路径。促进中职教育内生发展需要通过制度创新，为其教育目标、教育规模、培养模式、教学模式改革提供制度保障，实质是通过转变教育管理方式。首先是要健全统一的国家资历框架、考试制度和教育评价制度，特别是健全"职教高考"制度、职业资格证书或技能等级证书制度及教师职称制度，为中职教育发展提供导向和动力。其次是健全校企合作制度，保证职业教育产教融合、校企合作的基本办学模式的有效实施。目前我国还没有形成合理的利益机制吸引企业参加职业教育活动，健全校企合作制度要明晰合作各方的权责利，并在保障学校、学生、企业的合法权益基础上，引导企业主动参与职业教育活动。最后是建立健全政府合理分权和学校内部二次分权制度，激发中职教育发展的活力。《国家职业教育改革实施方案》提出，各级政府部门要深化"放管服"改革，加快推进职能转变。"放"就是指政府向学校、社会和市场的分权，其中政府向学校"下放"权力是重点，以实现中职教育多元共治格局，凸显学校的主体性，促进教育发展动力多元化。学校内部二次分权是为了完善内部治理结构，为实现合作企业、行业、高职院校、教师、学生、家长等多元主体参与学校管理提供平台，激发学校和整体活动。

促进实现中职教育的内生发展，就是为了使中职教育从政府单一控制到多元共同治理转变、实现从数量扩张到提高质量转变、从游离经济社会机体到融入经济社会转变。褚宏启指出，教育技术（包括教育知识和教育技术工具）、教育技能是教育内生发展中两个至关重要的教育要素，其中教育技能是指教育从业人员现实拥有的专业知识与技能，如教师的教学技能、教育管理人员的管理技能等。[①] 对教育研究的投入可转化教育技术的进步，对教

---

① 褚宏启：《中国教育发展方式的转变：路径选择与内生发展》，《华东师范大学学报（教育科学版）》2018 年第 1 期。

育队伍建设的投入（特别是学习和培训方面的投入）可提高从业人员的教育技能，最后实现教育技术、教育技能两个要素内生化发展。对于中职教育而言，校企合作开发教育技术、校企共建教师队伍、校企协同开展人才培养都是优化类型定位和实现内生发展的重要途径。

3. 推进中职教育基础导向的课程改革

（1）中职课程改革要促进基础职业能力的培养。美国职业管理学家萨柏（Donald E. Super）把人的职业生涯划分为成长阶段（0—14岁）、探索阶段（15—24岁）、建立阶段（25—44岁）、维持阶段（45—64岁）、衰退阶段（65岁以上）等五个主要阶段。探索阶段的主要任务是主要通过学校学习进行自我考察、角色鉴定和职业探索，完成择业及初步就业，可分为试验期（15—17岁）、过渡期（18—21岁）、尝试期（22—24岁）等三个时期。根据萨柏的理论，试验期主要任务是综合认识和考虑自己的兴趣、能力与职业社会价值、就业机会，开始进行择业尝试。过渡期的主要任务是正式进入职业岗位，或者进行专门的职业培训，明确某种职业倾向。尝试期的主要任务是选定工作领域，开始从事某种职业，对职业发展目标的可行性进行实验。目前，我国中职教育"就业与升学并重"，注重学生职业能力和职业精神的培养，在保障学生技术技能的基础上，加强文化基础教育，使毕业生具备从事某种职业或者实现职业发展所需要的基本职业素养和行动能力。

一般情况下，学生进入中职教育阶段也就开始进入萨柏所指的职业探索阶段中的试验期（15—17岁），在此期间大部分学生会按如下三种轨迹发展：一是中职毕业后进入职业岗位工作；二是中职毕业后考入高职专科院校学习2—3年后就业或再升本；三是中职毕业后考入高职本科学习4年后就业。不管学生是直接就业还是升学，中职教育阶段都是其职业生涯发展过程中的承前启后的关键环节，一般情况不管学生职业生涯下一步的选择是什么，或多或少与其现在所学专业有一定的关系。中职教育是以某一个专业为载体进行的，而专业涉及了社会劳动分工。与专业学习相关的社会劳动分工，既涉及宏观领域的产业、行业、职业，也涉及微观领域的工种、岗位、工作，前者反映了劳动分工的社会性特征，后者反映了劳动分工的个体性特征。随着社会的发展，越来越多的职业、工种和岗位被分化出来，但是实质上它们又具有许多相通的或共同的职业功能模块和职业技能模块。

1998年，原劳动部《国家技能振兴战略》课题组将职业技能分为职业特定技能、行业通用技能和核心技能三个层次。每一个具体的职业、工种和岗位领域需要一定的职业特定技能。就每一个行业来说，又存在着一定数量的共同适用的行业通用技能，它们的适用范围涵盖整个行业领域。还有一些职业是从事任何职业或行业工作都需要的、具有普遍适用性的技能，人们称之为核心技能。中职学生对自己的兴趣、爱好、能力、特长、天赋，并不是很了解，而且就读的专业也不一定就是其感兴趣的领域。目前我国中职毕业生升学后就读的专业或毕业后的就业岗位与其现在所学的专业不对口的比例也不低。对于直接就业的学生来说，中职毕业生就业岗位是社会基础性岗位，对所需要的职业特定岗位技能一般要求不高，到岗后也能很快适应。对于要通过职教高考继续升学的学生而言，高职阶段的专业或专业方向对他才更具影响力。

因此，中职教育阶段所学专业，是学生对未来的职业发展方向的一次尝试探索，更重要的是了解行业，学习行业通用技能和核心技能，以增强学生对社会的适应性。联合国教科文组织执行委员会通过的《职业技术教育与培训战略（2016—2021年)》提倡："迫切需要确保TVET的供给在本质上是完整的，能同时满足以下需求：一是通识教育，基本或基础技能的需求（如识字、算术、数字技能）；二是生活和公民技能（包括环境意识）；三是重要的横向技能，如口头和书面交流，对工作和参与公民生活都至关重要。"[1]总体而言，中职教育作为基础职业教育，其核心任务是培养学生的职业道德、职业精神、行业通用技能和核心技能等方面的基础职业能力，为今后的职业生

---

① 范丽、刘长海：《联合国教科文组织职业技术教育与培训战略（2016—2021年）——联合国教科文组织职业技术教育与培训国际中心虚拟会议的报告文》，《世界教育信息》2016年第22期。

涯发展奠定基础。

（2）中职课程改革要凸显类型教育的优势。人才结构理论把社会人才划分为学术型、工程型、技术型和技能型等四类人才，人们把工程型、技术型和技能型等三类人才称为应用型人才。科学的任务是揭示自然和社会的本质和内在规律，目的在于认识和理论，这主要是学术型人才的工作领域。技术的任务是满足社会生产和生活的实际需要，目的在于改造和实践，这主要是应用型人才的工作领域。徐国庆认为，到了智能化社会，技术越来越复杂，操作技能日益被机器取代，整个人才结构上移，技术型人才队伍扩大，工程师内部则分化为工程科学人才、工程规划人才和工程实施人才，出现由工程实施人才、技术型人才、技术技能型人才组成的中间型人才。[①] 社会智能化越深入，中间型人才的规模就会越大，从业者能力复合化发展也会更明显。

科学与技术是平行而又密切互动的两个体系，同时技术与技能具有适配性和伴随性，这两句话说明了科学、技术、技能三者之间的关系，正是"技术相对科学的独立性"促生了普通教育和职业教育这两种不同的教育类型。高职教育加强技术技能型成长规律的研究，形成技术创新能力训练体系，引导整个实用型人才培养体系对创新型技术技能型人才的培养。中等职业教育是职业教育体系的基础，要遵循技术技能型人才成长规律，培养学生务实的职业意识，直面企业实践任务存在问题的勇气，突出工作实践问题解决能力，重视训练学生的技术技能思维，激发学生技术创新的热情，为高职教育培养高素质创新型技术技能型人才夯实基础。

《中华人民共和国职业分类大典》《国家职业技能标准制》是职业教育设置专业及编制专业教学标准和课程标准的重要依据。国家职业标准制定开始摒弃传统知识分析法，采用工作分析法；标准结构应当摆脱传统的、学科导向性的"基础知识—专业基础知识—专业知识—相关知识"模式，采用职业功能分析法指导下的职业功能模块结构。目前我国正式建设符合 21 世纪国

---

① 徐国庆：《中等职业教育的基础性转向：类型教育的视角》，《教育研究》2021 年第 4 期。

家发展目标的分层式职业标准体系，并在此基础上逐步建立涵盖职业特有技能、行业通用技能，以及核心技能的全方位职业技能鉴定考核新体系，这是对现行应试型职业教育培训体系的挑战。我国国家职业标准所指的核心技能包括了交流表达、数字运算、革新创新、自我提高、与人合作、解决问题、信息处理、外语应用等八个大类。职业道德是单位员工知识、技能和其他一切综合或特有能力发挥的基本条件，其主要内容也被吸收到核心技能的标准体系中去。我国职业标准体系分"初级工—高级技师"不同层级，体现了职业能力发展的不断进阶。中职、高职专科、高职本科等职业教育不同层次对职业能力培养的要求也有所不同，下一级层次的职业教育构成上级职业教育的基础。

中职教育课程的深度与广度不是通过学科体系知识进行衡量，而是根据职业能力标准体系对不同职业岗位所需技能等级进行判断。职业道德、核心技能、行业通用技能、职业特定技能都不是抽象的，也不是可以通过应试教育灌输的教条，需要中职教育根据技能形成的特点和规律开展实地、职场的训练和体验式学习，在"做"的过程中去学习和掌握。因为职业能力是基于职业活动本身而言的，职业能力的养成、提高必须基于通过完成工作任务来实现。中职教育课程中广泛地采用了行动导向教学、项目教学、情境教学，岗位实习也成为学生体验职场环境、处理真实工作任务、提高技术技能、形成职业能力的必需的教学环节。这些是中职教育课程和教学改革不同于普通高中教育的特点，也是中职教育推行产教融合、校企合作、工学结合的原因所在。"对职业教育的鄙视，往往并非根源于教育本身，而是根源于人们对实际工作的鄙视"[①]，中职教育要想得到社会的认可，还需要社会改变"劳力者治于人"的局面。

（3）中职课程改革要满足人才一体化培养的要求。普通高中教育与普通高等教育通过高考制度实现了有效衔接，两者的人才培养目标和教学内容

---

① 石伟平、徐哲岩：《新职业主义：英国职业教育新趋向》，《外国教育资料》2000 年第 3 期。

有明确区分。高职教育刚兴起时，中职与高职曾一度出现了事实上的平行甚至竞争关系，中高人才培养目标、课程体系、教学标准等不能有效衔接。随着职教高考制度和中高职贯通培养模式越来越完善，中职与高职教育衔接才不断地完善起来。2006 年，《上海市人民政府关于大力发展职业教育的决定》要求"继续深化普职渗透、中高等职衔接的教育模式改革"，这实际上明确了上海中等职业教育应朝职业基础教育的方向发展。[①]2017 年，上海中高职贯通培养招生数达到 7400 人；中本贯通培养招生数达到 1319 人，当年平均录取分数比普通高中录取线高出 25.5 分，受到普遍欢迎。[②]2019 年，上海市中职学校毕业生共 28287 人，就业（含升学）人数为 27928 人，就业率 98.73%，其中毕业生直接就业 7814 人，占 27.98%，[③] 毕业生升学率达到 70.75%，上海市中职教育基本上完成就业教育向职业基础教育转变，也提高了上海中职教育的吸引力。

完善职教高考制度是促进中职教育走向职业基础教育的关键环节，也是促进中职与高职有机衔接及夯实职业教育体系发展的基础。近年来，我国通过职教高考、高职单招、中高职贯通培养、中本贯通培养、五年制高职、专升本、高职和应用型本科联合培养等制度，持续推动建立职业教育内部衔接人才培养制度。2020 年，教育部对职业教育专业目录进行修订，在同一个分类框架内形成了中等职业教育和高等职业教育的专业目录，这为各层次职业教育专业设置衔接准备了很好的条件，也为各层次职业教育实现专业培养目标、教学标准、课程体系、培养方案、专业技能测评建立清晰衔接关系奠定了基础。2021 年全国职业教育大会提出要一体化设计中职、高职、本科职业教育培养体系，构建应用型人才系统化的发展通道，中职教育作为职业

---

① 胡国勇：《基础职业教育：上海中等职业教育的新定位》，《教育发展研究》2009 年第 Z1 期。

② 熊芳雨：《上海构建职业教育纵横向体系多渠道打通学历上升通道》，《汽车维护与修理》2017 年第 14 期。

③ 上海市教育委员会：《2019 年度上海中等职业教育质量年度报告》，上海教育网，2020 年 3 月 23 日。

基础教育的特点和定位越来越清晰。

为了实现职业教育人才培养的一体化，我国通过依靠学制层面的衔接，如设置独立的中高贯通项目、中本贯通项目、专本贯通项目等，来推进职业教育一体化人才培养。这些学制层面的衔接项目往往会涉及两个或两个以上的职业院校的合作，由于缺乏双方或者多方协调机制，教学内容重复等现象很容易出现。学制层面衔接必须下沉到课程层面衔接，才能解决长学制不同学段的人才培养问题。政府主管部门牵头制订职业教育内部各层次衔接的专业教学标准和课程标准，职业学校以相关标准为依据合理制订中高职一体化人才培养方案和课程教学方案，可以为一体化培养准备较好的基础。"职教高考"是职业教育重要人才选拔制度，更是一体化设计中职、高职、本科职业教育培养体系的关键。加快完善高职院校"文化素质＋职业技能"的招生方式，不仅可以构建应用型人才系统化的发展通道，还可以推动职业教育系统内部的整体课程改革，推动一体化培养形成高质量、规模化的社会效益。

第三章

中等职业教育专业建设

中职教育是实用型人才培养体系的基础教育，相对于普通高中教育而言是专业教育。专业是中职学校根据社会职业分工需要分类开展技术技能型人才培养的基本单位，也是中职学校与经济社会的接口，是体现中职学校人才培养工作水平和办学特色的标志。

一、中职学校专业建设

专业建设是中职学校的一项基本建设，是深化产教融合和校企合作的落脚点，是形成办学特色与优势的基础工程，是学校推进职业教育供给侧结构性改革，主动适应区域经济社会发展对人才需求结构的变化，不断提高人才培养质量的核心工作。宏观上，专业建设是指学校在专业设置、专业布局、专业结构的调整优化等方面的工作与实践过程；微观上，专业建设主要针对某一个具体专业，在企业人才需求调研、实施人才培养方案、课程标准制定、教材建设、师资队伍建设、实训基地建设、教学方法改革等方面工作与实践的过程。①

---

① 刘海燕、曾晓虹：《学科与专业、学科建设与专业建设关系辨析》，《高等教育研究学报》2007年第4期。

（一）中职学校的专业

1.中职学校专业的功能

中职学校实施职业教育活动是以专业为单位的。我国职业院校与普通高校一般都是按专业进行招生并组织教学的，小学、初中与普通高中一般都不设专业。《现代汉语词典》的释义认为，"专业"是根据科学分工或生产部门的分工把学业分成的门类。《辞海》对专业的定义是："高等学校或中等专业学校根据社会分工需要而划分的学业门类。"这些都是从教育学角度对专业进行的定义，并指出了专业与社会分工的关系。联合国教科文组织编制的《国际教育标准分类》（2011）中没有出现"专业"这个词，与我国"专业"相对应的是"教育课程（Education Programme)"。《国际教育标准分类法》（2011）中的教育课程是指为在一段持续的时期内达到预定的学习目标或完成一组具体的教育任务而设计和组织的一套连贯或有顺序的教育活动或交流活动，教育课程的共同特征是在达到学习目的或完成教育任务时会授予成功完成教育课程的证书证明。①《国际教育标准分类》的基本分类单位是国家(或地区）的教育课程和相关的公认教育资格证书。例如《国际教育标准分类》将属于第二层次（初中）和第三层次（高中）的教育划分为A、B、C三种类型：2A、3A是纯为升学作准备的普通学科型；2C、3C是纯为进入劳动力市场作准备的直接就业型（其课程计划反映技能型人才的规格）；2B、3B则是介于A、C两类之间的中间型。受《国际教育标准分类法》的影响，我国有些专家认为："专业就是课程的一种组织形式，学生学完所包含的全部课程，就可以形成一定的知识与能力结构，获得该专业的毕业证书。《国际教育标准分类》称为课程计划（Program），美国高等学校称为主修（Major)。"②从职业教育角度分析，"职业教育的专业是根据社会职业岗位对人才的需求和学校教育规律与培养的可能所设置的人才培养的学业门类"③。

---

① 联合国教科文组织：《国际教育标准分类法》(ISCED)中文版，2011年9月5日。

② 卢晓东、陈孝戴：《高等学校"专业"内涵研究》，《教育研究》2002年第7期。

③ 许远：《职业教育专业建设与课程教材开发》，中国人民大学出版社2019年版。

专业是中职学校人才培养的载体，是职业学校与经济社会连接的纽带，是中职学校产教融合、校企合作的结合点，专业布局是否合理、专业是否有特色、专业办学质量水平高低，直接影响这个学校满足社会需求的程度和人才培养工作水平。中职学校专业具有如下功能：

第一，专业的人才培养功能。中职学校要完成立德树人的根本任务，最终要落实到具体专业教育教学活动中，通过加强思想道德教育、基础知识传授与专业能力培养，强化学生的政治思想素质提高、职业素养养成和专业技术积累，将专业精神、职业精神和工匠精神融入人才培养全过程。所以，中职学校专业人才培养目标是某一职业领域具有综合职业能力的技术技能型人才和德智体美劳全面发展的社会主义建设者和接班人。

第二，专业的技能传承功能。一般意义上的"技术"可以通过文字和计算公式等易于理解的形式表达，只要能将这些技术编制成手册进行集体培训，"技术"便得以传承了。"技能"是一种隐性知识，也是一种具身[①] 的技术，它离开了技能掌握者就会消失。技能很难实现标准化，技能的传承必须通过传授人与继承人面对面的在职训练等方式进行传承。中职学校专业不仅可以通过创设职业教育情境，聘请技能大师、能工巧匠到校任教等方式进行职业技能训练，提高中职学校的技术技能水平，还可以通过现代学徒制方式在真实的职场环境中进行集体传承。目前，中职学校通过建设职业技能立体化教学资源，提高拥有丰富专业知识和娴熟技艺的技术工人的职业技术技能传承效率。[②]

第三，专业的中高职衔接功能。目前，我国的"职教高考"主要采用"文化素质＋职业技能"的考试招生办法，分类考试招生成为高职学校招生的主渠道，专业成为中职与高职沟通衔接的桥梁。教育部于 2021 年 3 月 12 日发布的《职业教育专业目录（2021 年）》，统一采用专业大类、专业类、专

---

① "具身"一词来自于英文词汇 Embodiment，可以理解为在投入到某活动时，人的身、心、物以及环境无分别地、自然而然地融为一体，以致力于该活动的操作。

② 曹育红：《高等职业教育发展与职业技能传承》，《苏州市职业大学学报》2018 年第 1 期。

业等三级分类，一体化设计中等、高职专科、高职本科不同层次专业，为开发一体化的职业教育专业教学标准和课程标准奠定了基础，对中职教育实现基础性转向具有十分重要的意义。

第四，专业的社会服务功能。服务经济社会发展是职业教育的宗旨，中职学校专业在培养全日制技术技能型人才的同时，还应面向社会开展专业技能培训、鉴定及技术服务，并以应用技术解决企业生产中的实际问题，切实提高企业生产效率、产品质量和服务品质。许多中职学校将专业实训中心、实习基地打造成中小学生的职业体验基地，面向区域内中小学学生开展劳动教育和职业启蒙教育。一些优势学校优势专业通过服务"一带一路"建设、乡村振兴战略、职业教育"东西协作计划"等，提高中职教育服务社会的能力。

2. 中职学校专业设置

我国高等教育和中等专业学校从 1952 年起才广泛设置专业，技工学校则长期不设置专业，只按工种组织教学。20 世纪 70 年代末才开始兴起的职业高中普遍设置专业。专业目录是职业教育教学的基础性指导文件，是职业院校专业设置、招生、统计以及用人单位选用毕业生的基本依据，是职业教育类型特征的重要体现，也是职业教育支撑服务经济社会发展的重要观测点。[①] 我国教育部于 1993 年、2000 年、2010 年对《中等职业学校专业目录》进行修订，2010 年修订强调专业与经济发展和产业结构的适应性、与岗位及职业资格的对应性、与高职院校专业的衔接性。2021 年 3 月，教育部印发的《职业教育专业目录（2021 年）》按照"十四五"国家经济社会发展和 2035 年远景目标对职业教育的要求，在科学分析产业、职业、岗位、专业关系基础上，一体化设计了中职教育、高职教育专科、高职教育本科不同层次专业，是实现中高职紧密衔接的关键环节。人力资源和社会保障部于 2009 年、2013 年、2018 年对《全国技工院校专业目录》进行了修订，2009

---

① 《教育部关于印发〈职业教育专业目录(2021年)〉的通知》，教育部网站，2021 年 3 月 17 日。

年修订时强调，"充分考虑了经济社会发展、科技进步和产业结构调整现状，紧密结合企业和人力资源市场发展需求，体现了技工院校的办学方向和职业能力培养特点，突出教学内容的科学性、先进性和规范性，注重专业设置、培养目标与国家职业资格的相互衔接"。2020 年人力资源和社会保障部公布《全国技工院校专业目录（2018 年修订）》指出，2020 年度增补专业，新增了 31 个专业，新增列举 11 个专业方向。

专业设置是普通高等学校和职业院校为了适应区域经济社会发展变化和社会职业的变更，根据国家有关规定并结合学校实际情况，开设新专业及调整淘汰原有专业的活动。我国普通高等教育的"专业"与职业教育的"专业"设置依据是不同的。普通高等教育按照学科体系设置专业，学科是专业的基础并为专业建设提供发展的最新成果，而专业主要为学科承担人才培养的任务和发展的基础，更主要的是为社会的发展提供高素质的劳动者。职业教育的"专业"是按照职业所需要的各项专门能力为原则设立的。中职学校主要围绕专业进行教育教学活动，专业设置亦是专业建设的第一个环节，反映了中职学校对区域经济社会和产业发展的整体判断，对学校专业建设的质量和水平以及专业未来的发展趋向等具有基础性作用。做好专业设置与管理是做好学校全面工作、提升教育教学质量和办学水平的一项重要的基础工作。中职学校专业设置应始终坚持以下主要原则：

（1）产教融合原则。中职教育是以培养生产、服务第一线需要的高素质技术技能型人才为目标的教育，专业设置与产业需求的融合是实现中职学校主动适应社会主义现代化建设需要的关键环节。中职学校要主动适应经济发展方式转变和产业结构调整升级的需要，遵循中职教育自身发展的规律，围绕国家重点产业、新兴产业和区域支柱产业、特色产业的发展需求进行专业设置，以满足区域产业发展对技术技能型人才的需求，也为学生职业生涯发展奠定基础。要将区域产业发展对技术技能型人才现实需求和潜在需求，作为学校确定专业体系主体框架的依据。加强对区域产业结构和行业龙头企业的调研、产业规划的学习，是中职学校了解区域产业需求的重要途径。

（2）针对性原则。任何产业、行业都有繁多的职业岗位，而且在不断变化，因此中职学校要加强对市场人才供求情况进行深入的调查研究，掌握当前或今后一段时间内行业岗位的变化及岗位所需技术技能型人才变化趋势，并结合学校实际情况针对一个行业岗位或岗位群来设置专业。对于会计、商务英语等社会需求面广和技术技能要求高的职业岗位，可窄口径单独设置专业；对于社会覆盖面窄的职业岗位，通过发现相近的职业岗位组成岗位群，以此作为设置专业的基础。针对一个行业岗位或岗位群来进行专业设置的另一个思考，是要考虑处理好社会需求多样性、多变性与学校教学工作相对稳定性的关系。学校开办专业保持相对的稳定性，有助于学校建设品牌和特色专业，保证教学工作良好秩序和人才培养质量的稳步提升。

（3）效益性原则。专业设置一经确定，就需要持续开展专业师资队伍建设、专业实验实训设备建设、专业实训基地建设，也意味着经费的投入。中职学校在专业设置上必须遵循效益性原则，围绕品牌专业设置相近新专业形成新的专业生长点，构建结构合理的专业群，追求资源共享，使有限的资源发挥出最大的效益。专业特色是学校办学特色最集中的体现，特色专业是学校发展的重要支柱。中职学校专业设置还要考虑区域内其他中职学校专业设置的情况，要在弘扬学校优良办学传统和办学特色的基础上，避免与其他学校所设置的专业雷同，实现不同学校的"错位"发展，办学校特色专业，增强学校竞争力，优化区域中职教育专业结构，实现区域职业教育资源优化配置，提高区域中职教育的办学效益。[①]

（4）规范性原则。中职学校进行专业设置要符合《中等职业学校专业设置管理办法（试行）》的要求。《中等职业学校专业设置管理办法（试行）》不是限制中职学校设置专业，而是鼓励中职学校按照教育主管部门的规定自主开设、调整和停办专业，同时通过规范专业设置工作避免盲目设置专业。第一是专业名称代码规范，即专业设置应以教育部等发布的《职业教育专业

---

① 孟北明：《中等职业学校专业设置原则及存在问题剖析》，《职业技术》2014年第10期。

目录》等为基本依据，专业名称要统一规范，不可随意。第二是专业设置达标，即设置专业要能达到规定要求，应具备专业设置的相关基本条件。第三是程序规范，即专业设置要经过学校专业设置评议委员会审议，并按照设置程序的规定进行备案、报批。特别是开设《职业教育专业目录》等规定文件外的专业要严谨慎重，按照相关部门要求，进行科学论证，严格报批。

3. 中职学校专业管理制度

（1）专业设置与调整制度。中职学校依照相关规定要求，可自主开设、调整和停办专业。中职学校设置专业应以教育部发布的《职业教育专业目录》为基本依据。学校根据经济社会发展和劳动力市场需求，按照《职业教育专业目录》设置的专业，应当经学校主管部门同意，经地市级以上教育行政部门核准，报省级教育行政部门备案。设置专业目录外专业，应当经省级教育行政部门核准，报国家教育行政部门备案。行业主管部门负责本行业领域中职学校相关专业设置的指导工作。省级教育行政部门负责本行政区域中职学校专业设置的统筹管理。中职学校根据办学实际停办已开设的专业，报市（地）级教育行政部门备案。

中职学校设置专业须具备以下条件：一是依据国家有关文件规定制订的、符合专业培养目标的完整的专业人才培养方案和相关教学文件；二是开设专业必需的经费和校舍、仪器设备、实习实训场所，以及图书资料、数字化教学资源等基本办学条件；三是具有所开设专业教学任务所必需的教师队伍、教学辅助人员和相关行业、企业兼职专业教师；四是具有中级以上专业技术职务（职称）、从事该专业教学的专业教师，行业、企业兼职教师应保持相对稳定。

中职学校设置专业应遵循以下程序：一是开展行业、企业、就业市场调研，做好人才需求分析和预测；二是进行专业设置必要性和可行性论证；三是根据国家有关文件规定，制订符合专业培养目标的完整的专业人才培养方案和相关教学文件；四是经相关行业、企业、教学、课程专家论证；五是征求相关部门意见，报教育行政部门备案。特别规定：中职学校开设医药卫生、公安司法、教育类等国家控制专业，应严格审查其办学资质；开设"保安""学前教育"专业以及"农村医学""中医"等医学类专业，应当符合相关行业主管部门规定的相关条件，报省级教育行政部门备案后开设。

（2）专业人才培养方案管理制度。专业人才培养方案格式规范。专业人才培养方案应当体现专业教学标准规定的各要素和人才培养的主要环节要求，包括专业名称及代码、入学要求、修业年限、职业面向、培养目标与培养规格、课程设置、学时安排、教学进程总体安排、实施保障、毕业要求等内容，并附教学进程安排表等。

专业人才培养方案内容规范。学校可根据区域经济社会发展需求、办学特色和专业实际制订专业人才培养方案，但须满足以下基本要求：一是明确培养目标；二是严格按照国家有关规定开齐开足公共基础课程，科学设置专业（技能）课程；三是合理安排学时，三年制中职总学时数不低于3000，公共基础课程学时一般占总学时的1/3，实践性教学学时原则上占总学时数的50%以上，学生顶岗实习时间一般为6个月；四是严格毕业要求；五是鼓励学校积极参与实施"1+X"证书制度试点，促进书证融通，优化专业人才培养方案；六是加强分类指导，学校结合实际制订不同专业类别特点的专业人才培养方案；实行中高职贯通培养的专业，结合实际情况灵活制订相应的人才培养方案。

专业人才培养方案程序规范。专业人才培养方案制订程序一般包括规划与设计、调研与分析、起草与审定、发布与更新等四个环节。要求成立由行业企业专家、教科研人员、一线教师和学生（毕业生）代表组成的专业建设委员会，加强对专业人才培养方案的制订工作，召开论证会。经校级党组织会议审定的人才培养方案，要报上级教育行政部门备案，并通过学校网站等主动向社会公开。

专业人才培养方案监督与指导。国务院教育行政部门负责定期修订发布中职、高职专业目录，制订发布职业教育国家教学标准，宏观指导专业人才培养方案制订与实施工作。省级教育行政部门要结合区域实际推动国家教学标准落地实施，并要建立抽查制度。市级教育行政部门负责指导、检查、监督本地区中职学校专业人才培养方案制订与实施工作，并作好备案和汇总。充分发挥地方职业教育教研机构的研究咨询作用。鼓励产教融合型企业、产教融合实训基地等参与专业人才培养方案的制订和实施，发挥行业、企业、家长等的作用，形成多元监督机制。

（3）专业管理体制机制规定。新《职业教育法》规定，公办职业学校实行中国共产党职业学校基层组织领导的校长负责制，党基层组织全面领导学校工作，校长全面负责行政工作、教职工民主参与管理的内部管理体制。民办学校实行理事会或者董事会领导下的校长负责制，保证党基层组织政治功能。学校应根据国家有关政策，结合自身发展实际，合理设置内部管理机构，并明确其职责，规模较大的学校可以设置若干专业部（系），实行校、部（系）二级管理。学校应当与行业企业紧密合作，共同建立专业建设委员会和专业教学指导委员会，加强专业建设和教学指导。专业建设委员会由行业企业专家、教科研人员、一线教师和学生（毕业生）代表组成。中职学校应建立专业设置评议委员会，根据学校专业建设规划，定期对学校专业设置情况进行审议。建立健全行业企业、第三方评价机构等多方参与的专业人才培养方案动态调整机制，强化教师参与教学和课程改革的效果评价与激励，作好人才培养质量评价与反馈。

（二）中职学校专业建设要素

每个专业的系统建设，都要回答专业"培养什么人""如何培养""用什么培养""谁来培养""需要什么条件""如何保证培养质量"等问题，涉及专业人才培养目标、人才培养模式、课程体系、专业团队、教学条件、绩效管理体系等专业建设的核心要素。

1.专业人才培养目标

专业作为中职教育的载体，培养什么人，即专业人才培养目标和规格，关系到专业建设的正确方向，是专业首要考虑的问题。专业人才培养目标和规格的确定，需要对政府、学生、产业界、社会等专业建设利益相关者的需求有明确、清晰的认识，不仅重视职业教育工具理性，也要强调职业教育的价值理性，实现价值理性和工具理性合二为一。中职教育的专业不仅要培养某一个领域具有综合职业能力，在生产、服务一线工作的技术技能型人才，还要肩负着为高职院校输送合格生源的重要任务。这需要对专业所处内外部环境及资源进行科学细致的分析，实现专业人才培养目标的精准定位，促进学生形成健全人格和提升整体生命质量，其中专业人才培养的层次规格、服务面向、个性特色等几个方面要特别注意。

专业人才培养层次规格的确定，需要厘清本专业中职层次与高职层次人才培养的合理范围。建设纵向贯通的现代职业教育体系，需要对中职、高职专科和高职本科的人才培养进行一体化设计，促进技术技能型人才的系统培养。对于技术技能型人才的层次定位，不同学者有不同的观点。姜大源先生认为中职要参照功能性的工作过程，重点关注经验技能；高职专科和高职本科要重点关注策略技能，前者主要参照方案性的工作过程，后者主要参照设计方案性的工作过程。[①] 按有关文件表述，中职、高职专科、高职本科分别培养高素质技术技能型人才、高端技术技能型人才、高层次技术技能型人才。不管政策和理论是如何划分不同层次职业教育的人才培养定位，中职学校要从现实情境出发，合理确定专业人才培养层次，实现专业培养目标的定位准确，避免人才培养过程中的课程重复及资源浪费。

专业人才培养服务面向的确定，需要根据满足市场的需求，分析专业为什么区域、什么行业、哪些类型的企业及哪些岗位培养人才。关键要处理好以下问题：专业设置能否与市场需求接轨，服务面向定位是否符合区域、行业要求，人才培养规格是否符合岗位要求，知识能力素质是否具体到位，人才类型定位是否准确，人才层次是否是中职的培养层次。这要求专业人才培养要摸清产业行业发展情况及趋势，清晰了解行业企业岗位人

---

① 姜大源：《职业教育要义》，北京师范大学出版社 2017 年版，第 218 页。

才需求和能力要求。研究职业标准和职业资格证书，跟踪本专业毕业生就业去向，有助于进一步明确专业服务面向和人才培养规格，提高专业人才培养的针对性。

专业人才培养个性特色的确定，主要是实现与其他院校专业的错位发展。这需要了解全国特别是同一区域内其他中职学校、高职院校相关专业建设情况，清楚这些院校相关专业的人才培养定位与特色。认真分析本校专业建设中的比较优势与劣势，依据服务面向的实际需求，立足自身基础，扬长避短，创新专业特色发展模式，形成本校的专业特色和专业优势，实现与其他院校专业错位发展，建设本校品牌专业。总体而言，中职学校专业人才培养目标和规格的确定要重视人才层次的基础性、知识能力的职业性、人才类型的技能性、职业岗位的基层性、就业岗位的针对性、学校专业的特色化等方面研究，为学校专业建设奠定基础。

随着中职教育走向职业基础教育，中职学校专业人才培养目标必须要考虑高职院校的需要，必须为中职毕业生进一步深造提供必要支持，这也是由中职教育的基础性决定的。目前，中高职贯通培养、中本贯通培养是中高职衔接探索的重要尝试，这两种贯通培养模式都以初中毕业为起点，融中职教育和高职教育于一体，打通中职生成才之路，也为高职输送优秀毕业生。贯通培养专业一般是高职院校核心专业或重点专业，该专业岗位需要高职学历、适合从中职开始培养，这时需要中高职院校建立贯通培养协调机制，合理确定中职与高职两个学段的培养目标，实现两个学段有机统一，并一体化设计人才培养目标。

2. 专业人才培养模式

人才培养模式是伴随人才培养而产生的，不同学者对人才培养模式的理解也有不同看法，原教育部副部长周远清认为，人才培养模式实际上就是人才的培养目标和培养规格以及实现这些培养目标的方法或手段。黄河认为，人才培养模式是指在一定的现代教育理论、教育思想指导下，按照特定的培养目标和人才规格，以相对稳定的教学内容和课程体系、管理制度和评估方式，实施人才教育的过程的总和。① 中职教育人才培养模式具有较强的层次性，最高层次是全国中职教育系统的人才培养模式，如"校企合作、工学结合、顶岗实习"人才培养模式等；第二层次是各中职学校实施的人才培养模式；第三层次则是某个学校某个专业在教育教学实践中所形成的独特专业人才培养模式。

专业人才培养模式是专业建设的基本问题，涉及专业人才培养目标、培养主体，以及培养主体为实现专业培养目标的教育过程、管理制度、方式方法和手段等。专业人才培养模式离不开培养目标、培养主体、培养活动和培养方式，中职学校专业人才培养模式具有如下特点：

一是目的性。专业建设是在一定目的下进行的，这个目的体现为专业人才培养目标和规格。二是多元主体性。中职学校专业实施人才培养主体包括本校、合作企业、合作院校等多元化主体，充分发挥各主体特别是合作企业的积极性，是当前中职学校专业创新人才培养模式的重点内容。三是规律性。专业人才培养模式要符合中职教育发展规律，促进专业与区域经济社会的互动融合发展；要符合职业能力成长规律和认知规律，提高学生学习效果和人才培养质量。工学结合是成功的职业教育人才培养模式的共同特点，因为它符合职业教育的规律。四是多样性。经济与社会发展对人才的需求具有多面性与多变性，不同学校同一专业，同一学校不同专业，服务面向不同的企业或不同的职业岗位，自身资源条件也有较大的不同，办学目标也有自己的特色追求，这些决定了专业人才培养模式的多样性。

尽管中职学校专业人才培养模式具有多样化的特点，但是中职学校专业人才培养模式也具有共同的要求——要发挥企业的重要办学主体作用，推动形成产教融合、校企合作、工学结合、知行合一的共同育人机制。随着中高职贯通培养的推行，基于中职高职校际合作的专业人才培养模式也得到了推广，并形成中高职"三二分段"、中高职五年一贯制等具体人才培养模式，

---

① 黄河：《基于校际合作的高职院校人才培养模式分析》，《现代商贸工业》2016 年第 32 期。

对学生的素质养成、知识学习、技能锻炼都有重要意义。

3. 专业课程体系建设

课程是人才培养的核心要素，也是实现人才培养目标和体现人才培养模式的重要载体，因此课程体系建设是专业建设的核心内容。课程建设包括课程规划设计、课程教学实施、课程监控评价等基本要素，三者构成一个专业课程建设的基本内容。

课程规划设计是专业课程体系建设的核心环节，其关键是确定课程结构、课程模式、参与主体等。首先，中职学校专业要立足于中职教育是职业基础教育的定位，并注意开设核心技能课程、行业通用技能课程、特定职业技能课程去满足受教育者就业、升学及个人职业成长等方面的需要。其次，开展专业对接产业或行业供需调研，确定企业岗位需求，明确学生职业生涯发展路径，开展工作任务和职业能力分析，为专业课程设计奠定基础，促进产教融合。再次，以工作任务和职业能力分析为基础，系统构建"平台＋模块"的"工作过程系统化"专业课程体系，并将"1+X"证书教学内容融入专业课程中，实现课证融通。最后，要加强专业技能课的课程标准研制和具体课程的建设，并重点加强专业核心课程建设，建成一批课程资源和品牌课程，提高课程建设质量。

课程实施是专业课程体系建设的关键环节，其关键是要探索行动导向教学模式、线上线下混合式教学模式应用，并强化岗位实习的有效实施。工学结合是课程实施要坚持的基本原则，温家宝同志曾指出，"教学做不是三件事，而是一件事，在做中学才是真学，在做中教才是真教，职业教育最大的特征是求知、教学、做事和技能结合在一起"。课程实施过程，要加强理论实践一体化教学、单元集中式教学、项目式教学、工学交替式教学、"产品式"教学、情景教学等教学方式方法的推广与使用，提高课程教学效果，提升专业人才培养质量。

课程评价是专业课程体系建设的保障环节，其关键是要改革人才评价模式。中职学校专业人才评价模式改革，要坚持"知行合一"和"多元评价"

的要求，按照"中高职衔接"、"1+X"证书制度和企业用工制度要求，建设贯彻企业职业标准的人才质量评价标准体系，形成"文化基础＋技能测评"的人才评价机制。并通过建设学校、企业、学生共同参与的"动态化、多元化"课程评价模式，贯彻落实全员、全过程、全方位"三全"育人的重要精神。

在当前全国职业教育改革背景下，中职学校专业课程体系建设要处理好工具理性与价值理性的关系，坚持"产教融合、校企合作、工学结合、知行合一"的基本原则，做到专业与产业、企业、岗位相对接，课程内容与职业标准相对接，教学过程与生产过程相对接，职业教育与终身学习相对接，实现中职、高职课程体系一体化建设。

4.专业建设团队建设

专业建设团队是教师为了相同的愿景，自愿经过不同方式组成的队伍，具有分工合作、相互依存、目标明确、责任共担的特点。优秀的专业建设团队必须拥有教书育人、打造特色品牌专业和精品课程、全面提升专业教育教学质量、培养高素质技术技能型人才的共同目标。教师团队成员围绕这一共同目标，进行分工合作，相互学习，相互成就，共同提高，实现个体和群体发展相融合，形成教师专业发展新模式。一支优秀的专业建设团队需要重点做好如下几个方面的工作：

一是建设"双师"素质专职教师队伍。"双师"素质专业教师需要具备教育教学设计与组织能力、教学资源建设与利用能力、职业岗位工作实践能力、社会服务与科研能力等方面的能力结构，能胜任专业建设和课程建设某方面的工作。这需要对校内专业专职教师实施分类分步培养，通过引进优秀教师、教育教学培训、职业技能和教学能力竞赛、教师参加企业实践、老中青教师结对互帮互学等途径，形成职业化、专业化、梯队化的教师团队。

二是建设"双师"结构专兼职教师队伍。坚持"专兼结合"原则，积极吸纳行业精英、企业专家、能工巧匠参与人才培养，建设一支优秀的行业企业兼职教师队伍。建设技能大师工作室，推动技术技能传承，促进教师专业发展，提高学生的技术技能水平。通过专兼职教师结合的形式，构建紧密协作、优势互补的教师团队，促进专兼职教师的教学理念转变。

三是把创建品牌特色专业和精品课程等作为团队建设的重要抓手。把创建品牌特色专业、精品课程、各级职业院校教师能力竞赛、学生技能竞赛等活动作为重要抓手，推进教育教学改革，形成可评价、可操作的具体绩效目标，适当集中有限的资源，为专业建设团队建设提供动力。根据教师的优势和特点，可打造专业教学优秀团队、专业实训优秀团队、专业创新优秀团队，实现分工合作，共同进步。

四是要营造一个教师成长的良好发展环境。积极探索形成"行企校"协同建设"双师"结构专业建设团队的路径、方法以及保障激励机制，加强完善管理机制，对优秀的专业建设团队和优秀团队带头人给予尊重，加强培育国家、省、市级教学名师，提高优秀团队带头人影响力，带动学校其他专业建设团队的发展，提升学校各专业建设团队建设质量，促进教师专业发展。

5.专业教学条件建设

教学条件是专业建设的基础，是专业组织教学活动、开展人才培养的条件保障，也是评价中职学校专业建设水平的重要指标，实现专业可持续发展的重要基础。广义的教学条件是指组织和开展各项教学活动所必备的一切条件的总和，[①] 既包括人、财、物等方面的各类资源条件，也包括机构设置、资源配置及管理、管理机制。这里指的是狭义的教学条件，包括教学活动所需场所、教学仪器设备、实践教学设施、教材及图书情报资料等教学资源、网络及信息化设施条件等。对于中职学校而言，"理实一体化"教室、校内专业实训室或基地、校外专业实训实习基地、信息化教学设施条件、专业教学资源等是专业教学条件建设的重点。

校内外专业实训实习基地是专业开展教育教学活动，特别是实训实习活

---

① 刘建凤、樊顺厚：《加强高等学校教学条件建设与保障的若干思考》，《中国冶金教育》2008 年第 4 期。

动必不可少的条件。校内外专业实训实习基地按其能承担的功能不同可分为教学型、生产型、教学生产型、生产教学型四种类型。教学型实训基地一般是由专业教学实训室组成，主要服务于专业的日常技能教学，一般具有仿真性。生产型实训实习基地是按生产经营要求建立的全真工作环境的实训实习基地，按实体化运作，是真实的企业生产性中心，有利于提高学生实践能力和专业对行业的敏感度。教学生产型实训实习基地的功能以教学为主，辅以生产功能。生产教学型实训实习基地的功能以生产为主，辅以教学功能。进行实训实习基地建设时要注意如下两点：第一是要适应加强专业大类或专业类共享型实训实习基地建设，提高基地的利用率；第二是要坚持产教融合、校企合作，有条件的要积极打造高水平专业化产教融合实训基地。

专业信息化教学条件建设是以云计算、移动互联网、多媒体技术、数据挖掘技术为支撑，加强各种不同用途的教室、实训室、教学平台、教学资源、专用教学软件系统等方面的信息化建设，实现专业信息化教学的数字化、网络化、智能化、多媒体化。专业教学资源建设内容涉及人才培养方案、课程标准、教学设计、课件、案例库、题库、教学素材、网络课程等，是"互联网＋"技术促进专业教学模式、教学方法、教学内容和教学手段创新的基础。信息化教学资源建设是一个长期的过程，需要每个专业进行中长期系统规划，以提高建设效果，实现网络环境下的自主学习、泛在学习。职业学校专业实训教学过程中存在高投入、高损耗、高风险及难实施、难观摩、难再现等方面的问题，要依托虚拟现实和人工智能等新一代信息技术，搭建虚拟仿真实训系统，配置虚拟仿真实训设备，建设虚拟仿真实训教学场所，通过三维场景实时逼真绘制给学生带来高沉浸感的视觉、听觉体验，提高技术技能训练水平。

6.专业绩效管理体系建设

专业绩效管理是中职学校绩效管理的重要组成部分，目前普遍使用的是学年度"德能勤绩"考核方式的绩效管理制度。"德能勤绩"考核方式一般面向学校所有教职员工，没有部门（包括专业）考核的概念，但是对部门负责人等同对部门的考核。绩效管理的目的是为了持续提升个人、部门和组织的绩效，但是"德能勤绩"考核方式下绩效考核指标比较简单粗放，缺少关键业绩考核指标，绩效考核并不能实现专业绩效管理的战略目标导向。随着我国职业院校教学工作诊断与改进制度的实施，部分中职学校已将专业建设纳入教学整改范围，对推动专业质量管理起到积极作用，也为深化专业绩效考核准备了基础。

专业绩效管理与专业质量管理具有较强的互动关系。专业绩效考核难点在绩效考核指标的设计与统计上，专业质量管理则可以为绩效考核提供质量标准和质量目标。开展质量管理首先必须解决内部职责不明、责任不清的问题，而绩效管理讲究"谁的下属谁考核"的原则，理顺了内部的组织关系，有利于上级对下级职责履行情况进行检查监督。[1] 如果将质量管理作为绩效管理的一个重要方面，定期进行考核，质量管理工作则会得到深入持久的开展。要保障专业建设的质量和水平，就需要将专业质量管理纳入学校绩效管理的范围，实施专业质量管理，要推动企业参与专业教学管理与评价，形成进行质量评价及时反馈和持续完善改进机制。

综上所述，专业建设要以市场需求分析为依据，以人才培养模式创新为先导，以课程体系建设为核心，以专业团队建设为关键，以教学条件特别是实训条件建设为基础，以绩效管理为保障，以校企多元合作为动力，不断提高专业的建设水平。中职学校要通过强化专业建设促进学校人才培养模式、课程体系、教师团队、教学方法与手段等方面的综合性改革，要提高学校办学质量和社会认同度。

（三）中职学校专业建设现状

1. 中职学校专业建设历史脉络

我国中职学校专业建设不同阶段的重点是有规律可循的，我国中职教育

---

① 许秀飞：《绩效管理与质量管理的互动关系》，《企业改革与管理》2013年第2期。

专业建设的权威性和指导性政策文件基本反映专业建设实践探索的基本脉络。

（1）计划经济时期的专业设置和管理。早期的高等教育和中等职业教育是不分专业的。随着社会、经济、文化、科学技术的不断发展和社会分工的日益细化，便对增设专业提出了要求。新中国向苏联学习，从 20 世纪 50 年代初就开始设置专业。1953 年 7 月 4 日，高等教育部下发《关于中等技术学校（中等专业学校）设置专业的原则的通知》。1963 年，教育部发布《关于制定全日制中等专业学校教学计划的规定（草案）》和《中等专业学校专业目录》，这次专业目录共分 8 科，包括 347 个专业。同年 10 月，国务院批转教育部《关于中等专业学校专业设置和调整问题的规定》。20 世纪 70 年代末兴起的职业高级中学普遍都设置专业。1993 年，国家教委颁布新的《普通中等专业学校专业目录》，专业数量增加到 518 个。同年印发的《关于普通中等专业学校专业设置管理的原则意见》要求中等专业学校根据各地、各行业经济建设对中等专门人才的需求和人才劳务市场的供求形势，积极稳妥地设置和调整专业；专业设置要有明确的培养目标、业务范围和主干学科基础，有较完整的理论与实践结合的课程体系，具备能满足教学要求的师资、图书资料和实验实习实施等基本条件。国务院各有关部门负责其直属学校的专业设置管理，制定本系统（行业）的"专业设置条件"，对本行业内的专业设置、专业布局提供信息服务，进行业务指导，协调本行业中专人才地区间的协作培养工作。技工学校长期不按专业设置，只按工种设置。1994 年，劳动部颁布《技工学校专业（工种）目录》，技工院校也开设按专业组织教育教学活动，连同 1995 年、1996 年的《技工学校专业目录》，三批共收录 28 类，538 个专业。

（2）面向市场办学与重点专业建设评估。1996 年《中华人民共和国职业教育法》颁布后，对国务院部门（单位）所属中等专业学校的管理体制进行调整，教育行政管理职能移交地方。20 世纪 90 年代中后期中专毕业分配制度基本退出了历史舞台，面向市场办学成为中职教育的主旋律。1998 年发布的《面向二十一世纪深化职业教育教学改革的原则意见》提出了"职业教育要培养同二十一世纪我国社会主义现代化建设要求相适应的，具备综合职业能力和全面素质的，直接在生产、服务、技术和管理第一线工作的应用型人"的培养目标；要求职业教育要从地区和行业发展的实际需要出发，合理设置专业，加强专业建设；专业设置，课程开发须以社会和经济需求为导向，从劳动力市场分析和职业岗位分析入手，科学合理地进行；按照专业建设的要求，建立新的课程体系和与之相配套的教材系列。

2000 年 3 月，教育部颁布 3 个与中职教育专业设置和建设相关的文件。《关于制定中等职业学校教学计划的原则意见》要求中等职业学校依据国家、地方或行业部门颁发的指导性教学计划制定实施性教学计划，制定实施性教学计划时要贯彻以全面素质为基础，以能力为本位的教学指导思想及产教结合原则，突出了学生的适应职业变化的能力和立业创业本领。《中等职业学校专业目录》共设 13 个专业大类，270 个专业，基本上每个专业都列举了专门化方向。《关于中等职业学校专业设置管理的原则意见》要求职业学校要主动适应社会需求，按照专业目录科学合理地设置专业；省地两级教育行政部门要结合学校布局结构调整，加强对各类中等职业学校专业设置的指导和管理。

教育部于 2000 年 3 月发布的《关于全面推进素质教育深化中等职业教育教学改革的意见》提出颁布新的专业目录，并组织有关行业，制订重点专业的设置标准和评估标准。国家、地方要通过专业评估，确定一批专业建设和教学质量示范学校，带动整个中等职业学校专业建设工作。中等职业学校要按国家规定结合自身条件科学合理地设置专业，主动适应社会需求，着力办好相对稳定的骨干专业，切实加强专业实验实习基地、专业师资队伍和相应的教学文件等基础建设，并通过专业调整和开设新专业或专门化，满足社会需求和职业分化、变化的需要。这个文件推动了各省市持续开展重点专业建设和评估工作，建成一批省级重点建设专业。

（3）就业导向与工学结合人才培养模式改革。随着 2005 年《国务院关于大力发展职业教育的决定》的颁布和实施，中职教育在办学思想、人才培养模式、培养重点等方面发生了改变。2008 年 12 月，教育部发布《关于进一步深化中等职业教育教学改革的若干意见》要求：中职学校坚持以服务为宗旨、以就业为导向，大力推行工学结合、校企合作、顶岗实习人才培养模式；根据市场需求设置专业，加强国家重点建设专业和示范专业点建设，形成国家、省、学校三级重点专业建设体系。2009 年 1 月，教育部发布《关于制定中等职业学校教学计划的原则意见》提出：中等职业学校要培养与我国社会主义现代化建设要求相适应，德、智、体、美全面发展，具有综合职业能力，在生产、服务一线工作的高素质劳动者和技能型人才；其课程设置分为公共基础课程和专业技能课程两类，其中专业技能课程应当按照相应职业岗位（群）的能力要求采用"基础平台加专门化方向"的课程结构设置；加强专业实践课程体系，积极探索专业理论课程与专业实践课程的一体化教学。

2010 年 3 月，教育部印发的《中等职业学校专业目录（2010 年修订）》收录 19 个专业类别、321 个专业。本次《目录》要求重点发展面向现代农牧业、先进制造业特别是装备制造业、现代服务业和战略性新兴产业的专业，加强服务区域特色产业，尤其是民族文化艺术、民间工艺等领域。同年 9 月，印发《中等职业学校专业设置管理办法（试行）》包括总则、设置条件、设置程序、指导与检查、附则等五部分，这是我国中职教育专业设置管理第一部法规。《办法》规定国务院教育行政部门负责全国中等职业学校专业设置的宏观指导，行业主管部门负责本行业领域中等职业学校相关专业设置的指导工作，省级教育行政部门负责本行政区域中等职业学校专业设置的统筹管理，中职学校按规定条件和程序进行科学规范设置专业。

2002 年全国职业教育工作会议之后，有关部门调查认为，职业教育的根本任务是培养培训有较强实际动手能力的技能型人才，做到这一点就必须加强职业教育的实训基地建设。2004 年 4 月，《教育部、财政部关于推进职业教育若干工作的意见》提出，要"用中央财政资金引导的方式，推动各地职业教育实训基地建设，促进职业教育改革不断深入"。2005 年，国务院召开的全国职业教育工作会议和印发的《关于大力发展职业教育的决定》明确，要"继续实施职业教育实训基地建设计划，在重点专业领域建成2000个专业门类齐全、装备水平较高、优质资源共享的职业教育实训基地"。2004—2015年，教育部、财政部联合实施"中央财政支持的职业教育实训基地"项目，中央财政投入78.6亿元，支持建设了4556个集教学、科研、培训、技术服务等功能于一体的职业教育实训基地，覆盖75%的高职院校、21%的中职学校，也带动了地方对中职学校实训基地建设投入，有效改善了中职学校的专业实训条件。

（4）专业标准化建设与技术技能型人才系统培养。2010年6月，教育部等四部门联合发布了《关于实施国家中等职业教育改革发展示范学校建设计划的意见》，启动了1000所国家中职教育改革发展示范校建设，每个示范校建设项目主要包括3—5个中央财政重点支持建设专业项目和1个特色项目，并以这些项目为载体完成改革培养模式、改革教学模式、改革办学模式、创新教育内容、加强队伍建设、完善内部管理、改革评价模式等方面的探索，极大地促进了中职学校的专业建设。2020年，教育部等九部委联合印发的《职业教育提质培优行动计划（2020—2023年)》提出要在中职学校遴选国家优质专业，其中职业学校3000个左右、技工学校300个左右，各省市积极开展示范专业或高水平专业等品牌专业建设，以争创国家优质专业。

2012年以来，教育部推进专业教学标准、课程标准、顶岗实习标准、专业实训教学条件建设标准五位一体的中职国家教学标准体系建设，到目前为止中职完成了230个专业教学标准（内含课程标准）、23个专业实训教学条件建设标准或专业仪器设备装备规范、24个专业顶岗实习标准。《国家职业教育改革实施方案》要求发挥标准的基础性作用，巩固和发展教育部联合行业制定国家教学标准、职业院校依据标准自主制订人才培养方案的工作格局。教育部于2019年6月5日发布《关于职业院校专业人才培养方案制订与实施工作的指导意见》要求职业院校在标准引领下，按照明确培养目标、规范课程设置、合理安排学时、强化实践环节、严格毕业要求、推动书证融通、加强分类指导的要求，科学规范地制订专业人才培养方案，推动了新一轮职业教育改革。

2011年，教育部发布《关于推进中等和高等职业教育协调发展的指导意见》，提出完善职业学校毕业生直接升学和继续学习制度，探索中等和高等职业教育贯通的人才培养模式。2014年6月印发的《关于加快发展现代职业教育的决定》要求推进中等和高等职业教育紧密衔接，开展技术技能型人才系统培养，在学前教育、护理、健康服务、社区服务等领域，健全对初中毕业生实行中高职贯通培养的考试招生办法，中高职贯通人才培养模式成为我国职业教育专业人才培养模式探索的重点。2021年，教育部印发《职业教育专业目录（2021年）》，一体化设计职业教育专业目录，共设置19个专业大类、97个专业类，按照有相同的类别中高职共设置1349个专业，其中中职专业358个。2021年，中共中央办公厅、国务院办公厅印发的《关于推动现代职业教育高质量发展的意见》要求"一体化设计职业教育人才培养体系，推动各层次职业教育专业设置、培养目标、课程体系、培养方案衔接，支持在培养周期长、技能要求高的专业领域实施长学制培养"。

（5）"双师型"教师队伍建设。新中国成立以来，我国中职教育就一直探索建设一支"双师型"教师队伍。1952年，教育部在《中等技术学校暂行实施办法》中就提出，"中等技术学校为有计划地培养技术课专任教师……得与企业或业务单位试行建立定期交流技术课教师和技术人员的制度"。1985年，中共中央发出《关于教育体制改革的决定》提出"可以请专业技师、能工巧匠来传授技艺"。1986年，第一次全国职业教育大会提出要从企事业单位和社会上选调能工巧匠担任实习指导教师。1991年，《国务院关于大力发展职业技术教育的决定》提出通过培养和培训、专职和兼职相结合的方式解决技能教师来源问题。1995年，国家教委印发《关于开展建设示范性职业大学工作的通知》首次在国家政策文件中使用"双师型"这一概念。1998年，国家教委印发《面向二十一世纪深化职业教育教学改革的原则意见》提出"要重视教学骨干、专业带头人和'双师型'教师的培养"，此后"双师型"教师逐渐成为职业院校教师的专用名词。

2002 年《国务院关于大力推进职业教育改革与发展的决定》提出了教师到企事业单位进行专业实践，及提高具有相关专业技术职务资格教师的比例的要求。2005 年《国务院关于大力发展职业教育的决定》明确要求加强"双师型"教师队伍建设，并开始实施职业院校教师素质提高计划，要求建立职业教育教师到企业实践制度及完善职业教育兼职教师聘用政策。2010 年启动的国家中等职业教育改革发展示范学校项目要求"双师型"教师占专任专业课教师的 80% 以上。从"十一五"期间的中等职业学校教师素质提高计划到"十四五"期间的职业院校教师素质提高计划，我国中职教育教师素质提高计划实施即将满 20 年。2016 年，教育部等七部委印发的《职业学校教师企业实践规定》要求，职业学校教师定期到企业进行考察、调研、学习、实践，没有企业工作经历的新任教师应先实践再上岗，以提升职业学校教师"双师"素质。

2019 年 8 月 30 日，教育部等四部门联合印发的《深化新时代职业教育"双师型"教师队伍建设改革实施方案》提出，通过校企合作建设 100 家"双师型"教师培养培训基地、100 个国家级企业实践基地、360 个国家级职业教育教师教学创新团队，全面提升教师按照国家职业标准和教学标准开展教学、培训和评价的能力，促进教师分工协作进行模块化教学的模式全面实施。同年 9 月，人力资源和社会保障部、教育部印发《关于深化中等职业学校教师职称制度改革的指导意见》规定，中等职业学校均设文化课、专业课教师和实习指导教师职称类别，文化课、专业课教师职称设初级、中级、高级（分设副高级和正高级），实习指导教师职称设初级（分设员级和助理级）、中级、高级（分设副高级和正高级）。中职学校教师职称制度遵循职业教育特点和中职教师职业发展规律，并将教师企业实践制度纳入评价标准，有利于畅通中职教师职业发展和"双师型"教师队伍建设。经过 70 多年的建设，"双师型"教师队伍的内涵得到了丰富，建设制度得到完善，个体"双师型"

与群体"双师结构"的局面基本形成。①

2. 中职学校专业建设的现状

中职学校专业建设现状主要以广东省为例来加以说明,数据主要根据广东全省、相关市、相关学校 2019 年度的中职教育质量报告中相关数据整理。

(1)专业设置情况。根据广东省教育厅发布的《2019 年度广东省中等职业教育质量报告》,2019 年广东省中职专业布点总数 3646 个,较 2018 年减少 204 个,涵盖教育部专业目录的 19 个专业大类,在加工制造、文化艺术、能源与新能源、资源环境、休闲保健、农林牧渔等专业大类中新增 72 个专业点。按各专业大类布点数从大到小排列分别为财经商贸类、信息技术类、加工制造类、文化艺术类、交通运输类、放游服务类、医药卫生类、教育类、农林牧渔类、土木水利类、公共管理与服务类、休闲保健类、轻纺食品类、体育与健身类、石油化工类、其他②、资源环境类、能源与新能源类、司法服务类。

(2)专业结构与产业结构。2019 年,广东省国民经济三大产业结构比例为 4.0∶40.5∶55.5,中职学校三大产业对应的专业在校生数比例为 2.37∶21.68∶75.95;2018 年,该省国民经济三大产业结构比例为 4.0∶41.8∶54.2,中职学校三大产业对应的专业在校生数比例为 2.00∶21.98∶76.02,总体上第二产业的专业在校生人数相对偏低。2019 年,广东省中职学校直接就业学生中,规模位于前三位的是财经商贸类、信息技术类、加工制造类专业,毕业生在第一、第二、第三产业就业的比例分别为 3.46∶17.89∶78.65,不能完全适应加强制造强省建设的需要。全省中职学校毕业生主要从事第三产业,也与产业结构有较大的偏差,但相对于在校生在三大产业分布来看,近年第二产业对应专业招生比例有所提升,但是与广东省"建设制造强省、培育新兴产业"战略布局和发展需要有一定的差距。

---

① 李梦卿:《"双师型"教师队伍建设的中国道路》,甘肃职业教育信息网,2019 年 10 月 30 日。
② 广东省教育厅在编写报告时,将专业类别中专业少、规模不大的专业都归入到其他类别。

表 3-1　2018—2019 年广东省中职专业结构与国民经济三大产业结构对比表

对比	2018 年			2019 年		
	第一产业	第二产业	第三产业	第一产业	第二产业	第三产业
专业	2.00	21.98	76.02	2.37	21.68	75.95
产业	4.00	41.80	54.20	4.00	40.50	55.50
专业与产业差距	−2.00	−19.82	21.82	−1.63	−18.82	40.45
学生就业	—	—	—	3.46	17.89	78.65

（3）校企合作共建实训实习基地情况。《广东省建设培育产教融合型企业工作方案》提出，力争到 2020 年，建设培育 100 家以上的产教融合型企业，并从培训补贴、企业创新平台建设、教育费附加抵免等方面对产教融合型企业给予支持。该省各地市不断加大力度推进产教融合、校企合作，通过与企业共建了一批"校中厂""厂中校""教学工厂"等实体育人平台。广东省中职学校不断探索校企合作育人新机制，创新校企合作育人新形式，通过校企共建产业学院、开展订单培养、实施现代学徒制等途径，推进校企双元主体协同育人。

（4）"双师型"教师队伍建设。2019 年，全省中职学校专任教师共44034 人，专任教师中本科以上学历占 94.09%，硕士以上学历占 11.33%，高级职称教师比例为 18.71%，"双师型"教师 1.85 万人，占专业教师总数的 62.85%，其中获得中级以上技术等级的"双师型"教师占"双师型"教师总数的 69.39%。2019 年，广东中职教师参加全国职业院校技能大赛教学能力比赛，取得了历史上最好的成绩。中职组参赛的 17 个作品，8 个获得一等奖、6 个获得二等奖、3 个获得三等奖，获得一等奖的总数为全国第一（与北京市并列）。

（5）中职毕业学生去向。2019 年，全省中职学校毕业生共计 26.39 万人，其中就业人数 25.89 万人，就业率达 98.12%，全省直接就业人数 17.20 万人，其中对口就业人数 15.40 万人，对口就业率为 89.54%。全省中职学校毕业生升学达到 8.69 万人，占毕业学生总数的 32.94%，升学人数比 2018 年增加了 2.13 万人，升学率比 2018 年提升了 9.93 个百分点。其中，通过对口单独招生、五年一贯制入学、"三二分段"、技能拔尖人才免试入学及高职自主招生等考试招生渠道入学人数占比达 57.65%。医药卫生类、农林牧渔类、轻纺食品类、体育与健身类、交通运输类、教育类、文化艺术类、信息技术类、休闲保健类、加工制造类、石油化工类、土木水利类、旅游服务类、公共管理与服务类、司法服务类、财经商贸类专业毕业生就业率都超过 94%，能源与新能源类、资源环境类专业毕业率分别为 86.95%、87.11%。全省中职学校直接就业毕业生的平均月薪为 2248 元。通过学校推荐就业的毕业生有 117089 人，占直接就业学生数的 68.08%。

表 3-2　2019 年广东省中职毕业生去向对比表

指标	毕业生	升学	直接就业	就业	对口就业
	（1）	（2）	（3）	（4）=（2）+（3）	（5）
人数（万人）	26.39	8.69	17.20	25.89	21.68
比例（%）	100	32.94	65.18	98.12	89.54

注：对口就业率 = 对口就业人数 / 直接就业人数。

从总体上看，广东省中职学校专业建设取得巨大成就，专业布点涵盖广，基本能伴随产业结构的调整进行专业设置和调整，校企合作的政策有了突破，校企合作的形式较丰富，中职学校师生都有较大的发展，特别是中职学校学生的发展空间随着职业教育体系的完善得到较大的拓展。

3. 中职学校专业建设面临挑战

（1）中职学校专业结构与产业结构匹配问题。2019 年，广东省国民经济三大产业结构比例为 4.0 : 40.5 : 55.5，中职学校三大产业对应的专业在校生数比例为 2.37 : 21.68 : 75.95。广东省中职专业布局对制造强省建设支持力度不够。根据该省 S 市的质量年报，该市 2019 年第一、第二、第三产业比例大约是 0.1 : 39.3 : 60.6，直接就业毕业生从事第三产业的比例达到 91.28%，毕业生人数和就业人数最多的是信息技术类、财经商贸类、文化艺术类专业学生，S市的中职专业结构与产业结构匹配度不高。解决专业结构与产业结构匹配问题是中职教育一个重要问题，往往不是单个学校能解决的。目前，教育部和部分省级教育主管部门委托各行业主管部门或行业组织牵头成立行业职业教育教学指导委员会，加强对专业建设的指导工作。教育主管部门与行业主管部门或行业组织定期发布产业人才需求报告的制度正在形成。专业布局的调控机制的建立和完善就成为一个十分重要的问题，地方专业结构与产业结构匹配需要地方政府加强统筹与引导，健全中职教育与行业合作研究制定行业职业教育发展指导意见的机制，着力解决职业教育缺乏产教融合信息共享平台和质量评估机制、专业设置与产业需求结合不紧密、校企合作内容形式单一等问题，最终实现中职专业布局与产业结构匹配的问题。

（2）中职学校专业设置同质化严重的问题。目前，我国中职学校以区域办学为主，强调职业学校为区域经济服务，行业办学的规模偏小，中职学校专业设置易出现同质化问题，有的地市专业同质化还很严重，导致职业学校很难形成专业特色。由于中职学校以区县办学为主，校均在校生规模一般为2000—3000人，如广东省2019年中职学校在校生校均规模为2018人，面向新兴行业开设专业因为每个学校大类专业相对稳定也难进行。2019年，S市中职学校在校生79992人（其中教育系统中职学校在校生39442人，技工学校在校生40550人），教育系统所属17所中职学校校均在校生2320人。教育系统在校生前20名专业在校生合计32281人，占教育系统中职在校生人数的81.84%。电子商务、计算机应用、会计、物流服务与管理、计算机网络技术、计算机动漫与游戏制作、汽车运用与维修等8个专业在校生都在2200人以上；在校生最多的是电子商务3987人、计算机应用3818人、会计专业3225，都超过3000人，这三个专业基本上每个学校都有开设。

表3-3　2019年广东省S市中职教育专业设置及规模情况表

序号	专业名称	在校生数（人）	产业及人数（人）	
1	汽车运用与维修	2243	第二产业	5390
2	数控技术应用	1055		
3	珠宝玉石加工与营销	941		
4	城市轨道交通运营管理	581		
5	机电设备安装与维修	570		
6	电子商务	3987	第三产业	26891
7	计算机应用	3818		
8	会计	3225		
9	物流服务与管理	2745		
10	计算机网络技术	2508		
11	计算机动漫与游戏制作	2395		
12	软件与信息服务	1339		
13	商务英语	1046		
14	会计电算化	988		
15	酒店服务与管理	985		
16	金融事务	912		
17	美术设计与制作	826		
18	工艺美术	774		
19	社区公共事务管理	704		
20	电子技术应用	639		
21	其他	7161	其他专业占比 18.16%	
	合计	39442	前20名专业占比 81.84%	

本表仅反映 S 市教育系统中职学校情况，不包括技工学校数据。数据来源于 S 市中职教育 2019 年度质量报告。

中职学校专业设置同质化严重问题，也只能通过政府统筹和中职学校主动调整相结合才能解决，因为每个专业后面都涉及教师、实训室、设置等三个左右的专业群，是解决专业设置同质化的有效途径。专业群一般以重点专业或优势特色专业为核心，将产业链上的相关专业凝聚在一起，促进专业资源整合和结构优化，可以在一定程度上满足学生个性化的选择需要，利于培养更加符合产业需求的复合型技术技能型人才，提高中职教育应对行业企业因生产经营状况变化而引发的人才需求波动的有效性，增强学生的就业能力。中职学校的专业群建设需要加强专业群共享课程、共享实训实习基地和共享教师的建设，这要求建立专业群建设机构和协作组织，形成专业群合作共建机制，创新专业群人才培养模式。因此专业群建设不仅具有资源集聚功能，也将推动中职学校形成对接产业、动态调整、自我完善的专业群建设机制。政府部门有意识地推进中职专业群建设，通过围绕本地优势产业的布点的专业群以调整专业结构可能是一个可行的途径。

（3）产教融合、校企合作不够深入的问题。我们发现我国一线城市、省会城市、经济发达城市的中等职业教育年度质量报告经常将产教融合、校企合作方面的问题列入中职教育面临的重要问题。有的市表现为企业积极性不够、学校资源不足、企业协同机制有待完善；有的市表现为专业布局结构与产业结构之间的对接程度不高、文科专业布点过多、制造业布点不足等问题。产生问题的原因有"校热企冷"，内生动力严重不足、融合进程相对缓慢，"金融＋财政＋土地＋信用"激励政策难以落实、产教融合的平台运行机制及保障制度安排不健全等。产教融合、校企合作是职业教育的基本办学模式，是办好职业教育的关键所在。我国不仅在职业教育政策方面对产教融合、校企合作给予了高度重视，而且新修订的《职业教育法》第二十七条规定："对深度参与产教融合、校企合作，在提升技术技能型人才培养质量、促进就业中发挥重要主体作用的企业，按照规定给予奖励；对符合条件认定为产教融合型企业的，按照规定给予金融、财政、土地等支持，落实教育费附加、地方教育附加减免及其他税费优惠"。落实国家对产教融合、校企合作的奖励政策、激励措施，需要进一步形成可操作性的规定、程序、办法，这需要政府相关部门去认真研究，并尽快付诸实施。落实企业重要的办学主体地位，提高企业参与职业教育的积极性，就需要建立合作企业参加学校决策管理的体制机制，形成适应校企合作的教育教学组织方式和管理制度等，这里既涉及国家层面的政策和制度建设，也涉及地方政府层面校企合作措施和制度建设，还涉及中职学校内部管理体制和机制的综合改革问题。中职学校进行适应产教融合、校企合作需要的内部管理体制机制改革，激活企业在专业建设中的重要作用，不仅是学校的问题，也是关系全局的问题。"1+X"证书制度试点是我国在全国范围内进行的一次多元主体共建专业的尝试，是我国产教融合、校企合作日益深入的体现。政府部门和中职学校要以此为契机，探索政府、企业、行业、中职学校、高职院校多元主体协同专业建设的体制与机制建设。

（4）深化中高职技术技能型人才系统培养的问题。一体化设计中职、高职专科、高职本科人才培养体系是建设纵向贯通职业教育体系的核心及关键所在。我国探索职业教育一体化人才培养体系建设主要的方式有两种，其一是通过"3+2"中高职贯通培养、"3+2+2"中高本贯通培养、"3+2"专本贯通培养、五年一贯制等技术技能型人才长学制培养方式进行；其二是通过职教高考方式和专升本方式来完成技术技能型人才阶梯式培养，这两种方式都为职业教育受教育者提供了发展通道。

中高职贯通培养是以专业为主线的，一般是选择区域发展急需、技术含量高、始读年龄小、专业技能训练周期较长、技能熟练程度要求较高、社会需求相对稳定的专业实施。高职院校要对贯通培养实施全过程管理，牵头组织实施教育教学、学生管理和就业指导等工作。中职学校在招生、培养等方面发挥基础性作用，在产教融合、实习实训等方面与高校加强合作。中高职联办学校要在贯通培养专业设置、专业人才培养方案制定、课程改革、师资培训、教学资源建设等方面密切协作，保证贯通培养教育教学的连续性和衔接性。但是中高职贯通培养专业在一体化课程体系、一体化实训体系、一体化教师培养体系、一体化评价体系、一体化管理体系建设方面整体滞后。

我国建立了省级统筹的高职分类考试招生制度，现在一般在每年春季由省级教育行政部门统一组织实施，推行"文化素质 + 职业技能"评价方式，为学生接受高职教育提供多种入学方式。职业教育是一种专业教育，技术技能型人才的系统培养是借助"专业"载体来完成，这一点在贯通培养这种培养方式体现得较为明显，但是部分省市的"职教高考"目前还没有很好地体现出这一特性。在广东省"3+ 证书"高职高考中，"3"表示的是语文、英语、数学 3 门必考科目；证书指"专业技能课程证书"，包括会计证书、电工证书、机械证书、电子证书、土木工程证书、化学证书、旅游证书、教育综合证书、生物技术基础证书、美术基础证书、音乐综合证书、体育技能证书及教育部考试中心颁发的全国计算机等级证书、全国英语等级证书，2022 年新增了"1+X"证书中的技能等级证书。全国计算机等级证书是一种通用证书，学生只需要学好信息技术这门基础课程就可以考取，高职高考时大部分专业都可用来作为录取依据，这就会导致部分中职学校曾只专注于语文、英语、数学科目的教学，而忽视专业教育。因此，如何科学地完善和实施"文化素质 + 职业技能"评价方式，不仅关系到中职学生成长和努力方向问题，更重要的是关系到中职教育如何履行职业基础教育的功能及纵向贯通职业教育体系的运行效能问题。

二、中职学校专业建设模式

中职教育既是基础教育，也是专业教育。合适的专业建设模式是实现专业健康发展必须要解决的重要课题。宏观上的专业建设模式是一个国家或地区中职教育开展专业建设所形成的模式。中观上的专业建设模式是中职学校在解决专业设置、专业结构调整优化、专业发展等方面问题所形成的模式。微观上的专业建设模式是中职学校在建设某一个具体专业或者专业群所形成的模式。

（一）中职学校专业建设模式

1.专业建设模式的内涵及影响因素

（1）专业建设模式的内涵。关于专业建设模式的定义，不同学者从不同角度会有不同的解释。2020 年 5 月通过 CNKI"搜学问"搜索"专业建设模式"：搜索位置"主题"，范围为"全部"，共搜索到相关学问 512 篇；搜索位置"全文"，范围为"学问文献"，共搜索到相关学问 512 篇，多为高职院校专业建设模式研究。金川、唐长国认为专业建设模式是"由一定指导思想与目标所决定的，专业建设中各要素的地位及其相互关系"[①]。李宝多、刘章美将本科专业建设模式分为基于要素的专业建设模式和基于过程的专业建设模式两种，基于要素的专业建设模式本质是静态的，存在着"重达标轻建设"的误区和缺乏通用性的问题；专业建设的过程模式包含专业设置与调整、专业素质与能力确定、培养方案设计、培养方案实施四个依序展开的子过程，这种模式可以为专业建设提供基于过程的一般性框架，具备很好的通用性。[②] 学者熊发涯认为专业建设模式是"指专业建设的建设内容、建设方法、建设过程的一般样式，可供人们借鉴、复制和参考的基本标准"[③]。刘勇、王敏军的《校企合作专业建设模式研究》则从专业建设主体及合作方面研究，并将校企合作专业建设模式分为合作就业模式、校企协同模式、引企入校模式及校企一体模式四种。刘旺生分析了我国专业建设不同阶段的特点，把专业建设模式分为外延扩张模式和内涵发展模式两种，前者表现出专业建设的数量、规模迅速扩张的基本特征，后者表现出注重规模、结构、质量、效益协调统一的基本特征。[④]

以上文章中提到的这些具体的模式多为实践经验总结型的模式，为进一步研究模式提供了鲜活的案例。本研究认为，专业建设模式是指在特定环境

---

① 金川、唐长国：《高职院校重点专业建设的模式与思路》，《职业技术教育》2005 年第 10 期。

② 李宝多、刘章美：《基于过程的本科专业建设模式探讨》，《科技致富向导》2012 年第 21 期。

③ 熊发涯：《〈职业院校重点专业建设模式和途径研究与实践〉研究报告》，湖北省职业教育科学研究科研课题，豆丁网，2018 年 8 月 1 日。

④ 刘旺生：《专业建设模式的选择》，《职业技术教育》2000 年第 7 期。

下，为达到一定专业建设目标，专业建设主体在一定理论指导下开展专业建设的基本方法、结构和范型。专业建设模式就是专业建设的标准样式，可以按不同标准进行分类。专业建设模式按目标不同可分为就业导向型、升学导向型、创新创业驱动型等专业建设模式；按主体不同可分为学校主体型、校企合作型等专业建设模式，校企合作型的专业建设模式又可分为学校主导型和企业主导型等专业建设模式。所以我们可以综合性地把专业建设模式分为目标型专业建设模式、路径型专业建设模式、要素型专业建设模式、主体型专业建设模式、混合型专业建设模式等。主体型专业建设模式是本研究关注的重点，我国主体型专业建设模式大体经历了学校专业建设模式、校企合作专业建设模式、产教融合专业建设模式。

所谓职业教育"产教融合专业建设模式"，是指为满足产业对职教人才的规格要求，由产业部门和教育部门通过良性互动，围绕专业建设各要素，共同推动专业发展过程中所形成的具有一定规律和特征的专业建设范式。王欢按照产教融合程度将职业教育产教融合专业建设模式的发展划分为三个阶段：初级阶段、中级阶段、高级阶段。初级阶段体现为学校和企业在人才培养方面有了初步的合作，企业参与专业建设的行为较少。中级阶段体现为校企合作内容开始增多，合作关系中仍然以学校为主体。高级阶段体现为产业和教育全面深度融合，出现新型融合组织关系，校企双主体或者集团化多元化参与，合作多方地位平等。[1]职业教育"产教融合专业建设模式"三个阶段的划分为当前的专业建设提供了一个参照系。

（2）专业建设模式的影响因素。第一，技术变迁。职业教育与产业或行业经济活动具有十分密切的关系，影响中职教育模式的最本质、最核心的力量，就是技术的发展。肖化移博士以技术发展为线索将职业教育模式的演变分为四个阶段：一是手工技术时代的学徒制培训模式，二是工业革命时期的

---

[1] 王欢：《职业教育产教融合专业建设模式：理论基础及阶段划分》，《中国职业技术教育》2019 年第 23 期。

学校模式与企业模式，三是新技术革命后的合作模式，四是信息技术革命下的社会化综合模式。① 职业学校是因工业革命发展起来的，其专业建设也会在人类生产技术发展的不同阶段适时作出调整，形成相适应的专业建设模式，如学校主体建设模式、企业主体建设模式、校企合作建设模式，也许在某个时间有社会化综合建设模式。第二，中职教育地位。我国中职教育呈现阶段性发展的特点，中职专业建设模式在不同的中职教育发展阶段呈现出不同的特点。改革开放到 20 世纪 90 年代末是中职教育主体地位阶段，因为社会对中级技术技能型人才需求量大，中职学校专业建设的数量、规模迅速扩张，要素型专业建设模式得到重视。1997 年党的十五大后到 2014 年前后，我国市场经济体制得以确立和完善，高职教育快速发展，中职教育从主体地位向基础性地位过渡，专业建设校企合作模式得到重视。2014 年以后，高职教育在职业教育体系中已居主体地位，中职教育向基础性地位转变，出现了中高职衔接专业建设模式，加快了产教融合型专业建设模式的发展。第三，区域经济与产业。中职学校的专业结构是由一定社会经济发展水平、社会分工、产业结构以及劳动力结构状况决定的。中职学校的定位应建立在本区域经济社会发展的真实需求和发展趋势的基础之上，根据经济区域经济结构、产业结构、社会结构和劳动力结构等的变化，并充分发挥自己的比较优势，通过优化资源配置，实施重点突破，才能建立一批适应区域经济和产业发展的特色优势专业。中职学校要积极构建与区域经济和产业发展的互动发展的专业建设模式，以不断满足区域经济和产业发展的新需求。第四，社会文化传统。德国学者格奥格提出，职业教育的发展有着独特的"发展逻辑"，并非一定能采用最理想的问题解决方案，也并不是有意识的计划和政策所能左右的。② 我国传统的农业文明是建立在小农经济的基础上的，缺少崇尚劳动、生产纪律、团队工作等方面的文化基因，受"学而优则仕"等传统文化

---

① 肖化移：《大众化阶段高职教育发展模式之比较》，《职业技术教育》2004 年第 7 期。

② 陈新文：《技术文化的发展与职业教育模式演进》，《职业技术教育》2008 年第 16 期。

的影响，我国中职教育长期受到社会歧视。德国手工业行会发展充分，企业有参与职业教育的热情；而我国企业参与职业教育却缺乏好的传统，校企合作并没有被企业认为是理所当然的事情。第五，中职学校的现实。中职学校运行机制与企业有巨大的差异，现行中职教育制度并没有为产教融合、校企合作作好充分的准备。由于我国经济发展的不平衡性，不同地区甚至同一地区的中职学校办学实力水平存在一定的差异，导致各个学校专业建设模式具有不同的特点。同一学校的不同专业往往由于服务行业的发展程度、合作企业的实力及其参与中职教育的热情等方面的差异，其专业建设模式也会出现不同的特点。专业建设团队是专业建设中最活跃的因素，团队的整体水平、思想观念、价值取向也会对专业建设产生十分重要的影响。

2. 中职教育专业建设模式的历史选择

专业建设模式是指特定环境下，为达到一定专业建设目标，专业建设主体在一定理论指导下开展专业建设的基本方法、结构和范型。一个完整的专业建设模式应具备建设环境、建设目标、建设力量、建设内容、建设条件、评价标准等基本要素。根据专业建设环境的不同，我国中职学校专业建设可分为五个不同时期，每个时期专业建设模式的特点也不同。

第一是计划经济条件下专业建设缓慢发展时期。这段时期是我国工业化初期，经济发展缓慢，产业结构较为单一，工作生活较单调，社会消费需求不高，职业的更迭速度也十分缓慢。在这种环境中，中职毕业生的就业渠道和就业选择也相对比较集中、狭窄，缺少变化和流动，一般情况下毕业生按分配就业。正是因为当时的技术水平较低，课程强调理论性；同时职业的更迭速度缓慢，课程内容更新速度也较慢，这就形成了学科式专业建设模式。

第二是1980年左右到1998年专业建设规模迅速扩张时期。首先是20世纪80年代初，政府将部分普通高中改办为职业高中，力争在1990年农村各类职校在校生数达到或略超过普通高中。1996年，中职学校的招生数和在校生数已达415万人和1010万人。这段时期，从外部来看专业建设主要体现为外延扩张模式，即扩大专业招生规模；从职业学校内部来看体现为专业建设要素型建设模式，即加快专业教学条件建设保证正常教学开展，在此期间我国建设了 675 所国家级重点学校和 1964 所省部级重点学校。当时高等教育入学率不高，中职毕业生在就业市场上有竞争优势，这时期专业建设仍属于学科式专业建设模式。

第三是 1999 年到 2004 年专业建设结构调整时期。1997 年党的十五大后，我国市场经济得到了发展，大部分行业举办的中专学校划转地方教育部门管理，职业学校毕业生要面向市场自主择业。由于高等教育规模扩大的需要，一批有实力的中专学校升格为高等职业学院，且主要面向普通高中招生。中职专业建设进入了以结构调整为主，注重规模、结构、质量、效益协调统一的内涵发展时期。这个时期中职专业建设强调面向市场，培养"适销对路"和较强竞争力的实用型专业人才，专业建设由学科导向向市场导向转变。后期中职毕业生进入高职院校深造的比例有所扩大，少数职校将高考作为最主要的发展方向。

第四是 2005 年到 2013 年专业建设校企合作时期。2005 年发布的《国务院关于大力发展职业教育的决定》提出，坚持"以服务为宗旨、以就业为导向"的职业教育办学方针，积极推动职业教育从计划培养向市场驱动转变，从政府直接管理向宏观引导转变，从传统的升学导向向就业导向转变。大力推行校企合作、工学结合的培养模式，校企合作专业建设模式渐渐成为中职专业建设的主要模式。这时，国家开展国家级重点中等职业学校调整认定工作和国家中等职业教育改革发展示范学校建设工作，前者强调的是职业学校的硬件建设，后者侧重于专业在"校企合作、工学结合"人才培养模式建设、课程体系建设、师资队伍建设等方面的探索。

第五是 2014 年以后进入专业建设产教融合系统培养时期。2014 年，我国完成了现代职业教育体系的顶层设计，明确了中职教育在现代职业教育体系中的基础地位，对专业人才培养目标提出了"就业有能力、升学有基础"的要求。在专业建设路径选择方面，一是推进产教融合、校企协同育人，发挥企业重要办学主体作用，推进产教融合型行业、产教融合型企业建设；二是推动院校、行业、企业、科研机构、社会组织等多元主体组建职业教育集团，促进教育链和产业链有机融合；三是推进专业与产业、行业、职业岗位相对接，专业课程内容与职业标准相对接，大力推进"1+X"证书制度建设与实施；四是加强技术技能型人才系统培养，推进中等和高等职业教育紧密衔接，在部分专业推行中高职贯通培养模式；五是行业组织履行发布行业人才需求、推进校企合作、参与指导教育教学、开展质量评价等职责。这个时期的中职学校专业建设模式开始进入产教融合专业建设模式。

综上所述，某一国家或区域的职业教育专业建设模式是与其特定的发展阶段相适应的。从产业部门和教育部门在专业建设过程中形成的关系来看，我国中职教育专业建设从改革开放以来总体上经历了学科式建设模式、校企合作建设模式、产教融合建设模式三种主体专业建设模式。校企合作建设模式是学科式建设模式向产教融合建设模式的一个过渡阶段，或者说是产教融合建设模式的初级阶段，是产教融合建设模式形成和实施的基础。

3.学科式专业建设模式与产教融合专业建设模式

（1）学科式专业建设模式。学科式专业建设模式，也称为学校主体专业建设模式，它的形成与学校传统专业管理模式是分不开的。我国公办中职学校一般采用法人治理结构，实行校长负责制，或基层党组织领导下的校长负责制。学校设立了教职工（代表）大会、党委或基层党组织、校长室及学校内设机构、学生会、家长委员会等组织，分别决策相应事项。校长全面负责行政工作、党组织领导监督、教职工民主参与管理是我国中职学校传统治理的基本要求，目的是让各治理主体相互制约，防止决策失误或一方权力过度膨胀。从我国传统的中职学校治理结构来看，特别注意到学校内部治理：通过发挥基层党组织的作用，保证中职学校的正确办学方向；通过校长负责制，提高学校行政管理效率；通过教职工（代表）大会、学生会、家长委员会的作用，提高教职工和在校学生的民主参与管理的积极性，发挥民主监督作用。传统中职学校专业管理也按学校行政权力分配形成"学校—中层处室—专业"这样的层级制度明显的管理体制。中职学校这种专业管理体制有利于贯彻学校的管理意志，提高学校专业的管理效率，让学校专业管理整体上形成一盘棋。

传统中职学校治理结构具有高度行政集权的特点。公办中职学校一般会突出校长负责制下行政权力在专业建设中的影响力，专业建设决策属于学校管理层决策型。民办中职学校突出了民办中职学校投资者在学校专业建设中的主导地位，专业建设决策属于董事会决策型。行业、企业等技术技能型人才培养的当然参与者，在专业建设和人才培养中则几乎未获得相应的权力配置，治理结构还不完善。许多职业学校专业建设体制机制仍然具有强烈的计划经济时代的供给思维，在处理学校与企业、学校与行业、学校与学生等方面的关系时，还不能充分运用市场运行机制，以利益为基础，寻找共赢点。主要体现为中职专业对产业的支撑力度不强、校企合作和工学结合不够深入、学生的职业能力与用人单位要求存在较大差距等。

中职学校传统专业建设模式基本特征是，专业建设任务完全依靠学校管理部门、专业基层管理人员、专业教师来完成，只是偶尔会有企业行业专家、教育专家来参与指导。中职学校的传统专业管理强调学校内部"从上而下、一元单向"式的垂直控制，忽视行业、企业等利益相关者的利益，很容易形成与之相适应的学校主体型专业建设模式，这里也称之为学科式专业建设模式。学科式专业建设模式下专业建设主要由学校教师来完成，缺乏具有实际工作经验的人员参与，因而对企业实际的用人需求认识不是很明了，对行业的发展变化趋势不太敏感，专业设置与调整也难以对接产业发展，很难根据用人单位的要求设计出符合实际需求的人才培养方案和课程建设方案，难以满足产教融合、校企"双元"育人的要求。

（2）产教融合专业建设模式。新中国成立以来，我国就一直实施赶超发达国家的战略，而设计模式满足了我国赶超战略的需要，我国工业、科技、国防、经济等诸多方面奋起直追，并取得了举世瞩目的成就。随着社会主义市场经济发展，我国微观经济通过市场调节形成了内生模式，但是宏观经济仍然以设计模式为主。中国工程院于 2020 年 12 月发布的《2020 中国制造强国发展指数报告》显示，2019 年各国制造强国发展指数排名从高到低依次为美国（168.71）、德国（125.65）、日本（117.16）、中国（110.84）、韩国、法国、英国、印度、巴西。中国在"规模发展"指标项中连续 7 年保持第一位，对世界制造业贡献比重接近 30%；但是，中国从"质量效益""结构优化""持续发展"这 3 项体现一国制造业核心竞争力指数数值处于 50 左右的水平，在各国中的排名为第 6 位，与美国（130）及德日（90）相比，仍有较大差距。当前我国制造业的赶超战略就是要实现制造业由低端制造向高端制造的转型升级，实现由"制造大国"向"制造强国"的转变。中职毕业生就业的企业更多的是中小微企业，在我国要实现制造业由低端制造向高端制造的转型升级的战略背景下，这类企业本身难以引领产业行业发展，更多的是扮演着追随者的角色。实施制造业赶超战略，需要国家对教育与产业发展的相关制度作出整体规划与系统安排。

我国宏观经济发展的设计模式，也推动了职业教育发展采用设计模式。教育部、人力资源和社会保障部、工业和信息化部于 2017 年印发的《制造业人才发展规划指南》指出，"领军人才和大国工匠紧缺，基础制造、先进制造技术领域人才不足，支撑制造业转型升级能力不强"，实现制造业高质量发展，就需要加快建设支撑制造业高质量发展的人才队伍。2017 年底颁布的《国务院办公厅关于深化产教融合的若干意见》将产教融合问题上升到国家教育改革与人力资源开发整体制度安排的高度，从而催生了职业教育产教融合办学模式，职业教育专业建设模式也由学科式专业建设模式、校企合作模式向产教融合建设模式升级。职业教育产教融合专业建设模式基本的特征是产教融合、校企"双元"育人，目的是促进教育链、人才链与产业链、创新链有机衔接。产教融合专业建设模式，在建设主体上体现为产业部门与教育部门的合作，在建设内容上体现为"五个对接"，即专业设置与产业需求对接，课程内容与职业标准对接，教学过程与生产过程对接，毕业证书与职业资格证书对接，职业教育与终身学习对接。

产教融合专业建设模式要求推动政府、行业企业、中职学校、高职院校等多元主体共同开展专业建设，其实质是一种多元主体专业建设模式。中职学校传统的专业管理强调"从上而下、一元单向"式的垂直控制，是不能适应产教融合专业建设模式。为了改变中职学校传统专业管理中存在的问题，教育部发布的《中等职业学校管理规程》《中等职业学校专业设置管理办法(试行)》《教育部关于职业院校专业人才培养方案制订与实施工作的指导意见》等文件要求提高企业及社会参与专业建设的程度。许多学校也建立了专业建设委员会和专业教学指导委员会，试图吸纳企业和其他合作单位参与学校的专业建设和教学指导。但是由于受中职学校传统的管理体制的影响，行业、企业等在专业建设和人才培养中仍然很难获得相应的权力配置，整体上没有改变了原有传统专业垂直管理模式。只有改革传统中职学校专业管理观，建立学校专业治理体系，实现专业管理向专业治理的转变，建立健全政府机构、行业、企业、中职学校、高职院校等多元主体参与中职学校专业建设的体制机制，实现学校单主体专业建设向产教融合多主体专业建设的转变，才能从容面对当前中职学校专业建设所面临的挑战。

（二）中职学校专业治理与专业建设

1.中职学校现代专业治理

（1）中职学校专业治理的含义。"治理"原意是控制、引导和操纵的行动和方式。治理的概念在不同的语境和不同学科中有不同的定义。例如，"治理"一词在政治学领域中，通常指国家治理，即政府如何运用国家权力（治权）来管理国家和人民；在商业领域中，公司治理是指公司等组织中的管理方式和制度等。最负盛名的是治理理论的主要创始人之一——罗西瑙（J. N. Rosenau）的将治理定义为一系列活动领域里的管理机制，这些管理机制"虽未得到正式授权，却能有效发挥作用"。联合国全球治理委员会（CGG）在《我们的全球伙伴关系》中指出："治理"是指"各种公共的或私人的个人和机构管理其共同事务的诸多方法的总和，是使相互冲突的或不同利益得以调和，并采取联合行动的持续过程"①。"治理"具有如下四个特征：第一，治理不是一整套规则，也不是一种活动，而是一个过程；第二，治理过程的基础不是控制，而是协调；第三，治理既涉及公共部门，也包括私人部门；第四，治理不是一种正式的制度，而是持续的互动。"管理"与"治理"是一对既有区别又有联系的概念。管理主要通过管理者自上而下行使权力达成目标，具有强制性、单向性。治理更强调多元利益主体围绕共同的目标，并通过建立和完善一系列的管理机制进行平等、双向的协调与互动，是管理的更高组织形式。

党的十八届三中全会通过的《中共中央关于全面深化改革若干重大问题的决定》要求"推进国家治理体系和治理能力现代化"及"完善学校内部治理结构"，自此以来，学校治理得到社会的广泛关注，并取得了较为丰富的理论和实践成果。现代学校治理体系是一个包括理念、制度、行动、监督的系统。学校治理不仅是一组制度安排，同时也是一个有关激励和约束过程；学校治理只有处理好与学校教育资源利益相关的个人与团体之间的关系，才能处理好教育与人的关系；而学校治理的最终目标是实现教师和学生的发展。② 职业教育与普通教育是两种不同的教育类型，中职学校治理也具有不同于普通学校的特点。教育部联合国家发展改革委等部委于 2014 年印发的《现代职业教育体系建设规划（2014—2020 年）》明确要求"推动行业、企业和社区参与职业院校治理"。《国务院关于加快发展现代职业教育的决定》强调"职业院校要依法制定体现职业教育特色的章程和制度，完善治理结构，提升治理能力。建立学校、行业、企业、社区等共同参与的学校理事会或董事会"。教育部等六部门印发的《职业学校校企合作促进办法》要求职业学校吸纳合作关系紧密、稳定的企业代表加入理事会（董事会），职业学校设置专业，制定培养方案、课程标准等，应当充分听取合作企业的意见。这说

---

① 徐桂庭：《关于职业学校治理体系与治理能力建设的若干思考》，《中国职业技术教育》2014 年第 21 期。

② 冯晓敏：《现代学校治理体系的理念框架与内容建构》，《现代教育管理》2015 年第 8 期。

明了国家希望合理地配置行业、企业、社区等主体在职业学校中的治理权力，实现职业教育从单维管理走向政府宏观管理、学校自主办学、行业企业积极参与的多元共治新格局。

专业是中职学校人才培养的核心载体，也是中职学校对接行业企业的桥梁。专业治理是中职学校治理的重要组成部分，厘清专业治理的含义，建立符合治理理念的专业建设制度和运行机制，推进专业治理多元主体协同行动，是职业学校进行有效专业建设的重要基础。中职学校专业治理是中职学校专业设置和建设的一系列管理机制和诸多方法的总和，也是中职学校专业相关利益者围绕专业建设平等、双向地进行协调与互动的过程。与普通高等教育以学科为基础设置专业不同，中职学校的专业设置更强调职业影响。中职专业建设具有鲜明的职业性和市场性的特征，涉及政府、中职学校、行业、企业、学生及其家长、高职院校等不同专业建设主体的利益。中职学校专业治理具有"跨界""整合""重构"三个特征："跨界"就是要求专业治理打破校企边界，建立校企融合的体制机制，增强校企合作的自觉性、主动性和积极性，实现专业设置与产业需求对接、课程内容与职业标准对接、教学过程与生产过程对接。"整合"是要求专业治理兼顾专业建设各利益相关方的诉求，通过平等、双向地协调与互动，整合政府、行业、企业和学校等各方面的专业教育资源，提高专业建设水平。"重构"就是要求树立专业治理理论，围绕专业建设目标，完善多方主体合作共建专业机制，重构专业建设模式，推进专业人才培养模式、"双师型"教师团队、教学条件、课程体系等专业建设要素改革。

（2）中职学校专业治理主体。1984年，弗里曼出版了《战略管理：利益相关者管理的分析方法》一书，明确提出了利益相关者管理理论。根据利益相关者管理理论，中职专业建设的利益相关者包括政府部门、学校投资者、供应商、学校教职员工、合作企业行业、高职院校、社区普通中小学、学校学生及家长、社区、本地居民、媒体等等，甚至包括自然环境、人类后代等受到专业建设活动直接或间接影响的客体。这些利益相关者与专业的生存和发展密切相关，他们有的分担了专业建设的风险，有的为专业建设付出了代价，有的对专业建设进行监督和制约，专业建设必须要考虑他们的利益或接受他们的约束。中职学校专业建设和发展离不开各利益相关者的投入或参与，学校不能仅仅追求学校或学生等某些主体的利益，还要关注学校利益相关者的整体利益。利益相关者管理理论为中职学校开展专业治理提供了出发点、参与主体、绩效评价基础等。

中职学校专业治理主体是多元的，包括了政府、学校投资者、企业行业、高职院校、社区、学生及家长、中职学校、社会大众等众多的利益相关者。政府既是学校管理者，也是公办学校的投资者，政府设置的相关职业教育研究机构是专业建设指导者。企业行业是区域经济建设的具体实施者，是技术技能型人才的需求者，是职业学校专业服务的重要对象，同时还可能是专业的重要举办者和建设参与者，中职专业建设深受它们的影响。高职院校是中职学校学生升学的主要去向，高职院校的招生政策对学校专业建设也具有重要影响，而且中高职贯通培养已经将中职学校专业建设与相应高职院校紧密联系在一起。学校所在社区是学校住址所在地，学校后勤、交通、安全等深受社区的影响。社会大众是学校专业生源潜在来源，他们对学校和专业的看法，会影响到学校专业生源的数量和质量。中职学校对外作为一个独立的主体存在，但是在学校内部也拥有学校专业管理者、专业建设教师团队、专业学生等专业治理主体。在众多相关利益者中，学校、政府、企业（行业）、高职院校、学生等往往构成了中职学校专业关键治理主体。

我国传统文化根深蒂固，官本位思想严重，人们参与意识和能力较弱，讲究内外有别，较少采取合作、互动的方式。在现实生活中，中职学校师生有许多人认为只有学校领导干部才是专业治理的主体，对于合作单位而言则可能认为专业治理只是中职学校内部的事情，因此专业治理的主体意识还是需要培育的。第一，学校教职工参与专业治理是有法理依据的，是教职工民主参与管理我国中职学校管理体制的要求；提高学校教职工特别是专业建设涉及相关部门和个人的专业治理主体意识，才能充分调动教职工特别是专业建设团队的积极性、主动性、创造性。第二，学校外部利益相关者参与专业治理是国家赋予的权力，新《职业教育法》规定"职业学校可以通过咨询、协商等多种形式，听取行业组织、企业、学校毕业生等方面代表的意见，发挥其参与学校建设、支持学校发展的作用"，《职业学校校企合作促进办法》规定"职业学校设置专业，制定培养方案、课程标准等，应当充分听取合作企业的意见"，等等。第三，国家对相关利益人参与专业治理的体制机制也有规定。国家要求中职学校设立专业设置评议委员会、专业建设委员会，吸纳行业企业专家、教科研人员、一线教师和学生（毕业生）代表参加。中职学校要积极培育学校师生、合作企业、相关行业专家等相关利益者的治理主体意识，引导他们参加专业治理活动，最大限度凝聚共识，促进产教融合、校企合作，提高专业人才培养质量。

（3）中职学校现代专业治理原则。社会主义市场经济条件下，中职学校专业设置及人才培养需要综合考虑社会需要与学生的个人需求。只有树立正确的现代专业治理理念，不断提升专业治理的效能，激发专业治理主体的热情，才能促进中职学校专业合理布局和专业建设水平不断提升。在中职学校专业治理的过程，坚持如下原则至关重要：

第一，坚持技术技能型人才培养是专业治理的使命。[①] 这是中职学校专业建设立身之本、发展之基。如果专业治理背离了这一使命，就会使中职学校治理改革无法适应社会经济发展的需要。进入新时代，高质量发展成为经济社会发展的关键词，中职学校应该担负起立德树人的职责，密切关注宏观经济和产业的发展趋势，合理调整专业设置，优化专业结构，调整培养目标，创新人才培养模式，加强与新兴产业相关的专业和课程建设，对接产业和企业开展协同育人，为社会经济发展培养高素质技术技能型人才。第二，坚持中职教育是共同利益的原则。中职学校专业治理关键是吸纳教育界和企业界不同的多元主体参与专业管理与建设，激发职业学校专业办学活力，增

---

① 孙长坪：《高职院校治理体系建设的应然与实然比较》，《职教论坛》2019 年第 5 期。

强专业适应经济发展的能力。形成专业建设是政府、学校、行业企业等相关主体的共同利益的共识，这是专业多元主体共治的理念基础。共同利益的实现需要各方以包容的心态，让所有专业治理主体的利益诉求都得到尊重，形成共同承担责任、共同分享建设成果的机制，这也是中职学校专业治理体现跨界性、开放性、多元性的要求。只要坚持共同利益原则，才能发挥行业、企业、学校和社会各方面在专业建设中的积极作用，形成协同育人合力。第三，遵循持续共同行动原则。持续共同行动是实现共同利益的重要保障，从某个方面来说，共同行动也是一种共同利益需要。专业治理是一个治理理念逐步得以实施、治理结构日益完善的行动过程。专业管理制度和机制的规范、约束、激励、保障等作用，也只在有行动过程中才能得到落实。专业治理不是一种正式的制度，而是一个持续互动的过程。持续推进共同行动原则，就是通过专业治理多元化主体持续、平等、民主地开展合作式对话，形成以协商为基本特征的专业建设决策机制，促进利益相关者建立合作伙伴关系，并持续在专业治理中发挥作用，促进专业可持续发展。

"产教融合"是当前职业学校专业建设的基本模式，是培养高素质技术技能型人才的内在要求。专业治理更强调多元利益主体围绕共同的目标，并通过建立和完善一系列的专业管理机制进行平等、双向的协调与互动，促进校企建立紧密联系，加强人员双向流动，确保校企沟通、校企合作的可持续性。

2. 中职学校专业治理结构

中职学校的专业设置与建设要根据动态的劳动力市场相对灵活地进行，并呈现出"市场需求驱动"的特点。专业设置与建设往往滞后于经济发展，中职技术技能型人才培养与市场需求存在脱节现象。建立健全中职学校专业治理结构，就需要为行业、企业、学生及其家长等相关利益主体参与学校专业建设提供制度性安排，促进人才培养供需匹配。中职学校专业治理结构可分为外部治理结构和内部治理结构两个部分。

（1）中职学校专业外部治理结构。产教融合、校企合作、中高职衔接是解决技术技能型人才供需匹配的国家方案。根据利益相关者理论，政府、区域经济、高职院校、社会为中职学校专业建设重要外部利益相关者，校友、家长、媒体、捐资者为其他外部利益相关者。中职学校专业外部治理结构主要是理顺政府、区域经济、高职院校、社会等与学校专业建设的关系问题。政府统筹、行业指导、高职引领、社会参与，是我国对中职学校专业外部治理主体在专业设置和专业建设中的基本定位。

第一，政府统筹。在我国中职专业外部治理主体中，政府无疑是最具力量的。教育部是主管全国教育工作的行政部门，会同有关部门制定职业技术教育的具体政策、发展规划和重要规章制度，其中包括中职学校专业设置和建设方面的政策和规章制度。省、市、县三级地方教育行政部门根据中央的教育方针、政策和法令以及上级教育行政部门的教育工作指示，负责本地区中职学校专业设置、建设及经费的管理及指导工作。中职专业布点一般在地（市）范围内统筹规划。各级政府部门职业教育工作联席会议是政府进行中职学校专业治理的重要机构，它通过统筹协调行政区域内职业教育工作，研究制定职业教育政策措施，部署实施职业教育改革创新重大事项，督促检查职业教育重要政策措施落实情况等方式，推动解决中职学校专业建设和发展重要问题。我国国务院职业教育工作部际联席会议由国务院领导同志牵头负责，教育部、发展改革委、工业和信息化部、财政部、人力资源和社会保障部、农业农村部、国资委、税务总局、扶贫办九个部门和单位组成，教育部为牵头单位，各部委都有相对明确的职责。①

第二，行业指导。行业指导是实现中职学校专业设置与建设匹配区域产业发展的关键环节。各级行业职业教育教学指导委员会是受教育主管部门委托，由各行业主管部门或行业组织牵头组建和管理，对相关行业（专业）职

---

① 《国务院关于同意建立国务院职业教育工作部际联席会议制度的批复》，中华人民共和国中央人民政府网，2018年11月27日。

业教育和培训工作进行研究、咨询、指导和服务的专家组织，[①] 其委员一般由行业企业、职业院校、普通本科高校和研究机构等人员组成。它通过开展本行业人才需求预测分析，提出本行业技术技能型人才培养要求，指导职业院校教师、教材、教法改革，参与职业教育教学标准体系建设，开展产教对话活动，指导推进校企合作、职教集团建设、实训基地建设、职业院校技能竞赛等活动影响中职学校专业设置和建设。各级职业教育学会是由从事职业技术教育相关工作的企事业单位、社会组织和个人自愿结成的学术性、非营利性社会团体。它通过承接政府购买服务项目，在主管部门授权内，参与职业技术教育行业治理。经政府有关部门批准，学会可组织开展标准制定、教育评价、项目评估、表彰奖励。根据章程组织搭建产教科、校企科合作、交流、研讨和服务平台，推进产教融合、校企合作，发布职业技术教育有关信息。

第三，高职引领。随着我国中职、高职、本科有效衔接的大力推进，高职院校对中职学校专业建设的引领作用越来越重要。一是推行高职类高考，高职院校实行分类考试，即中职学校毕业生报考高职院校，参加文化基础与职业技能相结合的测试，形成"知识＋技能"的考试评价办法；并为中职学生接受高职教育提供"3＋证书"高考、中高职"三二分段"培养、自主招生、免试入学等多样化入学形式。二是高职院校强力介入中高职衔接专业教学标准、课程标准、专业人才培养方案等的建设，推进中高职一体化培养。三是一些有影响力的本科高校、高职院校通过组成专业联盟或职业教育集团，并吸纳中职学校专业骨干参与，搭建资源共享平台，建立资源共享机制，也推动了中职学校专业建设。四是中高职贯通培养必然推进中职学校的专业设置、课程设置、学生的学业评价方式的改革，也深刻影响着中职学校的专业建设，推进服务区域发展的中高职衔接专业体系的形成和发展。

[①] 《教育部关于公布全国行业职业教育教学指导委员会（2015—2019 年）组成人员的通知》，教育部网站，2015 年 6 月 29 日。

受区域资源禀赋和历史沿革、国家战略等因素影响，产业分布具有一定的区域性，不同区域产业结构会产生不同的组合形态和特色。专业外部治理结构会对区域中职专业的种类设置、专业人才培养的特色取向产生深刻影响。优化专业外部治理结构的目标是要体现行业、地区对中职专业建设的导向作用。进入中国特色社会主义新时代，有必要重新审视外部利益相关者对中职学校专业建设的影响，使中职学校专业外部治理结构达到新的协调平衡。

（2）中职学校专业内部治理结构。中职学校专业内部治理结构是外部治理内生制度安排。职业学校专业设置和管理决策大体可分为学校董事会型、学校管理层型、关键利益相关者共同参与型（简称"共同参与型"）等三种类型。学校董事会型决策在民办性质的职业学校较多采用，突出了民办中职学校投资者在学校建设和专业建设中的主导地位。学校管理层型决策在公办性质的职业学校较为普遍采用，突出了中职学校校长负责下行政权力在专业建设中的影响力。《国家职业教育改革实施方案》要求"发挥企业重要办学主体作用""培育数以万计的产教融合型企业"，① 这一政策意味着企业不再是中职学校可资利用的"外部合作者"，而变成与职业院校并驾齐驱的重要办学主体。产教融合型企业本质上是教育型企业，职业教育与培训是其重要业务。随着中高职贯通培养的深入实施，高职院校必然会影响中职专业设置并介入中职专业建设，因而也成为中职学校专业内部治理的重要主体。共同参与型决策要重点处理学校投资者、职业学校及其合作办学机构（主要是合作的企业、高职院校等）、职业学校内部专业利益相关者的关系。

当前中职学校专业内部治理结构的重要改革是"校、部（系）二级管理"的推广和实施。其关键是根据专业的类别及专业特点组成专业部（专业系），突出专业建设在学校工作中的核心地位，并将党建工作、专业设置、教育教

---

① 《国务院关于印发国家职业教育改革实施方案的通知》，中华人民共和国中央人民政府网，2019 年 2 月 13 日。

学、队伍建设、学生管理等权力下放，给予专业部相对独立的自主权，实现人才培养、专业建设、德育管理等重心下移。原有职能管理部门在专业设置和建设方面履行指导、监督、服务各专业部（系）的职能，有的中职学校还设立专门的监督机构加强职能管理部门和同级专业部（系）之间的沟通和协调。通过"校、部（系）二级管理"，促进校领导班子将工作重心放在学校重大决策和重大改革方面，并实现职能处室与专业部在学校决策指导下相互促进、相互制约，提升了学校专业建设水平。

共同参与型专业内部治理结构建设往往以"校、部（系）二级管理"为基础，吸纳政府、行业、企业、高职院校、学校教师、往届毕业生等与学校专业建设密切相关的关键利益相关者，成立学校专业建设管理委员会、系部专业建设委员会、专业教学指导委员会三级专业决策咨询机构，形成与学校专业管理机构配合的专业治理结构。学校理事会或董事会参与对中职学校各方面的重大事务管理决策，可在理事会下设学校专业建设管理委员会专门负责学校专业设置、专业布局及专业结构调整等重大事项。设立系部专业建设委员会，重点负责专业部的专业设置与调整、校内外专业实践基地、"双师型"教师队伍建设的重要事项指导。各专业教学指导委员会重点负责专业课程体系建设、教材建设、教学等方面的指导工作。

建立健全共同参与型治理结构主要是为行业企业等利益相关者参与专业建设提供制度安排，也是中职学校专业治理结构的发展趋势。但是由于企业与学校追求的利益存在很大差异，如何实现校企跨界治理是共同参与型治理结构建设的难点，需要对政府、行业企业、中职学校的权责利进行更深入的研究。

3. 中职学校专业治理机制

专业治理结构主要是对治理主体在专业建设方面的"权、责、利"进行制度安排，但是目前利益相关人特别是企业参与专业建设的权责利在法律规定上还有很多局限。专业治理机制是指利用现有法律和政策框架，或通过市场自发选择，或人为的制度设计等来调整专业设置和建设，从而在一定程度上提高各主体参与建设的积极性，以及解决各专业人才培养供需矛盾问题的各种制度或机制的总称。完善专业治理机制，主要目标是通过专业治理主体之间信息沟通、动态博弈、激励约束，提高专业治理的有效性。与专业治理结构相对应，专业治理机制也可分为外部治理机制和内部治理机制。

（1）中职学校专业外部治理机制。中职学校专业外部治理机制是指在宏观和中观上为解决各专业人才培养供需矛盾问题的专业治理机制，主要由法制保障机制、市场调节机制、监督管理机制等部分组成。在中职学校专业治理机制中，外部治理机制处于主动地位，是内部治理机制的基础。

法制保障机制，主要是指导政府通过制定和实施法律和法规等对中职学校专业设置和建设进行规范。我国颁布了《中华人民共和国职业教育法》《中等职业学校管理规程》《中等职业学校专业设置管理办法（试行）》《中等职业学校专业目录》《中等职业学校专业教学标准》《教育部关于职业院校专业人才培养方案制订与实施工作的指导意见》《职业学校校企合作促进办法》《职业学校教师企业实践规定》《职业学校学生实习管理规定》等相关文件，从专业设置和建设的原则、专业治理结构、专业设置要求和程序、专业课程体系和人才培养方案、校企合作、专业教师队伍、实训基地建设、学生实习等方面规范和完善中职学校专业设置和建设管理。当前，我国职业教育法律制度特别强调了产教融合、校企合作、工学结合在专业建设中的地位和作用。

市场调节机制，是指为了满足社会需求和个人需求，中职学校根据劳动力市场相对灵活地进行专业设置和建设的机制。中职专业设置和建设已经由指令性计划和政府管理取向实现了向劳动力市场需求取向过渡。为了满足社会需求，专业建设要坚持面向区域行业或产业劳动力市场，满足用人单位对技术技能型人才的需求。为了满足个人需求，专业建设要考虑学生个人兴趣与能力，学生的择业倾向也会影响职业教育供给与市场需求的平衡关系。姜大源教授认为职业学校专业设置和建设的市场调节机制是通过"社会需求—劳动力市场—职业学校""个人需求—劳动力市场—职业学校""劳动力市场—职业学校—专业设置—需求匹配—劳动力市场"三个闭环系统来进行综合反馈调节的,[①] 体现了劳动力市场需求与职业学校专业设置和建设之直接联系。

监督管理机制,是指对中职学校专业建设进行监督管理的制约机制的总称。监督管理机制按监督管理主体分类包括政府监督管理机制、行业监督管理机制、社会监督管理机制等。政府监督管理机制是我国中职学校专业建设监督管理最为重要的组成部分,包括中职学校专业设置的备案审批机制、品牌专业评估和认定机制、产教融合型企业培育认定机制、高职类高考制度机制、职业院校技能大赛机制、专业人才培养方案备案机制、职业学校绩效审计机制等。行业监督管理机制主要是由行业职业教育教学指导委员会等机构,通过数据披露、检查、评估、诊改、就业市场等方式或途径对职业学校专业建设进行监督指导。社会监督管理包括学生家长、新闻媒体、社会舆论等对中职专业建设的监督,职业院校年度质量报告制度是社会监督管理机制的重要组成部分。

(2)中职学校专业内部治理机制。专业内部治理机制是专业外部治理的内生性制度安排,只有将外部机制和内部机制有效地结合起来,才能够实现专业治理的目的。在共同参与型专业治理模式下,校企合作共建专业机制、中高职衔接专业建设机制、师生参与专业建设机制等构成了中职学校专业内部治理机制最重要的组成部分,是推进学校内部利益相关者持续开展专业治理行动的重要保障。

校企合作共建专业机制可分为企业主导和学校主导两种共建专业机制,主要包括动力机制、共建共管机制等。[②] 因为校企合作基本前提是校企双方自愿达成协议,所以校企合作共建专业动力机制是首先要解决的问题。中职学校与企业合作的主要动力源于解决学生的实习与就业问题。企业与中职学校最主要动力则源于用工需求及提高企业技术创新水平需要。当两者利益一致时,两者就能达成基本的合作,实现校企互利互惠;当两者利益难取得一

---

① 姜大源:《论职业教育专业设置的驱动模式》,《职教论坛》2002 年第 3 期。

② 左崇良、胡刚:《校企合作双主体办学的治理结构与运行机制》,《职教论坛》2016 年第 16 期。

致性时，就需要政府、行业组织进行协调，或给予企业政策支持、资金支持或其他相应的利益，以提高校企合作双方的动力。校企专业共建共管机制则是要解决校合企作过程中，如何实现人、财、物共投，资源共享，专业共管，协同育人等方面问题。

中高职专业共建机制的基础是中高职院校依托相关专业开展衔接办学，其目的是实现中高职专业一体化建设发展。当前，我国中高职共建专业是在我国中高职贯通培养政策推动下展开的，旨在推动中高职学生一体化培养。中高职专业共建机制主要有专业动态调整机制、中高职协同育人机制等。专业动态调整机制要求中高职院校根据科技前沿、产业发展动态和国家重大战略需求，结合企业实际需要，围绕产业链、教育链、专业链、人才链，动态优化中高职院校的专业体系，加强需求、招生、培养、就业全链条统筹。中高职协同育人机制是中高职院校为了适应我国产业转型升级和经济结构调整要求，从中高职专业人才培养的阶段性、阶梯式发展特点出发，对中高职院校培养目标、培养方案、课程体系、招生要求、培养过程、学生考核等诸多方面进行系统设计与建设。

建立健全教师参与专业建设机制的目的是发挥教师在中职学校专业建设中的关键作用，提高教师参与专业建设的积极性，提高学校专业建设的水平。教师参与学校专业建设机制可分为三个层次：一是专业建设实行专业主任负责制，明确专业主任的责、权、利，并通过竞争机制确定专业主任人选；二是在专业建设过程中实行项目负责制，把最合适和最优秀的教师放到专业建设关键的岗位；三是选择部分教师参与专业教学指导委员会和专业建设委员会，让教师在专业设置和专业建设重大事项中参与决策。学生发展是专业建设的终极目标，这就需要坚持以生为本的教育教学理念。在专业建设过程中，不仅要充分考虑学生的兴趣爱好、心理需求、个性特征、动机潜能，而且还要将学生从专业建设成果的接受者转变为专业的建设者。建立健全学生参与专业建设机制，就是要让学生在专业或方向设置、课程体系改革、教学内容更新、培养方案修订等方面充分表达意见和建议，鼓励他们全程参与专业建设，使专业建设更有针对性。

中职学校专业治理是一个长期过程，需要不断完善专业治理结构和专业治理机制，持续开展专业治理行动，推动各专业治理主体之间持续、平等、民主地开展合作式对话，充分发挥不同主体在专业建设中的作用，推进专业治理有效运作，促进专业可持续健康发展，提高专业服务经济社会和学校师生发展的能力。

（三）基于专业治理的专业建设模式

产教融合是一项综合性、系统性改革，涉及政府、企业、学校、行业、社会等多元主体，促进了专业建设主体的日益多元化，推动了"专业管理"向"专业治理"转变。开展基于专业治理的专业建设模式探索，旨在为构建专业建设产教融合型模式提供一种具体化、可操作化的参考。

1.探索基于专业治理的专业建设模式的必要性

专业设置是学校有效开展专业建设的前提。中职学校一般要通过对专业建设环境的调研分析，形成"专业人才需求调研报告"来回答"设置什么专业，为什么设置该专业"等问题，这既反映了中职学校对区域经济社会和产业发展及其对本专业人才需求情况的整体判断，也包含了对学校开设该专业的内部环境、现有条件、职业岗位面向、学生未来发展、建设措施等方面的思考。专业设置确定后，中职学校还要编制"专业人才培养整体解决方案"，通过合理配置专业建设要素来回答"专业建在那里、谁来建设、建设什么和怎么建设"等问题，并通过招生、教育教学活动、毕业生就业和升学情况来进行检验建设效果。在不同的专业建设要素中，培养模式是方向、课程建设是核心、教师团队是关键、教学条件是基础、绩效管理（含质量监控）是保障。中职学校专业建设要素结构如图3-1所示。

学科式、校企合作式、产教融合式等三种专业建设模式都有其相应的建设环境和条件。学科式专业建设模式下，是与计划经济时期工业化和技术水平低、职业的更迭速度和课程内容更新速度都缓慢的环境相适应的，因为课

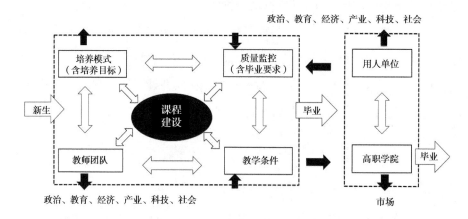

图 3-1　中职学校专业建设要素结构示意图

程内容强调理论性，中职学校教师就能够完成专业建设的任务。改革开放以来，我国积极发展出口、制造、投资拉动型经济，劳动密集型产业得到了快速发展，并最终发展成为世界规模最大的制造业大国，从 21 世纪初开始中国频频被外国称为"世界工厂"，这为校企合作专业建设模式的形成和发展提供了良好的环境和条件。劳动密集型企业对技术和设备的依赖程度低，但劳动消耗比重较大，这是校企合作开展订单培养的重要基础，推动企业成为职业教育专业建设的重要主体，催生了校企合作专业建设模式。党的十八大以来，我国经济增长由主要依靠增加物质资源消耗向主要依靠科技进步、劳动者素质提高、管理创新转变。我国以加快新一代信息技术与制造业深度融合为主线，以推进智能制造为主攻方向，全面推进实施制造强国的战略，推动了知识密集型产业快速发展。知识密集型产业生产结构中，技术知识和技术技能所占比重大，对劳动者文化技术水平要求高，对技术技能型人才培养提出新的要求和挑战。

2021 年 1 月，麦肯锡全球研究院发布的《中国的技能转型：推动全球规模最大的劳动者队伍成为终身学习者》对我国技能和人才的需求变化进行阐述。麦肯锡全球研究院认为，中国经济发展模式正在从投资和制造拉动的模式转向以消费、服务和创新为驱动的模式，这导致了技能和人才的需求发生变化。同时，数字化和自动化浪潮正在席卷全球，以重复性体力劳动为代表的制造业岗位需求在减少，需要数据输入和验证等基本认知技能的服务业岗位需求也在减少，但是对社会和情感沟通技能以及技术技能的需求则在增加。[1] 麦肯锡全球研究院还提出，未来 10 年，中国的劳动力队伍将出现以下三大变化趋势：

职业。到 2030 年，中国可能有多达 2.2 亿劳动者（占劳动力总数的 30%）需要变更职业。根据麦肯锡全球研究院的未来工作模型，这大约占到全球变更职业总数的 1/3。中国的劳动者可分成 6 种从业类型，分别是前沿创新者、熟练专业人才、行政白领、一线服务人员、制造业工人、建筑和农业劳动者。麦肯锡分析显示，前沿创新者的需求可能增长 46%，熟练专业人才增长 28%，一线服务人员增长 23%，制造业工人减少 27%，建筑和农业劳动者减少 28%。

技能。在中等自动化情景下，到 2030 年，约有 5160 亿工时（平均到每名劳动者约为 87 天）或将需要重新部署。总体来说，体力和人工操作技能以及基础认知技能的需求将分别下降 18% 和 11%，社会和情感沟通技能以及技术技能需求则会分别增加 18% 和 51%。

平等。面对劳动力市场和技能的变化，农民工面临的挑战或更为严峻。2019 年全国农民工总数为 2.91 亿人。随着中国城镇化的继续推进，按照历史趋势计算，农民工规模或将在 2030 年达到 3.31 亿人。自动化或将进一步加剧农民工群体所面对的挑战。约有 22% 至 40% 的中国农民工易受自动化的影响，受影响的总工时约为 1510 亿—2770 亿小时，平均每人 57—105 天。因此，需要特别关注农民工群体，帮助他们进行必要的转变。[2]

学科式专业建设模式和校企合作专业建设模式很难适应如此巨大的技

---

[1]　华强森、成政珉、倪以理等：《中国的技能转型：推动全球规模最大的劳动者队伍成为终身学习者》，麦肯锡全球研究院（McKinsey Global Institute），2021 年 1 月。

[2]　华强森、成政珉、倪以理等：《中国的技能转型：推动全球规模最大的劳动者队伍成为终身学习者》，麦肯锡全球研究院（McKinsey Global Institute），2021 年 1 月。

能与人才需求的变化。《中国的技能转型：推动全球规模最大的劳动者队伍成为终身学习者》披露两组关于职业学校教师的数据：一是引用了德国莱茵 TÜV（TÜV Rheinland）对中国职业学校和企业所作的调查数据，即约有36%的受访学校认为老师缺乏行业实践经验，50%的认为老师的专业领域与所授课程不完全相符；在一项调研中，115 家受访企业中，认为职业学校老师缺乏行业实践经验的受访企业比例为 30%。[①] 二是目前具备相关领域的从业经验中职学校和高等职业学校的比例分别为 32% 和 40%，到 2030 年职业学校 80% 以上的专业课教师需要具备相关领域的从业经验。[②] 解决上述问题需要跳出具体学校与企业的局限，以更广阔的视野，调动更大社会力量来应对技术技能型人才培养的问题。

产教融合专业建设模式正是要调动产业部门和教育部门的众多利益相关人的力量，推动"五个对接"，促进产业链、创新链、人才链、教育链的协调发展，让每个专业发展现代化、数字化、创新型经济所需要的技能，以应对当前我国经济社会对技术技能型人才培养的困境。在产教融合、中高职衔接的背景下，中职学校需要积极探索和完善政府机构、学校投资者、中职学校、企业行业、高职院校、社区、学生及家长、社会大众等利益相关人参与学校专业建设体制机制，充分展示他们对专业建设的不同利益诉求，有时这些诉求就代表专业建设努力的方向。构建基于专业治理的专业建设模式，就是要完善专业治理结构与治理机制，形成专业建设是共同利益的共识，提高各方力量特别是产业部门和教育部门相关主体参与专业建设的积极性，对专业建设要素进行系统的建设，以保证专业培养的技术技能型人才符合经济社会的需要，并促进实现教育者和受教育者的可持续发展。因此，构建基于专业治理的专业建设模式，其实质是探索中职学校产教融合专业建设模式的实

---

① 华强森、成政珉、倪以理等：《中国的技能转型：推动全球规模最大的劳动者队伍成为终身学习者》，麦肯锡全球研究院（McKinsey Global Institute），2021 年 1 月。

② 华强森、成政珉、倪以理等：《中国的技能转型：推动全球规模最大的劳动者队伍成为终身学习者》，麦肯锡全球研究院（McKinsey Global Institute），2021 年 1 月。

现形式，其关键是完善专业治理结构与机制，以提高在产教融合过程中各专业建设主体积极性，促进多主体协同完成专业建设的任务，我们也可以称之为多元主体协同专业建设模式。

2. 构建基于专业治理的专业建设模式的要点

构建基于专业治理专业建设模式的目的是推进中职学校产教融合、校企合作、中高职衔接，发挥职业基础教育的功能，确立专业竞争优势，提高技术技能型人才培养的质量。构建基于专业治理的专业建设模式，需要对专业建设进行系统的思考和规划设计，并特别注意如下要点：

要牢固地树立专业治理的理念。从党的十八大提出加强和创新社会管理，到党的十八届三中全会提出推进国家治理体系和治理能力现代化，再到党的十九大报告提出要"打造共建共治共享的社会治理格局"，再到党的十九届四中全会提出"坚持和完善共建共治共享的社会治理制度"，这是党在社会领域治理理念的变革引领社会治理创新，使我们的社会治理制度迈向更加成熟、更加完善。把握职业教育产教融合、中高职衔接、职普融通的发展趋势，推动中职学校专业管理向专业治理的理念转变，推动政府、中职学校、行业企业、高职院校、学生及家长、社会大众等利益相关人平等地参与专业建设，实现共建共治共享的专业治理目标，是提高中职学校专业建设水平和专业人才培养质量的必由之路。

把握中职学校专业治理的关键主体。中职教育从校企合作到产教融合，从国内走向国际，促进了专业治理主体多元化格局的形成。中职学校应根据自身办学实际，加大企业、行业、高职院校、社会团体、公民个人和境外机构等多种力量参与职业教育办学和学校建设的比重，形成多元主体协作共建共治共享专业的新格局。一般情况下，中职学校专业建设不同阶段具有不同的建设环境、建设条件、建设目的，在其专业建设过程中发挥关键作用的主体也会有所不同。中职学校要结合自身实际把握不同阶段专业治理的关键主体，为构建基于专业治理的专业建设模式奠定基础。中职教育的基础教育属性决定了不仅需要将企业行业作为专业建设的重要主体，也需要将高职院校作为影响专业建设的关键主体，特别是实施中高职贯通培养专业，因为企业和高职院校都是中职生毕业后发展的重要平台。

搭建专业多元主体共建共治共享平台。中职学校内部机构设置要突出专业建设在学校管理中的核心地位，并通过设置专业建设委员会、专业教学指导委员会等机构吸纳企业、高职院校等多元主体参加学校建设，搭建专业多元主体共建共治共享平台。共建，即要健全激励补偿机制，突出制度体系建设，鼓励和引导治理主体积极共同参与专业建设。共治，即要完善专业结构治理，打造多元主体共同参与专业治理的开放体系。共享，即要创新利益协调机制，完善利益保护机制，构建共享服务体系，维护和保障各利益相关人共同享有建设成果。通过共建共治共享，增强各方包容心态，让所有专业治理主体的利益诉求都得到尊重，形成强化专业建设是政府、中职学校、高职院校、行业企业、学生及家长等相关主体的共同利益的共识。通过多元主体共建共治共享，形成利益共享、风险共担、协同共进的新型专业治理机制，增强专业治理能力，形成协同育人合力，提高专业人才培养质量，提升专业综合服务能力。

持续共同推进各专业建设要素系统建设。《中国的技能转型：推动全球规模最大的劳动者队伍成为终身学习者》提出，到2030年我国可能有多达2.2亿劳动者需要变更职业，体力和人工操作技能以及基础认知技能的需求将下降，社会和情感沟通技能以及技术技能需求则会增加。这需要中职学校推进供给侧结构性改革，以新能力、新供给、新质量来满足新需求、激发新活力。职业院校供给侧结构性改革最终要落实专业建设供给侧改革。企业和高职院校是中职学校各专业毕业生接收单位，学校要尽可能地深化他们的合作，持续开展共同行动推进学校专业建设。大量职业变更要求加快调整专业结构，以适应新技术、新模式、新业态。在专业设置已经确定的前提下，以多元主体共建为动力，以培养模式为方向、教学条件（重点实训实习基地）为基础、专业团队为关键、课程建设为核心、绩效管理为保障，紧贴产业、紧贴市场、紧贴职业，整体推进专业建设要素的系统建设，提高专业建设的整体水平，促进专业可持续发展。

多元评价强化专业建设质量监控。职业教育是跨界的教育，与产业具有紧密的联系，但是当前职业教育与产业融合不透、与企业合作不深的问题严重制约着中职教育的高质量发展，中职教育与企业需求脱节问题仍然存在。与此同时，中职与高职教育人才培养质量评价体系脱节，特别是一些中职学校对中职基础教育属性认识不足，导致中职毕业生在综合职业素养、综合职业能力方面储备不足，为中高职人才贯通培养带来较大压力。中职学校专业人才培养评价，既需引入行业企业的评价标准，也需建设中高职一体化的人才培养质量评价标准体系，形成多元化质量评价体系。2020年印发的《深化新时代教育评价改革总体方案》提出，要推动形成政府、学校、行业企业、民间组织等主要利益相关者共同参与的多元评价运行机制。因此，中职学校应积极推动政府、行业企业、中职学校、高职院校、市场和社会等广泛参与专业建设和人才培养评价，形成"多元共治"格局，体现社会各界对技术技能型人才培养的要求，以强化专业建设的质量监控。

基于专业治理的专业建设模式，以促进专业利益相关者之间建立真正合作伙伴关系为切入点，以互利共赢作为合作基础，有针对性选择中职学校、企业（行业）、高职院校、政府机构等主要利益相关者作为专业建设重要力量，完善合作伙伴的合作体制机制，通过持续不断的行动，发挥不同主体的优势，对各专业建设要素进行系统建设，提升学生的综合职业能力和可持续发展水平，增强专业服务区域经济社会的能力。

3.基于专业治理的专业建设模式实践案例

深圳市宝安职业技术学校（简称"宝安职校"）地处深圳市宝安区，2002年由两所职业学校合并而成的一所区属公办中职学校，是国家中等职业教育改革发展示范校、国家级重点中等职业学校、广东省重点中等职业学校、广东省高水平中等职学校建设单位。自合并成立以来，宝安职校为了强化专业调整和建设工作，探索以适应校企合作、工学结合的实现形式，持续地改革和完善学校的内部管理体制机制。2007年，学校形成了财经、信息、商贸、机电、艺术等 5 个专业部和行政部等 6 个内设机构，实现了职能制管理向"校部二级"管理的转型。2010 年，学校"企业校区"建设与"工学结合、六层推进"人才培养模式改革得到教育部的肯定，被《中国教育报》称为"校企合作的宝安模式"。随着 2011 年《教育部关于推进中等和高等职业教育协调发展的指导意见》颁布实施，学校数控技术应用专业、服装设计与工艺、计算机网络技术、软件信息与服务等专业先后被广东省列为中高职衔接"三二分段"试点办学专业，开始中高职贯通人才培养模式的探索。到 2016 年 9 月，宝安职校所有专业都实现了中高职衔接"三二分段"办学，合作高职院校达 7 所，"产教融合、中高一体、多元发展"的人才培养体系基本形成。在此期间，学校构建了基于专业治理的"2425"专业建设模式，并于 2018 年获广东省教育教学成果二等奖。下面根据《基于职业学校专业治理的"2425"专业建设模式探索与实践总结报告》[①] 对该模式介绍如下：

（1）模式背景。《国务院关于大力发展职业教育的决定》"完善多元办学格局"和《国务院关于加快发展现代职业教育的决定》"完善治理结构，提升治理能力"的要求，推动了"学校管理"向"学校治理"转变。专业，是学校人才培养的载体和对接经济社会的桥梁，也亟待改变以"从上而下、一元单向"为主要特征的、基于"专业管理"的垂直控制型建设模式，以适应经济社会发展的需求。宝安职校积极推动学校与政府、企业行业、高职院校、社区、学生及家长等利益相关者日益向平等、双向、互动、协同方向发展，促进"专业管理"向"专业治理"转变，开展基于"专业治理"的专业建设模式探索实践，促进了学校产教深度融合、中高职紧密衔接。

（2）要解决的问题。第一是解决垂直控制型模式下专业设置和专业建设与社会需求相脱节的问题。第二是解决利益相关者参与专业建设体制机制缺

[①]　夏益中、胡龙、吴秋枝等：《基于职业学校专业治理的"2425"专业建设模式探索与实践总结报告》，深圳市宝安职业技术学校，2017 年 6 月。

失问题。第三是解决相关要素各自为政、专业建设难以整体推进问题。第四是初步解决产教深度融合和中高职紧密衔接问题。

（3）成果主要内容。为了防止垂直控制型专业建设模式的弊端，宝安职校基于专业治理理念结合当时专业建设的背景和条件，构建了基于专业治理的"2425"开放协同型专业建设模式。即以提高服务区域经济社会发展能力和服务学生个人持续发展能力为目标，实施"2"大策略，凝聚"4"方合力，搭建"2"个平台，着力"5"项要素建设，打造学校品牌专业，提高专业建设水平和质量。

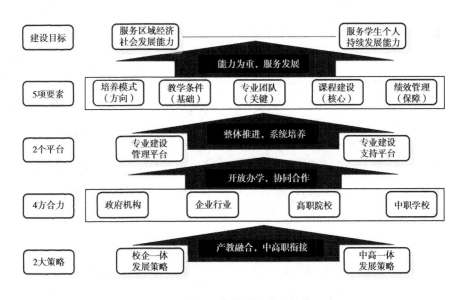

图3-2 多主体协同专业建设模式结构示意图

第一，实施"2"大策略，促进专业建设筑基和超越。实施"校企一体"发展策略筑牢专业产业根基，即专业建设以需求为导向，以服务区域支柱和新兴产业为重点，以适度规模为基础，寻求战略合作企业，引校入企建设企业校区，引企入校建设教学企业，深化"校企一体化"办学，促进产教深度融合。实施"中高一体"发展策略搭建专业超越平台，即专业建设以高职为引领，以中高职"三二分段"为基础，以培养模式和课程体系衔接为重点，深化"中高一体"人才培养，促进中高职紧密衔接。第二，构建"4"方合作机制，完善专业治理格局。牵头成立职教集团理事会，由区教育局、经济促进局、科技创新局等4个政府机构、1个行业协会、12家企业、5所中职学校、2所高职院校组成，构建了政府、企业（行业）、中职、高职等"4"方合作机制，完善学校治理结构，形成"政府主导、企业指导、学校主体、企业参与、高职引领"的专业治理格局。第三，搭建"2"个平台，完善专业治理结构。搭建专业建设管理平台和支持平台，为利益相关者参与专业建设准备体制机制基础。构建了由"学校—专业部—专业"组成的专业建设管理平台，履行专业设置和建设管理决策职能。吸纳企业（行业）、高职院校、研究机构和学校教师等成立了与管理平台相对应的学校专业建设管理委员会、专业部专业建设委员会、专业教学指导委员会等"3"会决策咨询组织，构建了专业建设支持平台，履行专业设置和建设的咨询监督职能。第四，多元主体共建，协同创新"5"项要素建设。以多元主体共建为动力，以培养模式为方向、教学条件（重点实训实习基地）为基础、专业团队为关键、课程建设为核心、绩效管理为保障，持续开展专业治理行动和建设活动，推进5项要素协同建设，创新各要素建设机制和模式。具体包括：

推行"工学结合、六层推进、四阶协同"培养模式。"四阶协同"，即将中高职"三二分段"学习分为入行、懂行、内行、专长等4个阶段，中职学生通过前3个阶段学习完成由初学者到熟练者的成长，进入高职后通过专家阶段学习完成由熟练者到专长的成长，实现4个阶段协同教育，促进"中高一体"人才培养。"六层推进"，即以校企深度合作为基础，中职学生通过入行、懂行、内行等3个阶段，完成职业认知、职业体验、基础学习、专业实习、岗位训练、顶岗实习等6个层级学习，实现由初学者到熟练者的成长。

推进"政校企"共建实训实习基地。以"政府出资金、企业出场地、学校出教师"的合作方式，政校企在企业共同建设"企业校区"。企业校区是集实训实习基地、教师企业实践基地、员工培训基地、教科研基地等功能于一体的校外实训实习基地。"政校企"三方通过"政府出资金、学校出场地，企业业务和工作人员迁入学校"的方式，共同在学校建立"教学企业"。企业校区和教学企业是专业"校企一体"办学的实现形式和"工学结合、六层推进、四阶协同"人才培养模式的重要载体。

推行专业团队"五个三"建设。构建政府、学校、企业行业、高职院校等"四位一体"教师协同培养机制，形成"五个三"专业团队培养模式。三类型，即专业课教师、公共课教师、企业兼职教师等三类教师组成专业团队。三基地，即教师校内培养基地、合作培养基地、政府教师继续教育基地。三能力，即教育教学能力、教研科研能力、职业实践能力。三资格，即教师资格、专业职业资格、信息化水平资格。三梯队，即按专业带头人、骨干教师、青年教师进行梯队培养。

实施"465"课程建设。"465"课程建设，即完善多元主体参与机制，推进学校、企业（行业）、高职院校、职教专家等"4"方合作；着力市场调研、工作任务分析、课程结构分析、学习领域课程分析、课业设计、教学实施与评估等"6"个环节，建立多层次课程建设机制；开发论证专业调研报告、工作任务分析表、教学标准、课程标准、课业方案及教材资源等"5"项成果，完善教学计划论证审批管理和课程实施多元评价管理，完善与培养模式相适应的课程体系。

专业建设绩效管理采用定期评估诊断和日常检查相结合的方式进行。校内专业评估指导体系充分考虑了企业（行业）、高职院校、管理者、教师和学生等利益相关者的要求。

（4）特色与创新。第一，理论创新。提出职业学校专业治理理念，分析了垂直控制型模式和开放协同型模式的特征，构建了基于专业治理的"2425"专业建设模式，揭示其建设环境、目标、力量、内容等要素，提供了一套专业建设思路和方法。第二，实践创新。首先，实施"校企一体""中高一体"两大策略，促进产教深度融合和中高职紧密衔接。其次，构建了专业建设"校部二级"管理平台和"三会"支持平台，形成管理决策和咨询监督相互配合的专业建设体制机制。再次，推进政校行企多元主体共建专业，创新"工学结合、六层推进、四阶协同"人才培养模式，共建企业校区和教学企业、打造"五个三"专业团队、实施"465"课程建设、推进定期评估和日常建设相结合的绩效管理，实现 5 项要素建设协同创新。

（5）运用效果。第一，促进了该校品牌专业建设。截至 2017 年 6 月，该校建成中央财政重点支持建设专业 5 个、新增省重点建设专业 5 个、市品牌专业 4 个；国家精品课程资源 2 门、市精品课程 9 门；拥有全国技术能手 3 名、省名师 1 名、市名师 3 名、市区高层次人才 35 名。第二，促进了学校产教融合。截至 2017 年 6 月，该校承担了教育部 DMG MS 校企合作项目、丰田"TEAM21"和"博世项目"，是全国物流职业教育教学指导委员会会员单位。自 2012 年以来，校企合作开发专利产品 11 项、教学标准 10 个、教材 20 余册。与雨桥动漫公司协力制作的《圣龙奇兵大冒险》在全国公映。第三，促进了中高职衔接办学。2010 年，数控成为省首批中高职"三二分段"专业。2016 年 9 月，与深圳职业技术学院、广州机电职院等 4 所院校开展中高职"三二分段"办学专业 10 个，"三二分段"招生 460 名，占招生总数的 32%。第四，提高了学校人才培养质量。2014 年，学校成为首批国家中等职业教育改革发展示范学校。近年毕业生"双证率"达 95%、就业率达 98%。2007—2016 年学生参加全国职业院校技能大赛，累计获一等奖 30 项、二等奖 52 项、三等奖 54 项。

案例以"2425"专业建设模式为题虽稍显机械，但是把握住了职业教育产教融合、中高职衔接的发展趋势，注重整合产业部门和教育部门的力量，对专业进行系统建设，提高了学校专业建设水平。"2425"专业建设模式体现了基于专业治理专业建设模式的基本特征，或许称之为产教融合多元协同专业建设模式更容易被人理解，更具包容性。

三、中职学校专业建设新趋势

随着我国职业教育的快速发展，中职专业建设不断出现新模式，如中高职一体化专业建设模式、专业组群建设模式、"互联网＋"专业建设模式等，推动了中职教育持续不断发展。

（一）中高职一体化专业建设

1. 中高职一体化人才培养的政策探索

我国中职学生升学探索起步于 20 世纪 80 年代，最初是通过推荐形式，后来可以通过高考形式升学，并发展成为"职教高考"。2011 年发布的《教育部关于推进中等和高等职业教育协调发展的指导意见》认为"中等和高等职业教育在专业、课程与教材体系，教学与考试评价等方面仍然存在脱节、断层或重复现象"，需要做好中高职衔接。在这个文件的推动下，许多省市开始了中高职贯通人才培养模式的探索，以推进技术技能型人才系统培养。教育部还加快了中职与高职专业教学标准的开发工作，2012 年 12 月发布了第一批高等职业学校专业教学标准，涉及 18 个大类 410 个专业；2014 年公布了首批中职学校专业教学标准，涉及 14 个专业类的 95 个专业。专业教学标准制订为中高职衔接提供了可供参照的课程体系，及教育教学质量评估标尺。

2014 年《国务院关于加快发展现代职业教育的决定》将"系统培养、多样成才"作为职业教育的基本原则，要求健全对初中毕业生实行中高职贯通培养的考试招生办法，推进中高职培养目标、专业设置、教学过程等方面的衔接。此后，中高职贯通培养"3+2"模式得到全面的推广，并迅速发展成为中高职衔接办学的主流模式。许多省市加快了中职高一体化的人才培养方案、课程体系、课程标准建设工作。2013—2018 年，广东省启动了 74 项中高职衔接、中高本衔接、现代学徒制标准研制项目。广东省中高职衔接专业教学标准研制一般以中职、高职、企业等三方为主合作完成，例如广东省数控技术专业中高职衔接专业教学标准和课程标准研制，就是由广东机电职业技术学院、深圳市宝安职业技术学校联合一家企业牵头完成的。

2019年颁布的《国家职业教育改革实施方案》进一步明确了不同层次职业教育在现代职业教育体系中的地位，要求通过建立"职教高考"制度，完善"文化素质＋职业技能"分类考试招生办法，为学生接受高职教育提供多种入学方式和学习方式，并特别强调"在学前教育、护理、养老服务、健康服务、现代服务业等领域，扩大对初中毕业生实行中高职贯通培养的招生规模"。由教育部等九部门印发的《职业教育提质培优行动计划（2020—2023年）》为了引导不同阶段教育协调发展、合理分流，提出了三项改革：一是健全省级统筹的高职分类考试招生制度（主渠道），完善高职教育招生计划分配和考试招生办法，保留高职学校考试通过普通高考的渠道。二是规范职业教育考试招生形式，不限制专科高职学校招收中职毕业生的比例，逐步取消中职本科贯通，适度扩大中职专科贯通。三是完善"文化素质＋职业技能"评价方式，职业技能测试分值不低于总分值的50%，考试形式以操作考试为主，省级教育行政部门按照专业大类统一制定职业适应性测试标准、规定测试方式。

教育部于2021年3月发布的《职业教育专业目录（2021年）》对中职、高职专科、高职本科的专业设置进行一体化设计，形成衔接贯通、全面覆盖的职业教育专业目录，实现面向职业岗位群逐层提升，培养目标和规格逐层递进，人才培养定位有机衔接。2021年4月召开的首届全国职业教育大会及中共中央办公厅和国务院办公厅于同年10月印发的《关于推动现代职业教育高质量发展的意见》，都要求一体化设计职业教育人才培养体系，推进不同层次职业教育纵向贯通，显著提高职业教育吸引力和培养质量，促进技能型社会建设；后者还提出"到2025年职业本科教育招生规模不低于高等职业教育招生规模的10%"。新修订的《职业教育法》也明确规定现代职业教育体系要实现不同层次职业教育有效贯通，"国家建立符合职业教育特点的考试招生制度，中等职业学校可以按照国家有关规定，在有关专业实行与高等职业学校教育的贯通招生和培养"。

从 2011 年国家提出中高职衔接及贯通培养的理念后，到 2021 年要求一体化设计中职、高职、本科职业教育培养体系，再到《职业教育法》规定要"实现不同层次职业教育有效贯通"，我国对职业教育体系各阶段衔接和贯通培养的认识得到了逐步深化。中高职贯通培养的本质要求是实现中高职一体化人才培养，最终形成纵向贯通的现代职业教育体系。中高职一体化并不是仅指中职与高职专科的一体化，而是指中等职业教育与高等职业教育的一体化，它要求中职、高职专科、高职本科到专业学位研究生培养的一体化，以满足经济社会对各层次技术技能型人才的需求。

2. 中高职贯通培养的主要模式

（1）我国中高职贯通培养的主要模式。中高职贯通培养是探索中高职一体化人才培养的重要尝试，对促进中等和高等职业教育协调发展，具有重要的意义。中高职贯通培养已形成五年一贯制、"3+2""3+3""3+4"等多种贯通教育模式。

五年一贯制，也称五年制高职。五年制高职是以专科学历层次的高素质技术技能型人才为培养目标、招收参加中考的初中毕业生、实施五年一贯制培养模式、融中职教育和高职教育于一体的职业教育，该模式于 1984 年由江苏省率先进行试点，20 世纪 90 年代及以后发展成为高职院校一种较常见的招生方式。

中高职贯通"3+2"模式，也称中高职衔接"三二分段"培养。一般由中职与高职合作招生并实施培养，学生在完成 3 年中职教育后再接受两年高职教育，中职学段毕业后取得相应中职毕业证书，高职学段毕业后取得高职学历证书，是中高职学校发挥各自优势、与行业密切合作联合培养高技术技能型人才的一种形式。2000 年，浙江省开始试点"3+2"中高职衔接模式，这种模式目前已经成为社会、家长最为熟知的模式。有的地方还出现"2+3"模式，即学生在完成两年中职教育后通过转段考试再接受 3 年高职教育。有的省对"3+2"模式高职毕业证标识"3+2"字样，也可以参加专升本考试。

中高职一体化五年制培养模式。浙江省教育厅于2019年发布《浙江省教育厅关于深入推进中高职一体化五年制职业教育工作的指导意见》，推行中高职一体化五年制职业教育改革。浙江省教育厅以中高职一体化培养为主线，按照"初中起点、五年培养、中高职融通"的办学原则，将原有"3+2"和五年一贯制两种模式整合为中高职一体化五年制职业教育培养模式。为夯实中职教育基础，浙江省教育厅要求还要求不得采用"2+3"或其他形式的培养模式；学生在中职阶段学习期满，经适当考核合格后方可转入高职阶段继续学习。

中高职贯通"3+3"模式，即初中毕业生通过报考开设"3+3"专业的中职学校，在完成3年中职教育基础上，于第三年下学期参加试点高校组织的转段升学考试，通过后进入高校接受3年全日制高职教育。"3+3"模式主要在吉林、江苏、贵州等省份试点运行，第6学期可实行中职与高职学校共同管理，统筹安排顶岗实习或中高职衔接课程。"3+3"模式拿到的毕业证与高中生考入高校最终所获证书相同，属"第一学历"，可参加"专转本"考试继续学习。

中高职贯通"3+4"模式，也称"3+4"中本贯通模式。中职生毕业后，可以通过转段考试升读本科，是中职与应用本科的贯通培养。"3+4"中本贯通模式在上海、山东、浙江等地进行了试点运行。2020年9月16日，教育部等九部门印发的《职业教育提质培优行动计划（2020—2023年)》指出"规范长学制技术技能型人才贯通培养，逐步取消中职本科贯通"，中职生升读本科将主要通过"职教高考"对口升学形式完成。

2011年10月发布的《教育部关于推进高等职业教育改革创新引领职业教育科学发展的若干意见》提出"鼓励高等职业学校和行业背景突出的本科学校合作探索高端技能型人才"，专本贯通"3+2"分段培养模式应运而生。专本贯通"3+2"模式，也称高职本科"3+2"模式，是在教育管理部门的牵头和指导下，具有一定资质的高职院校和应用型本科院校签订合作培养协议，学生在高职院校学习 3 年后，经转段考核进入合作本科院校对应专业再学习两年，毕业后可以获得本科学历和学士学位。专本贯通"3+2"模式是专升本的一种形式，高职学段注重学生的实践动手能力，本科学段着眼于专业技术、管理技术的提升，培养具备一定理论知识和扎实技术的应用创新型技术技能型人才。

中高职贯通培养是完善现代职业教育体系的需要，不仅有利于职业教育优化类型定位，更有利于增强中职教育的基础教育功能。吉林省教育厅发布的《2020 年中高职贯通培养招生工作实施方案》对中高职三二（或三三）分段培养提出了如下要求，"应、往届初中毕业生经 2020 年中考录取进入中职学校学习 3 年，注册中职学籍，侧重文化基础知识、专业基础理论学习和基本专业技能培养。修满 3 年，转段考试合格后升入高职学校学习，学籍转入贯通培养的高职学校，侧重专业技术技能提升、综合职业能力培养和职业精神培育"。吉林省教育厅对中高职贯通培养两个学段的定位，体现了中职学段的基础性要求，及高职教育的高等性要求，进一步推动了中职教育走向职业基础教育。

（2）当前中职高贯通培养存在的问题。"3+2"模式是目前主流的中高职贯通培养模式，学习周期短，升学相对容易，成为家长们最关注的中职教育类型。但是"3+2"模式也存在如下问题：

首先，中高职"3+2"模式，一般要求中职学校实施"3+2"模式的专业只能和 1 所高职院校联办，而 1 所高职院校相应专业可以与多所中职学校相关专业进行联办。中职学校专业招生规模较大时，只有部分学生参与"3+2"模式，参与"3+2"模式的学生选读高职院校及其专业时都具有唯一性。随着高职院校面向中职招生规模的扩大，中职学生升学机会增加，部分学生可能选择不参加转段考试，转向通过全省统一的"职教高考"升学，影响"3+2"模式的运行。

其次，目前"3+2"人才培养模式缺乏一体化设计，总体教学效果不如五年一贯制。五年一贯制是由高职院校直接向参加中考的初中毕业生招生，

167

五年教育教学全部由该高职院校负责。"3+2"模式是由中职学校与高职院校分段施教，两所学校虽然会有沟通，但是整体上还是缺乏体系化设计，中高职各自为战现象还较为严重，可能出现两个培养阶段培养目标不统一，甚至课程重复等问题，最终会降低了人才培养效果。

最后，中职与高职都有自己的合作企业，不同的企业有不同的培养目标，自然也就会存在不同的校企合作模式，中高职实习实训很难实现一体化设计。在整个职业教育生涯中，学生接受的实习实训不连贯，甚至可能重复，或不能形成体系。中职合作企业因为很难直接从中职学校接收毕业生到企业就业，与中职学校合作的兴趣也会降低，参与职业教育的热情也受到影响，"3+2"模式中职学段的校企合作难度也就增加了。

中高职贯通培养目的是解决中职毕业生参加职教高考升读高职专科或本科过程中出现的课程重复，或者是升读到另外专业时造成的所学知识与技能浪费等问题，但是目前中高职贯通培养在实际运行中这种现象仍然存在。这就需要教育主管理部门、高职院校、中职学校、合作企业进一步完善中高职贯通培养，深化中高职一体化专业建设模式探索。

3.中高职一体化专业建设模式构建

中高职一体化专业建设（简称"一体化专业建设"）仅仅依靠几所职业院校是很难实现的，它需要整个职业教育体系乃至整个社会的集体努力。

（1）建立国家资历框架是实现一体化专业建设的基础。"国家资历框架"（National Qualifications Framework）也称"国家资格框架"，是指用以整理和编排、规范和认可整个国家范围内存在的不同层次和类型资历的结构或体系。[①] 根据国际经验，国家资历框架在提高教育体系整体质量、促进国际教育资历互认、推进终身学习社会建设的过程中，发挥着不可替代的作用。香港实施七级资历框架，通过学分累积和转换制度将学术教育、职业教育及持续教育三个重要的组成部分进行整合，在纵向上形成从基础教育到博士阶

---

① 鲁彬之、孙天洋：《构建"国家资历框架"势在必行》，《中国教育报》2018年3月13日。

段的资历衔接。2010 年，香港警务处的警察搜查及场地保安文凭课程取得资历架构第 3 级认证。截至 2020 年，香港警务处开设资历架构第 3 级认证课程有行为辨识证书、警察搜查及场地保安文凭等 4 个，开设第 4 级认证课程有商业罪案调查（督导人员）专业证书、警务督导管理（刑事调查）高等文凭、警务（刑事调查）高等文凭等 8 个，开设第 5 级认证课程有警务领导及管理专业文凭等 3 个，开设第 6 级认证课程有国际警务行政人员发展证书 1 个。相对于祖国内地来讲，香港资历架构第 3 级文凭相当于中职毕业证，4 级高等文凭或专业文凭相当于高职专科毕业证，5 级高等文凭或专业文凭相当于高职本科毕业证。香港警务处借助资历框架构建警察职业技能资历框架与等级标准能够贯通警察职前培养与职后培训，正式教育、非正规教育与非正式学习，搭建民警终身学习的阶梯，形成香港警察行业一体化课程体系。2019 年《国家职业教育改革实施方案》要求推进资历框架建设，这不仅能探索实现学历证书和职业技能等级证书互通衔接，而且也将为中职高职进行层次定位奠定基础。建立国家资历框架是国家层面的一种制度创新，相关主管部门特别是国家教育主管部门要积极推动框架建设工作，搭建多个部门、行业和院校、企业等利益相关单位共同参与的资历框架建设机构，加快国家资历框架、相应资历能力基本标准、学分银行建设，为推动各级各类教育机构沟通衔接提供支撑，为学习者搭建灵活弹性的终身学习阶梯。

（2）资历框架配套能力标准建设是实现一体化专业建设的关键。香港资历框架的有效实施离不开各行业培训咨询委员会和香港学术与资历评审局开发的《通用基础能力标准说明》（简称《通用能力》）及相关行业《能力标准说明》，这些能力标准构成香港资历框架制度能力内容、学历内容支撑。我们可以从香港的《通用能力》及相关行业《能力标准说明》了解到这些能力标准对中高职一体化专业建设的影响。

《通用能力》列出资历架构级别一至四级的基础能力，涵盖英语、中文（包括粤语及普通话）、信息科技（Information Technology）、运算（Numeracy）

四种通用技能。对于每一种基础能力香港教育局都发布了相应能力说明手册，按照资历架构的一至四级依次规定。英语能力分为4个级别，有6项子范畴，组成28个基础能力单元，共128个资历学分。中文能力分为4个级别，有4项子范畴，组成78个基础能力单元，共234个资历学分。运算能力亦分为4个级别，有4项子范畴，组成52个基础能力单元，共148个资历学分。信息科技能力亦分为4个级别，有5项子范畴，组成50个基础能力单元，共154个资历学分。四种通用技能共计664个资历学分。《通用能力》对于每一个能力单元中的能力，都有资历级别、学分、能力元素、表现标准、能力应用范围、评核标准的规定。《通用能力》除呈列能力的构成和应用范围之外，还归列了一些评核指引。例如有"评核者、主考员可混合不同方式（笔试测验、亲身示范、口述报告等）来考核学员个人或作为团队人员的能力"，"评核知识应在实际应用情境中进行，尽量少用笔试；学院、机构训练员及评核员应提供行业的独特工作情境，以便评核学员的技能及知识等"。《通用能力》相关内容具体情况如表3-4所示。

表3-4　香港《通用能力》通用技能各级能力单元数及学分数统计表

资历级别 通用技能 单元数		1级能力		2级能力		3级能力		4级能力		合计	
		学分数	单元数	学分数	单元数	学分数	单元数	学分数	单元数	学分数	单元数
英语通用能力	LISTENING	1	5	1	5	1	5	1	5	4	20
	LISTEN-ING& SPEAKING	2	12	2	12	2	12	2	12	8	48
	SPEAKING	1	4	1	4	1	4	1	4	4	16
	READING	1	4	1	4	1	4	1	4	4	16
	READING& WRITING	1	4	1	4	1	4	1	4	4	16

续表

资历级别 通用技能 单元数		1级能力		2级能力		3级能力		4级能力		合计	
		学分数	单元数	学分数	单元数	学分数	单元数	学分数	单元数	学分数	单元数
英语通用能力	WRITING	1	3	1	3	1	3	1	3	4	12
	小计	7	32	7	32	7	32	7	32	28	128
中文通用能力	聆听能力[广、普]	4	12	6	18	8	24	8	24	26	78
	说话能力[广、普]	4	12	6	18	8	24	8	24	26	78
	阅读能力[繁、简]	2	6	3	9	4	12	4	12	13	39
	写作能力	2	6	3	9	4	12	4	12	13	39
	小计	12	36	18	54	24	72	24	72	78	234
运算通用能力	数字及代数	2	5	5	14	4	11	8	25	19	55
	度量、图形及空间	2	6	5	13	3	9	1	2	11	30
	数据处理	2	5	2	5	7	17	7	23	18	50
	微积分	0	0	0	0	2	8	2	5	4	13
	小计	6	16	12	32	16	45	18	55	52	148
信息科技通用能力	社会含义	1	2	1	3	2	5	1	4	5	14
	计算机系统及操作	2	4	4	12	3	11	1	5	10	32
	图形及多媒体	1	2	2	6	4	20	0	0	7	28
	信息处理	3	6	4	12	5	17	5	15	17	50
	互联网及其应用	2	4	4	12	2	7	3	7	11	30
	小计	9	18	15	45	16	60	10	31	50	154
合计		34	102	52	163	63	209	59	190	208	664

香港各行业的《能力标准说明》由香港相应行业培训咨询委员会或跨行业培训咨询委员会（简称"咨委会"）开发和设计，经香港学术及职业资历评审局调适，以确保各行业的资历级别水平一致。咨委会是由教育局协助不同行业及界别成立的，成员包括行业主要雇主、雇员、专业团体及监管机构代表。咨委会的主要工作是就有关行业的主要职能范畴制订《能力标准说明》，并就发展行业的"过往资历认可"机制向政府提供意见，以认可从业人员在工作场所获得的经验及能力。根据目前香港资历架构官网公布情况，香港教育局已成立共22个咨委会，其中人力资源管理为跨行业培训咨询委员会。截至2021年2月，香港资历架构官网的《能力标准说明》一览表网页共列出行业《能力标准说明》53个，按新修订版本计算45个，涉及21个行业咨委会（没有发现旅游业的《能力标准说明》）。《能力标准说明》由每个行业按照客观的行业能力要求，分成若干个能力单元，并将这些能力单元按照能力界别进一步合并、浓缩，形成若干主要职业能力范畴。行业委员会将这些职能范畴、能力单元资历架构合并进行表格化表述，形成二维《能力标准说明》图表。相关部门与机构根据图表能力标准，制定了以能力为本的培训课程。例如，《机电业厂房机械工程门类能力标准说明》（第一版）是由业内雇主、雇员、政府及专业团体代表组成的"机电业行业培训咨询委员会"，综合了行业的现况及未来的发展，并参考了国内及国外之有关标准及模式后制订的，为厂房机械工程门类从业员提供一个清晰的就业进修发展计划作指引。《机电业厂房机械工程门类能力标准说明》（第一版）将厂房机械工程门类能力要求划分成9个主要职能范畴，能力标准以9个主要职能范畴进行划分和说明，共计设置了601个能力单元描述业内各能力所需具备标准及其能力。目前，该能力标准的各能力单元设计可分为8个基本项目，包括名称、编号、应用范围、级别、学分、能力、评核指引、备注等8个项目。根据《机电业厂房机械工程门类能力标准说明》（第一版）各职能范畴相对应资历级别的能力单元数统计如表3-5所示。

表 3-5 《机电业厂房机械工程门类能力标准说明》能力要求及能力单元数[1]

职能范畴	能力要求	各资历级别能力单元数							合计
		1	2	3	4	5	6	7	
设计(DB)	这个职能范畴主要是运用机械工程及机电科技的知识和技术,设计各个机械安装、改装工程及厂房机械装置等项目。为设备系统及厂房机械装置各个部分,制定有关工程设计文件及图则;从业员需掌握相关改装及厂房设备的规则标准、工程原理、做工程序、条例规范、科技应用以及计算机运用等知识于各项设计环节上。	7	5	2	2	5	3	0	24
安装(IN)	这个职能范畴主要包括厂房机械工程知识,涵盖各物料组装及厂房机械装置安装工艺技能。理解安装图则、工具/辅助机械/仪器/仪表运用技巧等。依据设计图样、机械工程规范、组装工序及其他相关法则,运用机械工程知识和技术,安装各类厂房机械装置。	17	43	34	12	10	0	0	116
检查、验收及调试(IT)	这个职能范畴主要是检查厂房机械装置的安装工艺是否达致适合运行及有关法则标准。透过有关厂房机械装置的设定安排,执行相关的测试程序,检验各项装置及设备可否达致法则所规定的操作及使用要求。从业员需了解调试工序,这是为了优化厂房机械装置的效率及安全。	11	11	19	6	8	0	0	55
修理及保养(RM)	这个职能范畴主要是厂房机械装置设置后的一切维修及保养工作。这方面主要包括定期保养、小修、大修、紧急修理、更新/改善工程、安全检查及测试等。从业员需掌握厂房机械装置的保养知识和维修技术,能诊断毛病及利用适当仪器,确定故障原因并加以修补,并能依照维修程序修补各项部件。	18	66	48	17	9	1	0	159

---

① 香港特别行政区政府:《机电业厂房机械工程门类能力标准说明》(第一版),资历框架网站,2010 年。

职能范畴	能力要求	各资历级别能力单元数							合计
		1	2	3	4	5	6	7	
项目管理（PM）	这个职能范畴主要包括机械工程项目管理的知识和技巧，通过计划、组织、协调、监察及控制，提高机械改装工程及厂房机械装置工程的效率和效能。透过有效的项目管理，各项工程环节能依时完成，从而提高企业成本效益。	7	7	3	4	14	1	0	36
营运管理（OM）	这个职能范畴主要是操作各项厂房设备，分析厂房机械装置的性能表现，运用机械工程的知识和技能，改善有关系统使其装备在最佳状态及效能下运作。而管理方面则包括机械工程、机电设备及仪器之买卖、销售、安装、保养、维修、合约等的营运知识、营运计划、组织及控制，使企业能够提高管理效率和效能；从业员在营运及管理方面需掌握包括机械原理、操控技术、工程管理、财务、物流、商业法律、人力资源等基本知识。	11	22	42	17	30	7	1	130
安全、健康及环保（SH）	这个职能范畴是运用安全与健康管理知识和技术，针对厂房机械装置的工作环境，进行风险评估，制定符合有关安全与健康的指引和机械工程服务的工作守则，让所有参与工程的人员能获得清晰的职业安全及健康讯息，保障其人身安全及职业健康。	8	9	6	5	12	3	0	43
品质管理（QM）	品质管理的主要职能范畴是运用质量管理的知识和技巧，制定和执行机械工程服务的质量管理系统及有关程序，确保能提供优质的工程服务；从业员需掌握厂房机械装置在安装及维修保养上的质量检查及控制方法，使其质量符合客户厘订的要求及相关标准。	7	4	4	2	7	2	0	26

续表

职能范畴	能力要求	各资历级别能力单元数							合计
		1	2	3	4	5	6	7	
市场及销售（MS）	市场及销售的主要职能范畴是运用市场及销售的知识和技巧，了解市场需要及产品、服务定位，制订及执行有效之推广策略和宣传计划；从业员需掌握推销技巧，向有关客户推广公司的机械工程产品及服务，并能运用适当技巧，建立客户网络使顾客认识并最终购买公司的产品和服务。	5	4	1	0	2	0	0	12
合计		91	171	159	65	97	17	1	601

说明：表中的文字描述及数据来源于资历框架网发布的香港特别行政区政府《机电业厂房机械工程门类能力标准说明》（第一版）。第一版原文各资历级别能力单元数与该网站披露各资历级别能力单元数顺序相反，这里按原文表述进行统计。

《通用能力》与行业《能力标准说明》在香港职业教育中具有重要的作用，被视为行业教育与培训的蓝本，有助于确保日后的教育和培训机构所提供的各项课程，能够切合业界目前和未来的实际需要。课程内容能够覆盖行业所需的知识和技能，同时亦可为员工提供了一个清晰的进修途径，协助他们制订个人的就业进修发展计划，对配合政府全面推行的资历架构有指导性的作用。职业教育发达国家不同层次职业教育人才培养目标定位路径，基本上都是通过企业界和教育界的联动，以职业标准作为中高职人才培养目标定位指针。我们可以借鉴香港资历框架及其支撑体系建设的经验，加强国家职业标准科学化、规范化建设，为职业教育制订专业目录、专业教学标准、课程教学标准、顶岗实习标准、专业仪器设备装备规范等国家教学标准体系提供更好的支撑，也为职业资格及技能等级证书制度的实施提供了参照，为推进中高职一体化专业建设奠定更好的基础。

（3）完善的职业教育标准体系是实现一体化专业建设的基本要求。虽然当前我国中高职贯通培养迅猛发展，但主要是由中高职院校沿用原有的教学体系分别进行中职段和高职段的教学，很难达到中高职一体化专业建设和人才培养，中高职贯通培养需要从分段操作走向整体建构。我国香港地区以《通用能力标准说明》、行业《能力标准说明》为基础，开发"通用能力为本"课程及"能力为本"课程的操作方式可以从一个侧面反映职业教育一体化建设的思路。香港"能力为本""通用能力为本"课程的设计及结构须符合香港教育局发出的《资历指引》的各项原则，而学习内容及学习成果必须以《能力标准说明》内有关之能力单元为主要参照，并达致既定的成效要求。目前香港已经颁布了钟表业、美发、印刷业三个行业的能力课程的范例。职业教育机构在制订行业课程时，都需要以这个范例课程为主要参照。每一个范例课程必须具备课程名称、对应资历级别、课程宗旨、科目大纲、相关能力单元、修读学分、学习成果、培训对象、报读资格和课程结构等内容。国务院发布的《国家职业教育改革实施方案》要求"将标准化建设作为统领职业教育发展的突破口，完善职业教育体系"，"建立健全学校设置、师资队伍、教学教材、信息化建设、安全设施等办学标准"，"完善中等、高等职业学校设置标准"，"实施教师和校长专业标准"，"持续更新并推进专业目录、专业教学标准、课程标准、顶岗实习标准、实训条件建设标准(仪器设备配备规范)建设和在职业院校落地实施"。要实现我国中高职一体发展，必须根据职业教育人才培养规律以及产业行业发展趋势，以国家资历框架及各行业职业能力标准为母标准或依据，联合行业协会、企业界、职业教育界共同商定，科学确定职业教育各层次教育的人才培养目标定位，开发全面覆盖的中等、专科、本科职业教育的一体化职业教育标准体系，为中高职院校开展中高一体化专业建设，实施一体化人才培养提供依据和行动框架。

(4) 一体化设计中高职评价体系是保证一体化专业建设的基本保证。2020年10月，中共中央、国务院印发《深化新时代教育评价改革总体方案》，要求开展教育评价坚持以立德树人为主线，以打破"唯分数、唯升学、唯文凭、唯论文、唯帽子"为导向，以"党委和政府、学校、教师、学生、社会"五类不同主体为抓手，充分考虑基础教育、职业教育、高等教育不同教育领域和大中小幼不同学段特点，分类分层研究教育评价改革思路、提出改革措施、明确实施路径，系统、整体、协同推进教育评价改革，促进学生德智体美劳全面发展。《深化新时代教育评价改革总体方案》要求健全职业学校评价，并重点评价职业学校德技并修、产教融合、校企合作、育训结合、学生获取职业资格或职业技能等级证书、毕业生就业质量、"双师型"教师队伍建设等情况，扩大行业企业参与评价，引导培养高素质劳动者和技术技能型人才。加大职业培训、服务区域和行业的评价权重。从总体上看，职业教育评价体系包括职业教育社会贡献度评价、职业院校评价、职业教育专业评价、职业院校课程评价、职业院校学生学习效果评价、职业院校德育评价、职业教育项目评价、行业企业对毕业生满意度评价、职业教育质量评价等方面的内容。以上职业教育评价内容并不是完全独立的，而是相互紧密联系在一起的。一体化设计中高职评价体系建设要以发展性评价理念为指导，既要充分考虑中职教育、专科职业教育、本科职业教育不同学段特点，分层研究教育评价改革思路，也要纵向整体考虑技术技能型人才系统培养的要求及技术技能型人才成长阶梯学习成果的累积要求。职业学校学生获取职业资格或职业技能等级证书制度、高等职业教育"文化素质＋职业技能"考试招生办法、"专升本"考试招生办法、高职专科与本科升读专业硕士办法，是一体化设计中高职评价体系的关键内容，也是中高职一体化专业建设的重要指挥棒。如何发挥职业教育双证书制度及职业教育学生升学考试制度在中职高一体化人才培养中的作用，畅通终身学习和人才成长渠道，是实现中高职一体化专业建设的最重要的引领力量。

（5）发挥中高院校在一体化专业建设的重要主体作用。我国一体化专业建设还在探索阶段，要注重发挥中高职贯通培养和专本科贯通培养合作院校的主体作用和示范引领作用。

第一，发挥高职院校的引领作用。在进行中高职贯通培养过程中，高职院校应主要发挥自身的引领作用，加强合作专业建设，突破区域限制，把服务区域拓展到合作中职学校所在地相应行业企业。根据双方所在地的行业企业需要，牵头对合作专业进行系统设计，引领中高职院校的专业建设。第二，发挥中职学校的基础作用。中职院校要在高职院校引领下做好职业基础教育的工作，为高职院校输送合格生源。这需要中职学校夯实学生的文化基础，强化基础技术技能的训练及企业实习，提高职业基础能力培养的质量，为学生进入高职院校继续深造奠定基础。第三，合作构建一体化课程体系。中高职一体化课程体系包括一体化公共基础课程体系和一体化的专业课程体系。国家重视职业教育公共基础课程的建设，也形成了较为稳定的中高职公共课程标准体系。一体化专业课程体系一直是一体化专业建设的难点，这既有职业标准和一体化教育教学标准建设滞后的原因，也有中高职合作不够紧密的原因，还有中高职资源不能共享等因素。这需要高职院校主动牵头组织中职学校、行业企业，按照企业岗位工作任务和职业能力，共同制订中高职一体化专业课程体系，实现课程内容衔接的连续性、逻辑性和整合性。第四，合作设计一体化人才培养方案。在建设一体化的课程体系的基础上，高职院校要会同中职学校研究制定人才培养方案。要遵循技术技能型人才成长规律，统筹安排教学计划、课程选择、实践实习、考试评价、质量监控等环节，确保实现中高职一体化人才培养。特别要注意统筹设计两个学段的文化素质提升和技术技能训练，形成一体化的综合素质提升和技术技能训练计划，分层递进完成中高职教育。第五，统筹做好一体化的专业基础能力建设。高职院校要充分发挥对口专业的课程和师资的优势，牵头构建师资协同研训机制，加强双方校本研究的统筹，强化对合作中职学校对口专业教师的培养培训，促进一体化师资队伍建设。探索中高职一体化实训实习基地建设，形成合理的校内专业实训室布局，提高双方合作行业企业的共享性，为学生有效实训实习和专业教师定期到合作企业实践提供更为有利的条件。

（二）中职学校专业组群建设

随着我国产业结构不断优化调整，产业链条式以及集群化发展已成为产业发展的新常态。促进教育链、人才链与产业链、创新链的有效衔接，培养多元化和综合化的技术技能型人才，也成为中职教育专业建设的重要出发点。打破传统的单体专业①的建设理念，构建适应产业集群发展、链条式发展的专业群建设模式势在必行。

1.我国职业教育专业群建设探索

我国职业院校在专业设置过程中为了追求专业结构的广度出现了大量专业单体，在专业结构调整时为了新增专业不得不取消已有专业，而专业永远难以满足市场需求，且由于单体专业难以得到产业界的有效支持与参与，学校的专业优势也难以得到扩大。一些职业学校通过专业群建设形成了专业优势，增强学校的核心竞争力，形成办学特色。"所谓专业群，是指由一个或若干个相近相关专业及其专业方向共同组成的专业群体。专业群中的各专业或专业方向均能在同一个实训体系中完成其基本的实践性教学。"②贾宝勤于1997年在《建设专业群　推动专业改革》一文中介绍陕西一工校专业群建设情况。他认为每所学校都有自己的基础专业、特色专业，依托于这些专业，根据社会需求，开办一些相近相邻的专业，形成以基础专业为主、基础共用、分支较细但又联系紧密的专业体系，并称之为专业群。③陕西一工校在机械制造专业的基础上，开设了模具设计与制造专业，又相继开设了机电技术应用、汽车制造与维修、数控机床加工技术、塑料成型工艺等专业，最终形成了机电专业群，在机电专业群带动下组建了化工、热能、工管等三个专业群。该校通过专业群建设扩大了办学规模、增强了办学实力、提高了办学效益。

职业教育政策性文件对专业群建设的关注始于2006年《教育部、财政部关于实施国家示范性高等职业院校建设计划加快高等职业教育改革与发展的意见》，希望通过加强专业领域建设，在高职院校中形成500个以重点建设专业为龙头、相关专业为支撑的重点建设专业群。2014年《现代职业教育体系建设规划（2014—2020年）》提出"根据各主体功能区的定位，推动

---

① 单体专业是相对于专业群而言的，专业群中每一个独立的专业均可称为单体专业。

② 应智国：《论专业群建设与高职办学特色》，《嘉兴学院学报》2001年第4期。

③ 贾宝勤：《建设专业群　推动专业改革》，《机械职业教育》1997年第3期。

区域内职业院校科学定位，使每一所职业院校集中力量办好当地经济社会需要的特色优势专业（集群）"。2015 年《关于深化职业教育教学改革全面提高人才培养质量的若干意见》要求"围绕各类经济带、产业带和产业集群，建设适应需求、特色鲜明、效益显著的专业群"。2019 年发布的《教育部、财政部关于实施中国特色高水平高职学校和专业建设计划的意见》要求"打造高水平专业群"，以"促进专业资源整合和结构优化，发挥专业群的集聚效应和服务功能，实现人才培养供给侧和产业需求侧结构要素全方位融合"。在国家"双高建设"推动下，2019 年 11 月，广东省教育厅发布的《关于组织开展广东省高职院校高水平专业群建设工作的通知》提出，围绕国家和省重大发展战略，面向区域或行业重点产业，重点建设 300 个左右定位准确、特色鲜明、校企合作共生、培养质量高、综合实力强的省级高水平专业群。

在国家职业教育政策的推动下，及国家示范性高职院校专业群建设带动下，中职学校专业群建设也得到各级政府的重视。2014 年，湖南省发布《湖南省职业院校示范性特色专业群建设方案》，提出从 2014 年起，三年内全省中、高职各立项建设 30 个左右示范性特色专业群；专业群要根据学校的服务面向，以优势专业为核心，按照专业基础相通、技术领域相近、职业岗位相关、教学资源共享的原则构建。2017 年，江西省发布的《关于印发〈江西省中等职业学校特色专业群建设计划实施方案〉的通知》提出，从 2016 年开始实施，三年内建设 30 个中职学校特色专业群。这两个省专业群建设的内容基本相同，主要包括专业群结构优化、人才培养模式创新、课程体系改革、教学团队建设、实践教学运行、质量效益、专业群发展机制建设等内容。2020 年发布的《广东省教育厅关于实施广东省高水平中职学校建设计划的通知》也将高水平专业群建设列入高水平中职学校的重点建设任务。我国职业教育专业群建设的理论与实践至少也有 20 多年的历史，近几年来，开展专业群建设成为全国高职教育和中职教育的共识，并且影响到了一些应用型本科院校。2015 年 11 月，教育部、国家发展改革委、财政部发布的《关于引导部分地方普通本科高校向应用型转变的指导意见》要求，建立紧密对接产业链、创新链的专业体系，按需重组人才培养结构和流程，围绕产业链、创新链调整专业设置，形成特色专业集群。

总体而言，专业群建设是我国职业教育主动适应经济发展方式的转变、产业结构转型升级和市场需求快速变化的一种探索。专业群一方面可以通过覆盖较宽的职业领域，协调学生就业适应性和针对性的矛盾；另一方面通过集聚彼此存在关联而又相对独立的专业，提高教育资源使用效益，提高专业建设的行业企业参与度。对专业群的建设可从组成和功能两大角度来理解。《关于印发〈江西省中等职业学校特色专业群建设计划实施方案〉的通知》提出，"专业群是由一个或多个重点建设专业为核心、由 3 个及以上专业或专门化方向组成、专业基础相通、技术领域相近、工作岗位相关、教学资源共享的一个集合"，这主要是从组成角度来理解的。教育部文件并没有给出专业群的定义，但是对"专业群建设"既有组成方面的要求，也有功能方面的描述，如"以重点建设专业为龙头、相关专业为支撑的重点建设专业群"，"围绕产业链、创新链调整专业设置，形成特色专业集群"，"促进专业资源整合和结构优化"，"实现人才培养供给侧和产业需求侧结构要素全方位融合"，等等。顾永安教授从应用型本科高校角度认为，"专业集群是对应产业集群上同一产业链、创新链的岗位（群）需求，按照群落状建设的原则，以与主干学科关联度高的核心专业（优势、特色专业）为龙头，充分融合若干个学科基础、工程对象与技术领域相同或相近的、具有内在关联的若干专业的有机组合"[①]。本研究认为，职业教育的专业群是根据学校服务面向的产业链、创新链、人才链，以优势专业为核心，按照专业基础相通、技术领域相近、职业岗位相关、教学资源共享的原则构建的，具有内在关联的若干专业的有机组合。

[①]　顾永安：《应用本科专业集群：地方高校转型发展的重要突破口》，《中国高等教育》2016年第 22 期。

2. 中职学校专业群建设的外部引导

与专业单体相比，专业群能更好地适应市场变化及高职院校招生需求，可提高专业与产业及专业与整个职业教育体系的协同性。因此，有必要对中职学校专业群建设做好基础性指导和全局性的政策引导。

（1）国家层面专业群建设的基础性指导。职业教育是一种面向产业、行业、职业的教育类型。《中职学校专业目录》（2010 年修订）强调专业与经济发展和产业结构的适应性、与岗位及职业资格的对应性、与高职院校专业的衔接性；要求努力构建与产业结构、职业岗位对接的专业体系。目录设19 个专业类，321 个专业数，在专业设置上，重点发展面向现代农牧业、先进制造业特别是装备制造业、现代服务业和战略性新兴产业的专业，加强服务区域特色产业，尤其是民族文化艺术、民间工艺等领域的专业建设。2021年 3 月，教育部印发的《职业教育专业目录（2021 年）》，在科学分析产业、职业、岗位、专业关系基础上，将中职教育专业分设 19 个专业大类、88 个专业类、358 个专业。2021 年版专业目录新增了专业类，各专业类中的专业体系也可称为专业群。因为每所职业学校受到其行业背景、所在区域经济社会发展情况、职业学校的专业建设情况的影响，具体中职学校专业群中的专业并不一定与专业类中的专业一一对应。2021 年版专业目录一体化设计了中职、高职专科、高职本科不同层次专业，一方面提高了职业院校专业设置对产业及产业集群、职业链、岗位链的适应性，另一方面也相对有效地统一了职业教育体系内部的专业大类和专业类的划分，在专业设置层面实现了中高职紧密衔接，为中职学校开展专业群建设提供了指导。

（2）中职学校专业群建设的政策性引导。目前，我国对专业群建设的政策性推动主要集中在高职教育，虽然部分省市实施了中职学校特色专业群建设计划，但是国家层面还没有专门针对中职学校专业群建设的政策性文件。2019 年发布的《教育部、财政部关于实施中国特色高水平高职学校和专业建设计划的意见》就对如何打造高水平专业群提出了如下要求："校企共同研制科学规范、国际可借鉴的人才培养方案和课程标准，将新技术、新工艺、新规范等产业先进元素纳入教学标准和教学内容，建设开放共享的专业群课程教学资源和实践教学基地。组建高水平、结构化教师教学创新团队，探索教师分工协作的模块化教学模式，深化教材与教法改革，推动课堂革命。建立健全多方协同的专业群可持续发展保障机制"。教育部于 2019 年发布的《中国特色高水平高职学校和专业建设计划项目遴选管理办法（试行）》提出了遴选高水平专业群的基本条件，如专业群定位准确、专业群组建逻辑清晰，群内专业教学资源共享度、就业相关度较高，形成优势互补、协同发展的建设机制；专业群有高水平专业带头人和教学创新团队，实践教学基地设施先进、管理规范，校企共同设计科学规范的专业群课程体系，专业群生源质量好、保持一定办学规模，等等。江西省中职学校特色专业群建设计划提出，特色专业群建设包括专业群结构优化、模式创新、课程体系改革、教学团队建设、实践教学运行、质量效益六个部分。根据当前我国中职教育管理体制，国家政策的要求往往构成中职特色专业群建设的思想基点，省市级统筹是推进中职特色专业群建设的重要推动力量。全国性高职教育和部分省市中职教育对专业群建设的探索，为研制全国性中职教育专业群建设政策提供了可资借鉴的经验，也为中职学校开展专业群建设提供了具有指导意义的思路。

3. 中职学校特色专业群建设模式

不管是做好国家层面的专业群建设的基础性指导，还是加强中职学校专业群建设的政策性引导，最终都要落实到中职学校专业群建设。高职教育专业群建设模式的探索整体早于中职教育。在借鉴高职专业群建设模式的基础上，构建中职专业群建设模式应注意如下几个方面的内容：

（1）坚持"产教融合"及"系统培养"的基本原则。区域经济社会需求是专业群组建的出发点，系统培养技术技能型人才是专业群建设的起点，因此产教融合、系统培养是构建中职教育专业群模式要坚持的两个基本原则。区域产业发展需求是专业建设的外驱力。伴随着互联网、大数据、人工智能和实体经济的深度融合，产业也呈现融合发展趋势，经济发展过程中的产业集群效应越来越明显，职业分化也将不断加剧，现代职业呈现出既高度分化又高度综合的趋势，专业边际日趋模糊，技术服务跨界融合日益普遍，即使是带有综合性特征的专业也很难满足产业融合发展对复合型人才的需求。产业融合发展推动职业院校运用专业群的形式把不同专业很好地整合起来，并通过专业群建设提高人才培养适应产业变化的能力。因此，专业群建设需要坚持产教融合的原则，强化中职学校专业群建设精准对接产业需求，并通过动态调整优化，实现与产业协调互动发展。我国现代职业教育体系日益完善，中职教育已走向职业基础教育，不仅"职教高考"为中职学生提供又一次选择专业的机会，就是中高职贯通培养也要求中职教育培养更准确定位、更高素养、更扎实基础知识、更坚实基本能力的毕业生。所以，中职学校专业群建设不仅要坚持产教融合的原则，还需要坚持系统培养原则，进一步推进教育链、人才链与产业链、创新链有机衔接。

（2）把握好中职学校专业群建设的核心主线。中职学校专业群建设需要从技术技能型人才系统培养的角度去思考解决目前中职学校单体专业比重过大、学生技能单一、各专业资源不能共享、中高职衔接不够紧密、不能有效服务产业集群化发展等问题。专业群要紧贴区域产业结构调整规划，围绕区域经济发展战略规划的支柱产业和新兴产业，明确专业群服务面向，优化资源配置，动态调整专业群内专业结构，深化群内各专业内涵，推进教育链、人才链与产业链、创新链有机衔接，为区域经济发展特别是产业发展提供有力的技术技能型人才支撑。通过持续解决中职学校专业建设存在的上述问题，促进专业群在组建和发展过程中满足产业集群发展的需要，这是中职学校专业建设的核心主线。目前我国中职学校一般根据实际情况选择不同的主体功能组建专业群，具体组建逻辑可分为如下几种，如按产业链组群、按岗位群需要组群、按现有资源组群、依据优势专业组群等。由于不同中职学校的发展阶段、区域产业结构、资源优势、生源条件等各不相同，中职学校在开展专业群建设时必须充分利用自身优势，形成具有本地特色、本校特色，以提高区域特色产业的市场竞争能力。由于不同中职学校或同一中职学校在不同的发展阶段要解决的问题不同，专业群建设模式往往存在阶段性发展的特点。

一是依托共同基础构建专业群。中职学校单体专业建设往往会导致各专业资源不能共享的问题，依托共同基础构建专业群往往成为解决各专业资源不能共享的关键。通过将具有共同技术技能基础和学科基础的专业组建成专业群，可以实现专业群在课程建设、师资队伍、实训基地等方面资源共享，也可在此基础上进行新专业的开发。如很多学校财经商贸类专业、信息技术类专业组建专业群最初就是按这种方式进行的。二是围绕核心专业构建专业群。中职学校专业群建设一般都要解决增强专业群核心竞争力的问题，而围绕核心专业构建专业群往往成为形成专业群核心竞争力的关键。依托共同基础构建的专业群要形成特色和自己的竞争优势，需要教育教学改革成效显著、教育教学质量有保障、具有行业影响力的优势专业发挥核心带动作用，推动群内各专业形成协同效应，促进专业群专业水平整体提升。如某中职学校以具有较强竞争优势的软件信息与服务为核心专业，以带动网络技术专业和计算机应用专业发展，构建信息技术类专业群。三是面向企业岗位群构建专业群。围绕专业群所面向的服务领域和职业岗位群的需求，动态调整专业群结构并构建课程体系，使专业群建设符合职业岗位群的任职要求，这是学校与企业行业深度合作的必然结果。随着以人工智能为代表的第四次工业革命的到来，职业更新速度加快。斯坦福大学人工智能与伦理学教授卡普兰的一项统计调查显示：美国注册在案的 720 个职业中，将有 47% 被人工智能取代。未来 10 年，机器人将取代 1500 万个工作岗位，相当于美国就业市场的 10%。而在中国，这个比例可能超过 70%。[①] 随着技术革命引发的职业快速更新，面向企业岗位构建专业群也日益受到挑战。四是面向产业链构建专业群。2019 年，华为任正非曾说过："未来二三十年人类社会必然走进智能社会。今天，人类社会正处于新理论、新技术再一次爆发的前夜。"[②] 为了应

---

① 陈思进：《从 AI 进入华尔街谈如何应对人工智能》，《金融博览》2017 年第 9 期。

② 任正非：《我们处在爆炸式创新的前夜》，《经济日报》2019 年 11 月 27 日。

对面向职业岗位群组群可能存在的因职业更新加速而导致的专业群不稳定发展等问题，面向产业链构建专业群，形成链式专业群以提高学校人才培养的适应性。一条完整的产业链，一般会跨越多个职业岗位（群），往往需求中职学校投入更多的师资力量、实训基地建设经费。在中职学校办学规模、固定资产投资和办学经费相对固定的情况下，这必然会影响其他专业群的建设。

面向产业链构建专业群，一般很难由单一职业学校完成，往往需要市级以上政府相关部门组织多所职业学校进行专业整合与调整，形成更大空间上的专业群布局。随着中高职贯通培养的进一步深入，高职院校专业群建设也会在一定程度上影响到中职学校专业群构建模式。一些地方组建中高职一体化的职业教育集团，以高职院校牵头形成产教融合、中高职一体的专业群，推动中职学校专业和专业群建设。

（3）做好中职专业群核心要素建设。要科学合理编制专业群人才培养方案。人才培养方案是专业群进行人才培养的顶层设计，也是开展教学活动的重要依据。对学校所在区域当前的社会、产业、行业和职业等方面情况进行调研分析是编制专业群人才培养方案的基础环节，需要特别重视。人才培养方案要根据调研分析结果，在确定专业群的职业面向的基础上，依据国家专业教学标准、职业标准，结合岗位群要求的变化、中高职衔接需要、教学过程存在问题等进行编制。

构建专业群共享型课程体系。专业群课程可分为专业群公共能力平台课程、专业群通用能力共享课程、专业核心岗位能力课程、专业方向性课程等。公共能力平台课程主要为国家规定的公共基础课程，也可根据需要开设公共选修课程。专业群通用能力共享课程主要培养行业通用能力，一般为专业群必学、应知、应会课程。专业核心岗位能力课程是主要培养群内各专业面向本专业关键岗位的特定能力和素质，在专业领域中具有一定的通用性。专业方向性课程往往针对特定就业岗位而设，还要提升职业迁移能力。

建设专业群共享型实训基地。专业群实训基地可分为共享实训基地和特有实训基地。共享实训基地主要是满足专业群共享实训项目的需要，保证群人才培养的基本规格和共性要求。特有实训基地主要是满足各专业特有实训项目需要，开展相应专业的知识和能力培养，落实不同专业人才特有培养目标。专业群实训基地建设可按如下步骤进行：首先，针对专业群人才培养方案和课程体系中的共性培养目标和共享课程，整合改造原有实训项目，形成专业群共享实训项目。其次，根据专业群共享实训项目的要求，改造升级原有的实训基地为专业群共享型实训基地，也可根据实际需要新建。最后，根据各专业核心课程或主要就业岗位主干课程的教学目标及教学内容的特殊性要求，分级开发各专业特有的实训项目，确保各专业职业能力的培养。校企共建是共享型专业群实训基地建设要遵循的重要原则，这是实现教学过程与企业生产过程紧密结合的重要保证，目的是实现教学环境和工作环境的一体化。

打造高水平专业群师资团队。首先，建设专兼结合的教师队伍，即聘请经验丰富、技能高超的"能工巧匠"进校园担任兼职教师。其次，培养专业群带头人，既要明确专业群创建的指挥者，也要明确专业群建设的要求。再次，建立和健全校企共同培养专业群师资模式，通过教师企业实践、挂职锻炼、教育教学能力提升培训，提高教师的实践能力、教育教学能力、协作创新能力。最后，建立健全专业群专业师资共享机制，保证专业群创建的顺利进行。

（4）完善专业群动态调整的持续发展机制。专业群建设不是一成不变的静态结果，它有一个伴随经济社会和产业发展不断更新和完善的过程。中职专业群建设需要定期调查原有组建逻辑及现有的产业链、岗位群等变化情况，持续跟踪高职院校相关专业建设和发展情况，在保持专业群主体稳定的同时，灵活调整专业组成和专业方向，形成专业群构成动态调整机制。持续跟踪技术进步和产业变革趋势，分析新技术、新材料、新模式、新业态对相关职业岗位群的冲击与影响，更新专业群人才培养方案和课程体系，升级更新实训项目和实训基地配置，形成专业群动态更新机制。中职专业群建设评

187

价标准体系是指导中职学校开展专业群建设的"行动路线图",其评价指标体系、评价技术、评价机制也需要进行持续动态完善,实现评价主体多元化、评价内容动态化、评价技术现代化,持续推动专业群高质量发展,形成专业群建设动态评价机制。

第四章

中等职业教育课程建设

《职业教育提质培优行动计划（2020—2023 年）》要求"深化职业教育供给侧结构性改革"，深化中职教育供给侧系统改革的基点在于提高课程建设的质量。

一、中职教育知识生态系统

（一）中职教育课程知识

1. 中等职业学校课程

（1）中职学校课程一般性认识。中职学校传授知识和技能往往要借助课程来完成。因为教育是一种有目的的育人的活动，需要从无限的知识中筛选出符合教育目的的知识，并将其融入学校的教育教学之中，这就形成了课程。传统意义上的课程包括课业及其进程，涉及课程内容与内容排序。随着时代发展，人们对课程所包含的范围的理解已经突破了传统"课程内容与内容排序"的限制，如徐国庆教授认为课程是为师生共同学习所设计的教育环境，以及在这个环境中所进行的范围广泛的教育活动和取得的经验。

狭义上的职业学校课程，一般是指列入教学计划的课程。2019 年 6 月发布的《教育部关于职业院校专业人才培养方案制订与实施工作的指导意见》将中职学校的课程设置分为公共基础课程和专业（技能）课程两类。专业（技能）课程一般按照相应职业岗位（群）的能力要求，确定 6—8 门专业核心课程和若干门专业课程，课程内容要紧密联系生产劳动实际和社会实践，突出应用性和实践性，注重学生职业能力和职业精神的培养。同年 10 月教育部办公厅印发的《中等职业学校公共基础课程方案》提出，公共基础课程内容一般由基础模块、职业模块和拓展模块构成。其中，基础模块是各专业学生必修的基础性内容，职业模块是提高学生职业素养的限定性选修内容，拓展模块是满足学生继续学习与个性发展等方面需要的限定性或任意选修内容，各专业学生须修完必修内容和限定性选修内容，修满规定学分。这体现了中职文化基础课程不同于普通高中文化基础课程的定位。

从课程管理角度看，课程是学校为达到人才培养目标而对教学目标、教学内容、教学条件、教学方式方法、考核方式等进行的系统规划和设计。一般可以分为如下三个层次：一是课程的总体规划，主要体现为专业教学标准或课程方案（中职学校的课程方案往往在人才培养方案中体现）；二是教学课程的分科要求，主要体现为课程标准；三是教学课程的具体内容，主要体现为课程教材。所以许远认为"课程的三个层次，即课程方案、课程标准、课程教材，涵盖了教学计划、教学大纲和教材的全部意义"，"课程则是教学计划、教学大纲、教材全部内容及其实施进程的总和"。[①] 系统论的观点将课程看成是一个复杂的教育教学活动组成的一个系统，这个课程系统包括课程开发、课程实施、课程评价、课程管理等四个基本环节，在这里课程不仅是一个静态的教学内容，而且是一个动态完整的进程。

我国中职教育课程改革具有政府统筹推进的特点。2012 年，教育部启动了中职学校专业教学标准制订工作，截至 2014 年 12 月，共制订并公布 16 个专业大类的 230 个专业教学标准及其专业课程标准，推动了教材编写和修订工作的开展。《2021 年全国职业院校技能大赛教学能力比赛方案》中分设中职公共基础课程组、中职专业技能课程一组、中职专业技能课程二组，提出了"重点考察教学团队（2—4 人）针对某门课程中部分教学内容

---

① 许远：《职业教育专业建设与课程教材开发》，中国人民大学出版社 2019 年版，第 27 页。

完成教学设计、实施课堂教学、达成评价目标、进行反思改进的能力"的比赛要求，并要求参赛作品另附所依据的实际使用的专业人才培养方案和课程标准，引导各地各校推进国家教学标准和课程标准落地，从某种程度上体现了系统推进课程改革的要求。

（2）中职学校课程的职业性。《关于普通中等专业学校招生并轨改革的意见》（1997 年）明确了毕业生就业实行市场化的改革方向后，中职教育课程建设出现新的特点，培养具有综合职业能力的技术技能型人才成为中职课程建设的基本目标之一。职业性是中职课程最基本的特征，我国对中职课程职业性的认识是一个不断深入的过程。

1998—2008 年，推进中职课程从学科本位向能力本位转变。《面向二十一世纪深化职业教育教学改革的原则意见》（1998 年）要求"职业教育应确立以能力为本位的教学指导思想"，课程开发须以社会和经济需求为导向，从劳动力市场分析和职业岗位分析入手，科学合理地进行。《关于制定中等职业学校教学计划的原则意见》（2000 年）将综合职业能力作为中职人才培养的重要目标，要求中职学校贯彻以全面素质为基础、以能力为本位的教学指导思想，根据学生提高全面素质和综合职业能力以及继续学习的实际需要设置课程，确定教学内容。2005 年，《国务院关于大力发展职业教育的决定》要求根据市场和社会需要，更新教学内容，改进教学方法，把学生的职业道德、职业能力和就业率作为考核职业院校教育教学工作的重要指标。2008 年，《教育部关于进一步深化中等职业教育教学改革的若干意见》强调推动中职学校教学从学科本位向能力本位转变，积极推进多种模式的课程改革，促进课程内容综合化、模块化，并要求公共基础课程要按照培养学生基本科学文化素养、服务学生专业学习和终身发展的功能来定位。

2009—2019 年，强调课程内容与职业岗位需求及职业标准对接。2009年《教育部关于制定中等职业学校教学计划的原则意见》继续将综合职业能力作为中职育人的重要目标，并且要求按照相应职业岗位（群）的能力要求，采用基础平台加专门化方向的课程结构，设置专业技能课程。2012 年《教育部办公厅关于制订中等职业学校专业教学标准的意见》要求中职学校专业教学标准要坚持教育与产业、学校与企业、专业设置与职业岗位、课程教材内容与职业标准、教学过程与生产过程的深度对接，培养具有综合职业能力的技能型人才。2014年《国务院关于加快发展现代职业教育的决定》要求发挥中职教育在发展现代职业教育中的基础性作用，推进专业设置、专业课程内容与职业标准相衔接，推进中等和高等职业教育培养目标、专业设置、教学过程等方面的衔接，形成对接紧密、特色鲜明、动态调整的职业教育课程体系，并积极开发与国际先进标准对接的专业标准和课程体系。

2019年至今，从优化职业教育类型定位角度建设中职教育课程。2019年《国家职业教育改革实施方案》明确"职业教育与普通教育是两种不同教育类型，具有同等重要地位"。我国职业教育开始从类型教育角度对职业教育课程进行建设：一是构建职业教育国家标准，即由国务院教育行政部门联合行业制定国家教学标准，持续更新并推进专业目录、专业教学标准、课程标准、顶岗实习标准、实训条件建设标准（仪器设备配备规范）建设和在职业院校落地实施。二是统一发布中职和高职都适用的政策文件，推进职业教育课程一体化建设。如2019年以来，我国发布的《教育部关于职业院校专业人才培养方案制订与实施工作的指导意见》《职业教育提质培优行动计划（2020—2023年)》《职业教育专业目录（2021年)》《关于推动现代职业教育高质量发展的意见》等文件，将职业教育作为一个整体进行要求，其中包括了整个职业教育体系的课程建设的要求。三是加快推进职业教育国家"学分银行"建设，探索建立职业教育个人学习账号，实现学习成果可追溯、可查询、可转换。有序开展学历证书和职业技能等级证书所体现的学习成果的认定、积累和转换，为技术技能型人才持续成长拓宽通道。四是公共基础课基础性和职业性并重。2019年发布的《中等职业学校公共基础课程方案》将公共基础课程的内容分为基础模块、职业模块和拓展模块，其中职业模块是提高学生职业素养的限定性选修内容，并要求选择与职业生涯密切相关的教学内容，有机融入职业道德、劳动精神、劳模精神和工匠精神教育，培育学生职业精神，提高职业素养。

（3）中职学校课程的基础性。中职学校课程的基础性要求是伴随着我国高职教育产生发展而形成的，并最终在中职教育走向基础职业教育而得以确立。2002年《国务院关于大力推进职业教育改革与发展的决定》要求加强中职教育与高职教育的衔接与沟通，并强调"建立中等职业教育与高等职业教育相衔接的课程体系"。我国中职教育课程的基础性开始得到人们的关注，但是由于当时经济社会对中级技术技能型人才需求扩大，社会对中职教育就业导向的特别强调，中高职衔接课程体系的建设并没有得到特别的重视，并引发了中等和高等职业教育在专业、课程与教材体系，教学与考试评价等方面的脱节、断层或重复现象。2011年《教育部关于推进中等和高等职业教育协调发展的指导意见》提出必须明确中等和高等职业学校定位，并强调"中等职业教育是高中阶段教育的重要组成部分，重点培养技能型人才，发挥基础性作用；高等职业教育是高等教育的重要组成部分，重点培养高端技能型人才，发挥引领作用"，并通过试点中高职贯通培养以促进高素质技术技能型人才的系统培养。2014年《国务院关于加快发展现代职业教育的决定》明确要"发挥中等职业教育在发展现代职业教育中的基础性作用"，实现中职毕业生就业有能力、升学有基础。《现代职业教育体系建设规划（2014—2020年)》进一步明确要求中职教育要"为初高中毕业生开展基础性的知识、技术和技能教育，培养技能型人才"。

随着中职教育在现代职业教育体系中基础地位的确立，中职教育课程的基础性日益得到社会的重视。第一，高素质技术技能型人才的成长是一个连续过程，不可中断，需要对中职、高职和职业本科的课程体系等进行一体化设计。2021年《关于推动现代职业教育高质量发展的意见》要求"一体化设计职业教育人才培养体系"。强化中职教育课程的基础性，是建立健全职业教育一体化人才培养体系的基础。第二，中职学校课程的基础性体现为公共基础课程的基础性。2019年《中等职业学校公共基础课程方案》要求中职公共基础课程内容确定要注重基础性："遵循学生身心发展规律，依据学生发展核心素养，结合学生学业基础，精选适应学生终身学习和职业生涯发展需要的基本知识和基本技能，进一步打好学生文化基础，培养学生综合素质，夯实学生个性化发展的共同基础。"第三，中职学校课程基础性的关键是实现专业（技能）课程的基础性，即中职专业课程既要满足学生的就业要求，又要为学生职业发展和继续学习打好基础。这要求中职教育要以职业标准为依据，在合理界定中职与高职培养目标、培养规格的基础上，筛选出基础性的专业知识、技术技能及适应职业生涯发展需要的综合性的职业素养等内容进入中职教育专业课程体系。第四，教育部于2021年印发的《职业教育专业目录（2021年）》对职业教育不同层次专业统一采用了专业大类、专业类、专业三级分类，中职教育专业课程适当强化专业大类、专业类、专业基础课程的设置，是增强中职教育专业课程基础性的重要途径。

随着我国职教高考制度的逐步建立，"文化素质＋职业技能"考试招生办法的逐步完善，"职教高考"将逐步发展成为与普通高考地位平等的高考，这将进一步凸显中职课程的基础性要求。这要求推进中等和高等职业教育相衔接的专业教学标准编制与修订工作，为技术技能型人才系统培养提供教学基本规范，促进中等和高等职业教育专业设置、专业培养目标、专业课程设置、教学过程等方面的紧密衔接，为形成对接紧密、特色鲜明、动态调整的职业教育课程体系奠定基础。

2. 中职课程知识的形态

（1）中职教育课程知识的类型。《大辞海》将学校教育范围内向学生传授的知识称为课程知识。最常见的知识分类是将知识分为理论知识和经验知识，其中理论知识是指概括性强、抽象度高的知识体系；经验知识是个体感知的内隐知识，可经由学习或重复练习而得。《中国大百科全书·教育》中"知识"条目是这样表述的："所谓知识，就它反映的内容而言，是客观事物的属性与联系的反映，是客观世界在人脑中的主观映象。就它的反映活动形式而言，有时表现为主体对事物的感性知觉或表象，属于感性知识，有时表现为关于事物的概念或规律，属于理性知识。"这个知识的定义是从哲学角度作出的，属于宏观哲学反映论的认识。在人们看来，感性知识（即经验知识）是主观知识，而理性知识（即理论知识）才是客观知识。将课程知识分为陈述性知识和程序性知识（或过程性知识）两大类，是我国职业教育界的共识。普通教育一般以传授陈述性知识为主，涉及事实、概念、原理等方面的理论知识，具有显性知识的特点，因之形成的课程被称为学科体系课程，主要是培养学术型人才。职业教育一般强调以获取自我建构的过程性知识为主，涉及经验与策略等方面的经验知识，具有隐性知识的特点，因之形成的课程被称为行动体系课程（也有学者称之为工作体系课程），主要培养技术技能型人才。从当前的中职教育发展状况来看，中职教育课程趋向以程序性知识为主、陈述性知识为辅，突出应用性和实践性；通过工学结合的方式以获取实际应用的技能为主、理解理论性知识为辅。

人们习惯把经验知识都称为经验，并不认为经验构成知识。在传统的师徒制职业教育中，师傅传授的是"技艺"，因每个师傅的手工技艺都具有较强的个性，所以当时"技艺"只被视为一种经验，并没有被认同是一种知识。随着工业革命，机器生产被普遍使用，因为机器生产操作具有固定程序和步骤，就形成了标准化工作操作。因而就有人开办职业学校，传授机器的操作技能，所以技能与工业化大生产的标准化操作能力紧密相关。17世纪，捷克教育家夸美纽斯指出"所有人都应学习一切知识"，"必须训练我们的学生进行操作，这也应列入认识的内容，即认识事物必须加上实践活动"。杜威曾提出，"必然发展出一种知识理论，在知识中找到使一种经验得以可用"。这时技能已被一部分人认同为是一种"经验知识"。技术自人类开始制造工具时就已经存在了。《史记·货殖列传》中就出现了"技术"一词，意为"技艺方术"。英文中的技术一词Technology最早出现在17世纪，这一术语直到19世纪才获得了科学的内容，最终被认为几乎与"应用科学"同义。世界知识产权组织在1977年版的《供发展中国家使用的许可证贸易手册》中，给技术下的定义："技术是制造一种产品的系统知识，所采用的一种工艺或提供的一项服务，不论这种知识是否反映在一项发明、一项外形设计、一项实用新型或者一种植物新品种中，或者反映在技术情报或技能中，或者反映在专家为设计、安装、开办或维修一个工厂或为管理一个工商业企业或其活动而提供的服务或协助等方面。"很明显，现在的技术被认同是一种知识，并且包括从事该项活动的人的经验、技艺、技能等。从技艺经验到技能知识，再到技术知识，职业教育的内容经历不断递进上升的过程，既说明了经验知识的复杂性，也说明了职业教育知识认知的困难程度。

对经验知识认知的困难其实源于理论知识长期占据知识界的统治地位。从人类出现脑力劳动与体力劳动社会分工的时候开始，学者与工匠就存在着一种对立的倾向。《论语·子路》记载了一件趣事：樊迟请学稼。子曰："吾不如老农。"请学为圃。曰："吾不如老圃。"樊迟出。子曰："小人哉，樊须也！上好礼，则民莫敢不敬；上好义，则民莫敢不服；上好信，则民莫敢不用情。夫如是，则四方之民襁负其子而至矣，焉用稼？"这也说明孔子也存在职业歧视思想。《论语》还记载一件与之相关事情：南宫适问于孔子曰："羿善射，奡荡舟，俱不得其死然。禹稷躬稼而有天下。"夫子不答。南宫适出。子曰："君子哉若人！尚德哉若人！"这两件事可以看出孔子思想的一点倾向——居"君子远庖厨"之位，关心天下经纶。重视哲学、政治学、伦理学等理论知识是学者的传统认知。因为"知识就是证实了的真的信念"一直是学者们甚至人类对知识的信仰，对理性知识探求事物规律性、体系性的认知成为很多学者的最高追求，而对个体化的经验知识的研究则为等而下之的事情。联合国教科文组织的《反思教育：向"全球共同利益"的理念转变？》认为知识是通过学习获得的信息、认识、技能、价值观和态度，这表明国际社会对知识的认识已经摆脱了传统观念的影响。我国教育界也长期将知识与技能、过程与方法、情感态度与价值观这三者作为课程教育应认同的目标。

职业教育作为一种教育类型，必然有其独特的知识类型。根据联合国教科文组织修订的《关于技术和职业教育的建议书（2001年）》认为"技术和职业教育"包含的教育内容除了普通教育之外，还涉及技术和相关的各门科学，应学习和掌握与经济和社会生活各个方面的职业有关的各种实际技能、态度、理解能力和知识。联合国教科文组织在《2012 年全民教育全球监测报告》中根据工作对技能进行分类，并列出了所有青年都需要的三类主要技能——基础技能、可转移技能和技术及职业能力（即技术技能），并指出职业技术技能可以通过与中学教育和正规职业技术教育有联系的工作安排方案获得，或通过包括传统的学徒制和农业合作社在内的基于工作的培训获得。麦肯锡的未来工作模型将职场所需技能分为了五大类和二十五小类，其中五大类技能分别为体力和人工操作技能、基本认知技能、高认知技能、社会和情感沟通技能、技术技能。①《现代职业教育体系建设规划（2014—2020 年）》则明确要求中职教育要"为初高中毕业生开展基础性的知识、技术和技能教育，培养技能型人才"。从总体上看，中职教育课程知识的内容十分广泛，但核心内容还是职业技术技能知识。

（2）技术技能与默会知识。20 世纪中期，迈克尔·波兰尼在他的著作《个人知识》（*Personal Knowledge*）将知识分为言传知识（Explicit Knowl-edge，也译为显性知识）与默会知识（Tacit Knowing，也译为意会知识）两种。言传知识是指可用书面文字、图表或数学公式表达出来的知识，人们也称之为显性知识。默会知识是指不能用语言文字所阐述的知识，即不能脱离认知主体的思维智慧，人们也称之为隐性知识。默会知识是言传知识的基础，言传知识是默会知识的外显形态。波兰尼认为，正是知识具有默会的成分，它在一定程度上是不可言传的，从这种意义上说，知识也是具有个人性的。1996 年，经济合作与发展组织（OECD）发表的《以知识为基础的经济》以波兰尼的知识分类为基础，将人类的知识分为四大类：Know-what 关于事实方面的知识、Know-why 关于自然原理和规律方面的知识、Know-how 关于技能和诀窍方面的知识、Know-who 关于人际关系方面的知识（涉及谁知道和谁知道如何做某些事的信息）。前两类为可编码的显性知识，后两类为

---

① 华强森、成政珉、倪以理等：《中国的技能转型：推动全球规模最大的劳动者队伍成为终身学习者》，麦肯锡全球研究院（McKinsey Global Institute），2021 年 1 月。

不能明言的默会知识，这种分类引起了人们的普遍关注。

波兰尼在著作中专门对技能和技术进行了分析。《个人知识》中有一段关于骑自行车的描述："骑车者所遵循的规则是这样的……但是，是否这样就能准确地教会我们骑自行车呢？不。……一门本领的规则可以是有用的，但这些规则并不决定一门本领的实践。它们是准则，只有跟一门本领的实践知识结合起来时才能作为这门本领的指导。它们不能代替这种知识。""技能无法被按其细节进行充分解释，这是事实。在判定一项技能行为是否真实时，这一事实可能会导致严重的困难。"技能是知识的一种，它的不可言传性是不言而喻的，因而技能更多体现为默会知识的形态。《个人知识》还分析了现代技术在工业、农业应用情况，波兰尼写道："早在 1920 年，当博尔斯对棉纺业进行科学研究时……把当时公认的棉纺实践描述为'孤立的事物，与物理知识几乎全无联系'，所以'科学家在最初十年的大部分工作只是确切地表达棉纺工所应知道的东西'。当时世界上一流的棉花实验室设利研究所的主任 F. C. 托伊博士向我证实了这一预言。""我本人就曾在匈牙利见到过一台崭新的、吹制电灯泡的进口机器。同样一种机器那时在德国已经成功地运行了，而在匈牙利却运转了一年后仍无法生产出一只无疵的灯泡。"波兰尼得到结论：工农业"正在以不明其操作的细节组成部分的方式进行着各自的生产活动"，"即使在现代工业的种种行业中，难以确切表达的知识依然是技术的基本组成部分"[①]。在这里我们必须强调：技术技能不只是默会知识，我们可以显性地知道技术技能成功实施所遵循的一定规则，这是显性知识；技术技能成功实施过程具有很多不可言传的部分，这才是默会知识。

对具体个体的知识的关注始于心理学的研究，不管是杜威创立的"实验的经验主义"知识论，还是迈克尔·波兰尼创立的意会认知论都是建立在心理学的基础之上。现代认知心理学从个体知识的产生过程及表征形式等角度对知识进行研究，将知识区分为陈述性知识与程序性知识两类。前者用于回

---

① ［英］迈克尔·波兰尼：《个人知识》，许泽民译，贵州人民出版社 2000 年版。

答事物"是什么""怎么样"的问题，也称为描述性知识；后者主要用来解决"做什么"和"如何做"的问题，也称为操作性知识或实践性知识。

职业技术技能是职业教育知识的主要内容，人们一般将其归入程序性知识类别，但波兰尼所说的技能并不仅指职业技术技能。他所描述的"个人知识"包括个人性、默会性与寄托等三大支柱，而默会性的成分包含于所有的个人知识中。陈述性知识、程序性知识并不等同于显性知识与默会知识，而是陈述性知识包含有显性知识与默会知识，有的程序性知识也包含显性知识与默会知识。波兰尼就将"识知"视为对被知事物的能动领会，是一项要求技能的活动。他所说的对被知事物的能动领会和外显表达过程，很容易让人联想到老子所说的"道可道，非常道"。从波兰尼在《个人知识》中显露的雄心即这个副标题"迈向后批判哲学"可以看出，作者的目的不是为了说明技术技能有多重要，而是要搭建一个全新的认知构架。因为他发现"相对于传统认识论所依托的可明确表述的逻辑理性，人的认知运转中还活跃着另一种与认知个体活动无法分离、不可言传只能意会的隐性认知功能，而这种意会认知却正是一切知识的基础和内在本质"。

3. 中职课程知识的特点

（1）中职课程知识主要源于工作体系。物品设计、生产和交换是人类社会存在与发展的基础。人们称人类物品设计、生产和交换体系为工作体系，其主体是工匠。徐国庆教授认为工作体系的要素包括了职业、工作、技术；在工作体系的基本要素中，职业是载体、工作是过程、技术是手段，三者具有密切的内在逻辑。[①] 中职学校培养具有综合职业能力，在生产、服务一线工作的技术技能型人才（或者称之为工匠），主要是为工作体系服务的。不仅中职教育课程知识服务对象是工作体系，而且其主要来源也是工作体系。

在工作体系中，人们为了生存和发展而寻求发展的工作。随着社会分工的产生，人类社会出现了职业。职业是个人在社会中所从事的并以其为主要

---

① 　徐国庆：《职业教育原理》，上海教育出版社 2007 年版，第 34 页。

生活来源的工作种类，人们通常以职业为载体从事物品的生产、交换活动。随着社会经济和技术的发展，人们往往会建立行会组织来协调同一类职业的工匠活动。为了更好地促进某一职业的发展，行会组织建设职业标准及职业资格证书，促进劳动者在同一职业范围流动，提高劳动者的素质。职业教育所面向的特定职业一般是直接从事物品生产、交换或服务的职业。职业教育课程正是以某种特定职业所需知识和能力为方向来整理和筛选知识的。

工作是人们以特定职业为载体进行制作物品或从事服务的过程。工作过程往往体现为完成某项任务的过程。完成工作过程中的某项任务，不仅仅需要熟悉操作过程，还需要与职业内部不同个体进行沟通与合作。所以，完成工作任务不仅需要一定的职业技能，还需要具备与工作组织多数成员相适应的价值观、纪律意识、文化知识、沟通合作能力等，这对当事人的综合职业能力提出了要求。职业教育课程知识不能仅仅是操作训练，我们还需要把受教育者看成是独立自主的个体，他们需要社会交往、沟通、合作等方面的公共性的、基础性的、生活性的知识。

现代工作体系是建立在现代技术运用的基础上的，现代职业教育也是技术革命催生的结果。美国技术哲学家米切姆教授认为技术包括了人工物的技术、知识的技术、活动的技术和意志的技术四种类型。[①] 其中，作为人工物的技术，就是把技术看成是特定的人造物，如装备、工具、机器、消费品等；作为知识的技术，就是把技术看成是特定形态的知识，如技巧、技艺、技术规则等；作为活动的技术，是指技术是生产和使用物体的活动或过程，如设计、生产、运行、操作和维修等；作为意志的技术，是指技术的使用包含了目标、意图、愿望及选择的成分。技术的四种类型都只是说明了技术的一个侧面，而完整的技术是这些侧面的有机和动态的结合。技术是一个过程或一种活动，当人们在一定技术目的指导下通过运用知识和工具等制造某个物品或完成某项任务时，便会构建技术过程或技术活动。将技术定义

---

① 张建强：《米切姆技术概念框架的职业教育意蕴》，《教育理论与实践》2018 年第 21 期。

为活动时，人就必然成为技术系统的主导因素，就必然离不开个人的经验知识与技能。这时技术知识、经验知识与技能构成了职业教育课程知识的核心内容。

工作体系不是固定不变的。随着现代技术越来越智能化，旧职业很快消失，新职业很快出现。即使职业变换没有那么快，一个人一生只从事一种活动也是很难想象的，这需要把中职教育课程知识的筛选放在一个更广阔的社会背景中去思考。人们的工作方式也在不停地发生改变，工作体系对智慧技能的要求也会越来越高，对个体的具体技能要求会逐步降低，因而技术中科学知识含量也会增多，这是中职教育课程知识选择时要注意的重要问题。当然这并不是要求中职教育要回到普通高中的学术教育体系中去，理论知识的学习有助于学生掌握技术，但是技术的掌握、技能的习得仍然必须通过实训才能得以实现。正是工作体系对经验知识和技能等这些具体技术的需要，才彰显了包括中职教育在内的职业教育之所以存在的价值。

（2）中职课程知识的特点。普通高中教育产生发展的基础是学术体系，其课程知识的主体是学术知识，服务对象是学术体系。中职教育产生发展的基础是工作体系，其课程知识的核心是技术技能，服务对象是工作体系。所以中职教育课程知识特点的讨论也主要围绕技术技能知识而展开。

第一，技术与技能具有适配性和伴随性。在探寻技术与技能的关系时，翻阅很多文献，发现不同的人对技术的观点都不一样，但都不时透露出不同的情怀，这让人想起苏东坡的一句诗——"人生识字忧患始"。虽然忧患的内容不一样，但是忧患的情绪却一样真实，这也许是因为技术本来是因"人"而生的，也是为"人"而生的。所谓宝剑配英雄，是因为英雄具有高超的剑术能发挥剑的最大威力。但是中国名剑——越王勾践剑，现躺在湖北省博物馆，人们已经忘记了它曾经伴随越王勾践冲锋杀敌时的所向披靡，只是探究当时匠人何以能用青铜生产这么高水平的短兵器——这是铸剑术。剑术与铸剑术后面不都是有一个个鲜活的面容吗？但现在，这一个个鲜活的面容早已随风而去，只留下越王勾践剑静述风云。偶尔也会发出这样的感叹：他们的技能真高超；还有那个清瘦的铸剑师，竟然还在自己的身体里融入了少量的铝和微量的镍，他是如何掌握这个技术的？或者连他自己也不清楚，这些铝和镍竟然这么完美地与自己生活在一起。"铸剑术"是对物性之探索为人所用，是基于物的技术。"剑术"（实际是"用剑术"）是对人性之探索依于物用于物，是基于人的技术——也称技能。人有人性，物有物性，人造之物则内含人性之光、物性之美。技术的进步推动机器设备的出现，人类从手工生产发展为机械化生产，又从机械化发展为自动化，再从自动化走向智能化。有汽车，才有汽车驾驶；有汽车技术，必然会有汽车驾驶技术。人们总是会不断学习训练，以提高掌握和运用这些技术的能力；不仅训练人类通过身体器官产生动作（动作技能），而且还强调人类对智力的运用（心智技能），毕竟心灵才能手巧。所以说，技术与技能是随动的、伴生的和互动的。

第二，技术具有模块化特征。在《技术的本质》一书中，阿瑟将技术定义为实现目的的手段，并指出技术是由零部件组成的组件系统或模块，这是基于物的技术。技术拥有客观的物理属性，一个个的零件和部件等物理元件是技术表达形式。一开始技术系统由一系列零散的零件松散地串在一起，随着技术进步，这些零件就有可能"凝固"成独立的单元，这些技术模块逐步演变为具有固定功能的标准组件。若干标准组件往上组合集成较大的技术模块，构成一次集成；若干一次集成往上组合集成更大的技术模块，构成二次集成。这样的模式不停地重复，最终形成各个集成系统。这样技术最基本结构包含一个用来执行基本功能的主集成和一套支持这一集成的次集成，它们自己可能还有子集合和次级零部件。以上分析的是基于物理现象的技术，商业组织、司法系统、货币系统或者合同等基于非物理现象的技术，同样自顶向下逐层把系统划分成若干模块，来分别反映其内部特性。在职业世界中基于"物"的技术与基于"人"的技术具有伴随性和适配性，所以技术的模块化结构为职业教育设置模块化课程、进行单元划分提供了现实的可能性和可行性。

第三，技术由不同等级的技术构建而成。因为技术是由零部件若干集组而成的，所以可以将技术从上到下分解为不同的功能组件（忽略它们是支撑性的还是核心性的）：整体技术分解成主集成、若干次级集成、若干次次级集成等，直至分解为最基本的部分——单一零件。这就是技术的层级结构，阿瑟表达为"整体的技术是树干，主集成是枝干，次级集成是枝条，最基本的零件是更小的分枝"[①]。技术的树状结构说明技术具有递归性结构，由于技术是由不同等级的技术建成的，每一单个技术都可以细分为更小的技术单元，直到分解成最基础技术元素。从另一方面来说，技术系统是从最基础的技术元素开始，层层往上进行组合，形成不同层级的集成块，最后构成了"完成某一目的"的系统。这样也给职业教育带来两个方面的影响：一是由于技术由不同技术等级构成，为技术问题解决及技术问题探究提供了路径，为学生个人成长提供一个参照系，也为划分职业教育层次结构提供了现实基础。二是其内部所有技术都有相似性，为学生整体地了解技术提供了方便，为技能迁移提供了较好的环境，同时也让所有的技术可以作为组件为技术创新作好准备。

第四，技术技能是一种程序性知识。对于什么是技术？牛津版《技术史》（第 1 卷）前言中说："编者所说的技术，包含如何做一件事或如何制作一样东西，并扩展到做了一件什么事或制作了一样什么东西的描述。"[②]因此，技术技能是一种十分典型的程序性知识，每项技术技能都会指向一个要执行的任务，具有很强的操作性和实践性。技能行为是以本能为基础的，技能形成取决于四个主要因素：感官知觉的能力、协调过去与现在的感官印象的能力、生物体的体力、环境的要求，这四个因素是相互关联的。人类使用工具是适应某种特殊情形（环境）的一个途径，起源于试错学习或顿悟学习，这个学习过程反映了神经系统的组织程度，并且需要有敏锐的感官知觉。技能的学习和日臻完善基本上是发生在青少年时期的，这对职业教

---

①　[美] 布莱恩·阿瑟：《技术的本质》，曹东溟、王健译，浙江人民出版社 2014 年版。

②　查尔斯·辛格、E. J. 霍姆亚德、A. R. 霍尔主编：《技术史》第 1 卷，王前、孙希忠主译，上海科技教育出版社 2004 年版。

育具有重要的意义。技能的习得分为三个阶段：第一阶段是习得知识的陈述性形式，并与原有知识形成联系；第二阶段是经过各种变式练习，将陈述性知识转化为程序性知识；第三阶段是过程性知识依据线索被提取出来，解决"怎么办"的问题。这也是默会知识学习的必然要求。第二阶段是技术技能习得的最重要的关键环节，需要强化实操训练，包括在实训室的训练和在企业岗位上的实习训练。因在职业教育中，职业技能是与特定的岗位与环境相联系的，如果没有相应岗位，技能训练就失去了存在的基础，同时生产岗位的实操训练对于技能型人才有着特殊的意义。只有经过实训室和企业岗位上的训练，学习者才能根据岗位的实际情况相对自如地解决"怎么办"的问题，让技术技能发挥真正的效用。

（二）中职教育知识生态系统

1.中职知识生态系统的构成

（1）中职知识生态系统的形成。根据生态学的基本理论，生态系统指的是自然生态系统，一个生态系统一般包括非生物的物质和能量及生产者、分解者、消费者三种生物群落。生产者为各种绿色植物，在生物群落中起基础性作用，是生态系统的主要成分；分解者为一种异养生物，将无生命的复杂有机质分解成生产者可重新利用的物质完成循环，是生态系统的必要成分；消费者指以动植物为食的异养生物，通过捕食和寄生关系在生态系统中传递能量。一个生态系统只需要生产者和分解者就可维持，消费者起加快能量流动和物质循环的作用。目前，生态系统理论与方法早已渗透到政治、经济、文化、教育等诸多研究领域，并形成政治生态学、社会生态学、文化生态学、教育生态学、知识生态学等分支学科。

教育生态学是教育学和生态学相互渗透的结果，研究的是教育与其周围生态环境之间相互作用的规律和机理的科学。一般情况下，人们认为有了教育者、受教育者和教学内容，教育生态系统也就形成了。人们在分析教育生态系统时，也主要侧重于教育者与受教育者的关系与冲突，甚至有人断言

"教育的根基是学生和教师之间的关系"，但好像忘记了学生与教师产生关系的根本原因。《反思教育：向"全球共同利益"的理念转变？》认为教育是有计划、有意识、有目的和有组织的学习，一些非正式教育包括可能发生在工作场所（例如实习）、地方社区和日常生活中的学习活动，则是以自我指导、家庭指导或社会指导为基础。①《反思教育》引用了印度原教育部长网布·卡拉姆·阿扎德的一句话："将教育本身视为一项目的，我们从中认识到知识是终极价值之一。"所以，我们可能得到一个结论，知识——教育内容，才是教育生态的核心纽带。这也是本研究要从知识生态系统入手，分析中职课程知识的重要原因。

1991 年，美国最早提出了知识生态系统的概念。我国学者孙振领、李后卿等认为，"知识生态系统是从生态系统生态学理论和知识特性分析，在特定时空范围内，由知识资源、知识服务活动、知识创新活动以及他们的交流和协作环境所组成的，借助于知识流动、价值流动、物质流动等功能而形成的开放、动态的知识系统"②。郭金明以生态系统为参照，分析创新生态系统的要素与结构得出如下结论：大学和科研机构是创新知识的生产者，主要对知识加以应用的企业是知识消费者。分解者有职业教育机构、科学技术普及机构、行业协会以及消费者等，大学和科研机构等知识生产者以及企业等知识消费者也承担部分知识分解的功能。③根据知识生态系统的一般认识，我们认为中职教育知识生态系统是在中职教育某一特定的时空范围内，由知识资源、知识生产者、知识分解者、知识消费者及外部环境构成的统一整体，在这个统一整体中，各要素与环境之间相互影响、相互制约，并在一定时期内处于相对稳定的动态平衡。中职教育知识生态系统（简称"中职知

①　联合国教科文组织编：《反思教育：向"全球共同利益"的理念转变?》，联合国教科文组织总部中文科译，教育科学出版社 2015 年版。

②　孙振领、李后卿：《关于知识生态系统的理论研究》，《图书与情报》2008 年第 5 期。

③　郭金明：《创新生态系统的知识分解者》，《安徽理工大学学报（社会科学版)》2019 年第 4 期。

识生态系统"）能够独立成为一个系统，主要是由于其整体上也具有特定的、无法替代的功能，其知识资源及知识生产、分解和消费过程都具有相对独立的特点。

（2）中职知识生态系统的构成。中职知识生产者包括知识创新者与知识整合者。由于技术与技能具有伴随性，职业教育的新知识往往与新技术、新工艺、新材料、新设备、新观念等具有紧密关系。中职教育的知识创新者包括创新企业、能工巧匠、科研机构（包括企业科研机构）、职业院校等。知识整合，是指相关个人或机构按照中职教育的培养规格要求将社会上的新知识和原知识有机地融合起来，使之具有较强的条理性、系统性，必要时还会进行知识体系重构，形成中职教育的知识体系，包括相应的职业标准、行业企业的工作标准、教学标准、教材等知识资源。中职教育的知识整合者包括国家相关部门、教研机构、行业机构、相关企业、出版机构、学校及教师、中职教学资源平台提供方等。中职知识生产者一方面产生新的知识，另一方面整合相关知识，决定了知识消费者获取知识的种类、结构及复杂程度。他们提供的知识资源构成了中职知识生态的基础。在知识生产过程中，政府处于决策控制的地位，对中职知识资源整合具有最广泛的影响。

中职学校及其教育教学工作人员是中职知识的主要分解者。无机物是生态系统物质循环的起点，生态系统中分解者把有机物分解为无机物，使生态系统完成最后的物质循环。奥地利哲学家卡尔·波普尔将知识分为常识、经验性知识、神话故事和传说、科学知识、哲学、艺术知识、宗教等7类，并认为常识是其他一切认识的基础。在创新生态系统者中，创新知识起源于我们熟知的常识，知识分解者也要把创新知识逐步分解到常识中才能完成最后的知识循环。正是知识分解者不停地将较复杂的知识资源转化为消费者能理解接受的知识，让知识广泛地被为人类所掌握，从而提高了整个社会的知识水平，社会的创新起点也就越来越高，内容也越来越丰富。中职知识分解者主要是学校教师，还包括来自企业的实习指导教师、兼职教师、师徒制下的师傅等。由于在线教学方式的产生及学生之间相互学习等，让知识分解者有复杂化的趋势。由于学习是一项主动性极强的活动，知识消费者某种程度上也充当了分解者的角色，中职教育的知识消费者呈现出分级现象。从中职知识生态出发，教育机构的学生是初级知识消费者，企业事业单位等因为接收中职学生就业就成为二级知识消费者；但是从整个知识生态系统而言，创新的知识往往最先被企业直接使用。2003年，欧盟组织对3000名企业家进行的一次调查发现，近1/2接受调查者把企业的创新能力归功于企业的职工。由于技术技能是程序性知识，也是默会知识，中职学校学生相对于普通高中学生而言，需要投入更多的时间用于操作训练或岗位实习。为了保证知识消费效果，也为了学生得到二级知识消费者的认可，学生往往要参加职业资格或技能等级证书的认证。如果学生想继续接受更高等级的教育，一般需要通过参加升学考试才能有资格进入高等教育知识生态系统。

（3）中职知识生态系统结构。中职知识生态系统按群落可分为知识资源系统、知识分解系统、知识消费系统三部分。其中，知识资源系统可分为知识整合亚系统和知识创新亚系统，主要承担知识生产者的功能；知识分解系统可分为中职学校教育亚系统和中等职业培训亚系统，本课题主要讨论的是中职学校教育亚系统；知识消费系统根据消费者的性质可分为个人知识消费亚系统和组织知识消费亚系统，中职个人知识消费亚系统的主体是中职学生，中职组织知识消费亚系统主体包括企业等用人单位、招收中职毕业生的高职院校等。知识资源系统、知识分解系统及知识消费系统通过知识服务活动联系起来，中职知识生态系统结构如图4-1所示。

在中职知识生态系统中，知识成链条式的流动，知识在流动过程中不断被分解吸纳，又不断在原有的基础上产生新的知识，推动人类文明不断发展和进化。中职教育源于工作体系，也服务于工作体系。正是因为中职教育的知识具有强烈经验知识的特点，产教融合、校企合作、工学结合成为中职教育的基本特征。随着教育和知识被视为共同利益，这意味着知识的创造、控制、获取、习得和运用需要向所有人开放，这推动了中职教育成为一项社会集体需要，中职知识生态系统也因之向更高级层次发展。

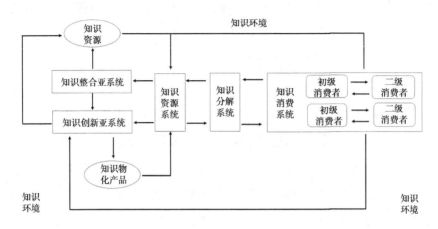

图 4-1 中职知识生态系统结构图

2.中职知识生态系统的功能

我国学者普遍认为知识生态系统具有知识流动、价值流动、物质流动三大功能，中职知识生态系统的三大功能都具有其自身的特点。

（1）中职知识生态系统的知识流动。知识流动是指特定知识环境下，知识在中职知识生态系统内部或系统之间不同知识主体之间进行转移、交换、共享和应用的动态过程。中职知识生态系的知识流动一般由知识生产者、知识分解者、知识消费者、知识通道、知识环境等五个根本因素组成。

在中职知识生态系统中，知识资源系统内部、知识分解系统内部的知识流动分别体现为知识生产者之间、知识分解者之间的知识转移、交换、共享和应用；知识资源系统与知识分解系统之间的知识流动体现为知识生产者与知识分解者之间的知识转移、交换、共享和应用。知识资源系统的知识流动最为重要的是知识创新者与知识整理者之间进行的流动。知识创新者主要包括企业、科研机构、应用大学、职业院校等。知识整理者包括行业组织、中高职院校、资源平台机构等，其中行业组织在知识整理中扮演了十分重要的角色。中职知识生态系统的知识流动方式往往以显性知识流动为主，体现为新知识、新理论、新技术、新职业标准、新专业教学标准、新课程标准、新教学资源与教材、新教学手段与工具使用及知识成果的授权转移等。隐性知识流动体现为知识互动交流、知识创新活动中的附加转移、中职教育培养培训活动及人才流动等。中职知识资源系统与知识分解系统及他们内部的知识流动构成了知识生态系统最深层的知识流动，往往不受社会大众的关注，但这是提高中职知识生态系统整体运行质量的基础。

知识分解系统与知识消费系统之间的知识流动主要发生在学校教师（含企业兼职教师）与中职学生之间。知识分解者一方面需要及时获取新的显性知识，对显性知识进行整理、组织，并根据知识生态系统内对应知识消费者的实际情况向他们提供显性知识；另一方面知识分解者要通过吸收外界知识建构和完善自己的隐性知识，并通过言传身教等方式将自己的隐性知识向知识分解者进行显性表达。相对于普通高中而言，中职知识分解系统与知识消费系统之间的隐性知识流动显得特别重要。中职教育中的显性知识是可以通过文字化归档的信息，并可以通过数据库、教材等方式进行传播，分享和传递比较容易。感官知觉的能力、协调过去与现在的感官印象的能力、生物体的体力、环境的要求等都是影响技能形成的重要因素。技能持有者的现场展示、直接面对面的交流、操作视频实录、讲故事等，都是隐性知识显性表述的重要方式。知识消费者掌握技能，也需要在特定环境下进行观察、交流、训练、体悟。中职知识分解系统与二级消费者的知识流动主要体现为人员的流动，即通过中职学生到企事业单位就业或者中职毕业生到高校深造来完成的，这成为检验中职知识流动质量和水平的重要环节。

知识通道是知识从创新地传播流动到知识接受目的地的路径。完整的中职知识生态系统的知识通道包括知识从创新者开始，传播到知识整理者、知识分解者、知识一级消费者、知识二级消费者的通道。中职教育是跨界的教育，中职知识生态系统的知识通道连接了企业界与职业教育界，其知识通道的长度非普通高中教育能比。中职教育面向的职业群基本遍及了一个国家或地区的所有产业部门，因此中职教育专业类别较多，知识通道的宽度也较为广阔。知识通道是借助于知识链和知识网络来实现的。知识链是指生态系统中的职业学校和企业等单位内部的知识捕获、选择、组织和创新以及知识在不同单位主体间的转移、共享与扩散所形成的链状结构，众多相互联系的知识链形成了知识网络。① 随着网络技术的发展，中职教育通过相关知识资源平台、在线课程等网络传播知识的方式得到了推广。中职知识网络是由若干子系统构成的相互之间进行知识交流、知识供应的网络结构体系，企业、中职学校、高职院校、行业组织、政府机构等都是网络结构中的一个节点。知识生态系统中的每个个体和组织之间因为知识流动发生密切联系，每一个结点都是知识源，它的知识传递制约着下一个结点的知识接收。

（2）中职知识生态系统的价值流动。中职知识生态系统的知识流动往往会伴随价值流动。知识在不同个体或组织之间进行流动，要遵循一定的价值交易原则，最大限度地满足人类不同层次、不同类别的需要，因此价值流动是知识生态系统各组成部分发生联系的纽带。正是由于价值流动的存在，中职知识生态系统各组成部分才能凝聚成为一个稳固的、动态的知识联盟。1985 年，迈克尔·波特教授在《竞争优势》一书中提出了著名的价值链理论。波特认为每一个企业都是在设计、生产、销售、发送和辅助其产品的过程中进行种种活动的集合体，所有这些活动可以用一个价值链来表明。价值链上的每一项价值活动都会对企业最终能够实现多大的价值造成影响。价值链理论不仅在企业收益、国际分工以及经营战略等方面具有重大作用，也对教育领域产生了重要影响。

价值链在中职知识流动中是无处不在的，不仅中职知识生态系统上下游关联的组织之间存在价值链，各个组织内部各业务单元之间也存在价值链联结。知识的价值是知识主客体对知识流动产生利益的期望。中职知识生态系统的价值分为经济价值、文化价值和社会价值。知识创新亚系统创造新的教育产品来获取价值，表现为知识的经济价值；在原有知识基础上创新研究形成的新理论知识，则会带来社会价值。知识整理亚系统对知识进行整理、加工、组合，形成教材等教育产品，以便有利于中职师生使用或掌握，并获

---

① 唐艺、谢守美：《知识生态系统中的知识流动研究》，《情报科学》2009 年第 8 期。

得其产生的附加值，这属于知识的经济价值；如果形成和发布相应的职业标准、教学标准、课程标准，则会带来社会价值。中职学校等知识分解系统通过提高中职学生学习效果和质量，则会产生社会价值，并因此获得政府或私营机构的投资，这又会给教育机构带来经济价值。知识消费者因接受中职教育获得更好的就业机会，并给服务企业创造更好的经济效益，这些又体现为经济价值。在中职知识生态系统中还存在隐性知识流动所产生的价值转移，这时候受尊重或信任或证明自己的能力成为影响知识流动的关键因素，这属于文化价值范畴，它在知识生态系统的各个部分都存在。①

中职价值创造体系是由知识创新者、知识资源整合者、知识分解者、知识消费者共同组成的交互式的网络关系。网络技术推动了知识链向知识网拓展，也推动了价值链向价值网发展。价值网的核心目标是为顾客创造价值，通过始终保持着与消费端实时紧密的互动，价值网将顾客纳入价值的创造环节，顾客通过网络协同参与到价值的增值环节，价值创造的管理模式更加扁平化。② 价值网是一个动态平衡的运作整体，信息技术为知识共享创造了更为有利的条件，知识信息共享也会加速知识创新，延伸了价值创造的深度。知识网和价值网也将促进中职知识生态系统形成以知识消费者为中心，资源共享、信息共享、合作共赢的新型商业形态。

（3）中职知识生态系统的物质流动。在中职知识生态系统中，物质资源是知识流动产生的基础。物质流动是指在知识生态系统中投入的物质资源分配过程，主要包括设备、资金和人力资源的投入。③ 中职知识生态系统中的广义物质资源不仅包括中职学校和生态系统中其他组织开展知识生产和分解活动所需的场所、设备、工具、材料、资金等，还包括从事知识创新、整合、服务、分解等活动的人力资源。物质流动是价值流动的反映，价值是决

①　孙振领、李后卿：《关于知识生态系统的理论研究》，《图书与情报》2008 年第 5 期。
②　李题印：《商务网络信息生态链价值流动机理及评价研究》，吉林大学博士学位论文，2019 年。
③　孙振领、李后卿：《关于知识生态系统的理论研究》，《图书与情报》2008 年第 5 期。

定物质流动方向的主要因素。获取更大的经济或社会价值还是生态系统内的组织投入大量的设备和资金的动力。中职知识生态系统中不同组织间的物质流动,特别是公办中职学校与私营合作企业之间的物质流动目前还存在一定的体制障碍。中职校企合作知识生态系统是中职知识生态系统内一个十分重要的子系统。多年来,许多地方中职学校与合作企业想通过探索混合所有制的形式来推动中职学校与私营合作企业之间的物质流动,想通过相互兼职的方式来完善校企之间的人员流动,目前这种探索还不能说完全成功。校企之间物质流动是否正常与合理,是关系到中职教育能否扎根社会工作体系,能否融入社会经济发展机体的重要问题,对知识生态系统的稳定发展具有十分重要的影响。

中职知识生态系统的知识流动、价值流动、物质流动等功能具有一般知识生态系统相应功能的特征。重视中职知识生态系统功能的特殊性研究,才能深刻提示其运行的独特规律,凸显其类型教育、基础教育、跨界教育的特点。对于中职知识生态系统而言,如何有效地实现技术技能这种隐性知识的显性化表述,是其有效实现知识流动功能的难点;如何有效实现中职毕业生的社会价值与个人价值相对统一,是提升其价值流动功能的关键;如何实现物质资源在校企之间的合理流动,是稳定发展中职知识生态系统的重点。现代信息技术和现代传媒技术的发展,为隐性知识的显性化表达提供了更好的记录载体和传播流动手段,对完善中职教育的知识流动提供了更好的条件。我国纵向贯通的现代职业教育体系建设正在成为现实,这为中职毕业生实现社会价值与个人价值的有效统一提供了基础。国家和社会对产教融合、校企合作的持续重视,各地产教融合、校企合作的有效探索,也为校企合作之间的物质合理流动提供了新的路径。知识环境的持续优化,正在为中职知识生态系统更为有效地实现其功能提供新的契机和条件。

3.中职知识生态系统的关键点

中职知识生态系统是教育知识生态系统的组成部分,但其在运行过程中也有其不同于普通教育的特点。

（1）中职知识资源系统。哪些知识应进入中职教育课程知识，即中职学生应获取哪些知识的问题，是中职知识资源系统要解决的主要问题。课程知识具有极强的目的性、计划性，它的确定往往要体现出社会环境的要求、职业工作的需求、学生个人现实与发展的需要。知识与职业适配、知识与个人适配、知识与环境适配是中职知识资源系统运行的基本准则。获取这种知识的过程是学生个人成长的过程，也是学生能力满足职业工作需要的过程，还是学生适应社会环境的过程。所以中职知识的确定涉及政府、行业、企业、学校、教师、社区等众多利益主体。

我国中职知识资源系统中存在的最大问题是知识与职业工作不适配的问题，主要体现在如下几个方面：第一是最相关行业的新技术、新工艺、新设备、新方法进入知识资源体系滞后，这当然与知识保护和知识私有化等有关，但更多的是中职知识生态系统与经济社会环境的融合问题。第二是中职教育课程中陈述性知识较多，知识体系的学科化比较明显，这当然与技术技能这种经验知识具有难以言传的因素有关，但也与中职教育作为类型教育发育不充分及技术技能知识记录载体不丰富有关，尽管职业教育界为之付出了巨大努力，这个问题仍然突出。

这些问题的解决远远超出了单一学校、单一教师、单一学生的能力范围。在众多的中职知识生产者中，行业组织和企业是对某一特定职业相关工作过程性知识最清楚的知识生产者，但是其介入中职知识资源生产不深入，是当前中职知识资源系统存在上述问题的最根本原因。在当前我国行业组织发展不充分的情况下，中职学校要积极发挥其知识整合者的功能，主动地加强与行业和企业合作，提高整合知识的能力。政府相关部门要出台措施，加大发展行业组织的力度，并鼓励相关行业和企业把发展职业教育纳入行业和企业发展整体计划和行动。加大政、校、行、企联动机制建设，充分利用信息手段系统地、有计划地、有步骤地采取措施提高中职知识创新和整合的能力。

（2）中职校企合作知识生态系统。中职校企合作知识生态系统是中职知识生态系统的一个重要组成部分。校企合作主要是指职业学校和企业在实施教育过程中通过共同育人、合作研究、共建机构、共享资源等方式实施的合作活动，校企合作已成为我国中职教育办学的基本模式。校企合作不仅可以实现校企共享信息、资源，共同育人，更为重要的是为学生提供了真实职业环境，为培养学生的岗位核心能力、岗位迁移能力和可持续发展能力提供了必不可少的条件。在校企双主体条件下，企业不仅是中职教育的知识创新者，还是重要的知识分解者，在技术技能知识的传承与创新过程中发挥重要作用。在政府统筹功能有效履行、行业组织作用充分发挥、校企双主体办学深入开展的条件下，校企合作生态系统如图4-2所示。

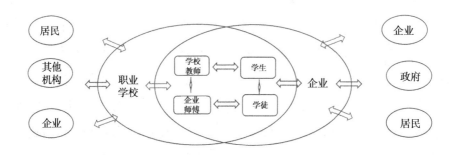

图 4-2 校企双主体办学生态系统图

我国推行职业教育校企合作已有多年，由于企业在校企合作中的地位、责任、权利、利益、义务等不明确，企业参与校企合作还缺乏足够的动力和积极性。从中职知识生态平衡的角度来看，校企在知识交流与合作方面要注意处理好如下几种关系：

第一是学校课程知识与企业技术进步需要保持动态适配。一般情况下技术进步会推动企业设备和工具升级更新。在企业特定情境下，不断进步的设备和技术会产生特定的劳动分工，并诉诸劳动者新的技能要求。政府、企业、学校等将通过多样化的教育和培训，以满足劳动者对新技能需求。在校企紧密合作的情况下，企业的知识创新往往会推动学校及时更新课程知识。如果校企合作不密切或学校对企业变化不敏感，课程知识更新就要等到一定区域的知识资源系统调整之后才可能发生。第二是学生技能训练与企业技能需求需要保持相对平衡。因为中职技能知识具有较强的默会知识的特点，它的习得对职业环境有较强的依赖性。学校教学环境与企业生产经营环境有较大的差异，包括人员组织、业务真实度、生产设备与工具配置、教学要求与生产要求等都呈现不同的特点。让学生技能训练与企业技能需求保持相对平衡的途径之一就是让学生参加实习，在真实的职业环境中提高技能水平，这其实也是校企进行的一种知识交流。第三是学校知识结构与企业技能结构保持相对平衡。学校知识结构通过师资知识结构体现。如果学校教师缺少企业岗位相应的技能，一般通过师资培训、聘请企业兼职教师、强化教师企业实践等方式来解决。目前，企业兼职教师已经成为职业教育平衡学校知识结构与企业技能结构的重要方式，但是企业提供兼职教师也受制于校企不同的目标追求和不同的用人机制，需要进一步加以理顺。

从目前我国中职校企合作生态系统的运行来看，大部分校企合作在知识流动方面还需要继续加强，中职学校也可以凭借师资力量的优势积极参与企业员工培训和技术技能创新活动，提高中职学校服务企业发展的品质。信息化技术和电子传播技术为技术技能的传授提供了较丰富的媒体介质和更为有利的方式，能工巧匠的言传身教可以很方便地进入学校日常教学活动之中，对改变中职教育课程知识的形态结构及学科化的知识体系有重要的意义。

（3）中职与高等教育知识生态系统的衔接。中职学生是中职知识生态系统的初级消费者。学生毕业后，有的进入企事业单位就业，有的进入高校继续深造。高校也是中职知识生态系统的二级消费者。加强我国中职与高等教育知识生态系统的衔接探索，这对我国教育事业发展具有十分重要的意义。

第一，实现中职与高职知识生态系统衔接是构建纵向贯通的职业教育知识体系的内在需要，也是系统培养技术技能型人才的必然要求。德雷福斯（Dreyfus）模型将技能型人才的成长分为新手、入门、胜任、精通、专长、大师、实践智慧等七个阶段，因此技术技能型人才成长具有分层递进的特点。欧洲46个国家建立并实施了8级"欧洲资格框架（EQF）"制度，这是职业资格与学历资格相互认定的重要依据。"欧洲资格框架（EQF）"中的 6 级等同于"学士"（即职业本科或技能本科），7 级等同于"硕士"，8 级等同于"博士"。我国中职与高职教育衔接探索已经取得了重要成果，不仅初步建立中高职课程衔接体系，还形成了中高职贯通培养模式及"职教高考"制度，这为中职学生开辟了重要的成长渠道。第二，实现中职与高等教育知识生态系统衔接是解决我国高中阶段教育结构失衡的基本途径。保持普职学校招生规模大体相当，是我国高中阶段教育长期坚持的方针政策。2019 年我国高中阶段教育招生 1439.86 万人，高中阶段毛入学率达到了 89.5%，中职教育招生达到 600.37 万人，占高中阶段教育招生数的 41.7%。我国高中阶段教育已基本上普及，但是存在类型结构失衡问题。例如四川省于 2019 年要求各地高中阶段职普比保持 45% 以上，但实际上中职招生占比仅 40.94%。根据瑞士官方发布的数字，瑞士高达 70%—80% 的初中毕业生并不选择普通高中，而是在初中毕业后进入职业教育。这应该得益于瑞士职业教育与普通教育多重渠道衔接机制：瑞士中职学生能通过相应选拔进入大学（包括本科）学习；瑞士大学生也可以因为职业兴趣的改变而选择接受高等职业技术培训（PET 项目）。根据西欧职业教育发达国家的经验，实现中职与整个高等教育知识生态系统衔接是解决高中阶段类型结构失衡的根本保证。第三，实现中职与普通高等教育衔接是职业教育与普通教育实现横向沟通的需要，也为学生成长提供了选择性渠道，对造就复合式人才有积极作用。目前，我国将中职与高等教育衔接的重点放在中职与高职的衔接上，这是符合我国教育实际情况的做法。同时中职与普通高等教育衔接探索已经开始，例如 2020 年河南省 14 所本科普通高等学校对口招收中职学校毕业生。

虽然目前我国中职与高等教育知识生态系统链接还缺少整体全局的机制，但是随着多形式的职教高考探索的展开、中高职贯通培养及中本贯通培养探索的日益深入，两者的衔接肯定会越来越密切，我们也相信课程知识的衔接将成为两方合作最重要的关注点。

（三）中职知识生态系统的共生演化

中职知识生态系统是一个具有自适应、自调节和自组织功能的复合体。生态系统中每个成员之间不仅仅是竞争或合作的关系[①]，还与其所处的生态系统"共生进化"，形成共生系统。

1.共生理论与中职知识生态系统

（1）共生理论简述。现代生态学认为自然界就是一个共生体，其中的动物、植物、人类之间需要相互和谐，才能共生共荣。狭义的共生是由于生存的需要，两种或多种生物之间必然按照某种模式互相依存和相互作用地生活在一起，形成共同生存、协同进化的共生关系。[②] 共生现象不仅存在于生物界，也广泛存在于社会系统中。[③]1998 年，我国学者袁纯清在《共生理论及其对小型经济的应用研究》中对共生基本要素、基本原理、基本方法及共生动力模型等内容进行了阐述，并将共生现象分析研究拓展到经济学领域。[④]目前，共生理论在知识创新、教育生态等社会科学领域中得到了运用。现将共生理论的基本内容介绍如下：

第一，共生基本要素。一般地，共生单元、共生模式、共生环境构成了共生的三要素。共生单元是指构成共生体或共生关系的基本能量生产和交换单位，它是形成共生体的基本物质条件。共生模式，也称共生关系，是指共生单元相互作用的方式或相互结合的形式，可分为共生组织模式和共生行为模式。共生单元以外的所有因素的总和构成共生环境，共生环境是共生关系存在发展的外部条件。共生单元按某种共生模式构成的共生关系的集合构成了共生系统，共生系统的状态是由共生组织模式和共生行为模式的组合决定的。也有观点认为共生系统由共生单元、共生基质、共生界面和共生环境四

---

① 胡斌、李旭芳：《复杂多变环境下企业生态系统的动态演化及运作研究》，同济大学出版社 2013 年版。

② 洪黎民：《共生概念发展的历史、现状及展望》，《中国微生态学杂志》1996 年第 8 期。

③ 杨玲丽：《共生理论在社会科学领域的应用》，《社会科学论坛》2010 年第 16 期。

④ 袁纯清：《共生理论及其对小型经济的应用研究》（上），《改革》1998 年第 2 期。

个基本要素构成。反映共生单元内在特征有质参量和象参量两大类指标，其中质参量是反映共生单元的内在性质的指标，象参量反映的是共生单元外部特征的指标。兼容的质参量称之为共生基质，共生基质是共生的必要条件。共生基质是共生单元间的异质的、互补性资源，如技术、管理经验、市场、资金、政策等。共生界面是指共生单元之间的接触方式和机制的总和，它具有信息传输功能、物质交流功能、能量传导功能及分工与合作的中介功能，是共生关系形成和发展的基础，是决定共生系统效率和稳定性的核心要素。在共生基质存在的前提下，处于特定共生环境中的共生单元通过一定的共生界面，形成了特定的共生型组织。

第二，共生的基本原理。共生的基本原理主要包括质参量兼容原理、共生能量生成原理、共生界面选择原理、共生系统相变原理、共生系统进化原理。质参量兼容原理，是指共生单元的质参量之间可以相互表达，质参量兼容与否决定共生关系形成的可能性，质参量兼容方式决定共生模式。共生能量生成原理，是指在共生过程中产生新能量，在共生体中体现为密度和维度的增加。共生界面选择原理，是指共生界面的选择取决于共生单元间的竞争程度和信息的完全程度，共生界面选择不仅决定共生单元的数量和质量，而且决定共生能量的生产和再生产方式；共生界面选择包括对象选择和共生能量分配选择。共生系统相变原理，是指系统从一种状态向另一种状态的转变过程，根据相变的性质不同可分为 M 型相变和 P 型相变，以及连续相变和不连续相变；共生系统存在 16 种基本状态。共生系统进化原理，是指共生进化是共生系统的本质，对称性互惠共生是共生系统进化的一致方向，是生物界和人类社会进化的根本法则。

第三，共生系统相变与共生模式。袁纯清将共生系统相变原理与共生模式进行结合研究，设共生系统 S，有质参量 Z，且存在：$Z = Z (α、β、δ)$。式中 $α = (\sum_{i=1}^{m} k_{si}) / (m \cdot k_{sm}) - 1$ 为系统平均非对称分配因子；$β = r/k$ 为能量使用选择系数；$δ = \frac{1}{m}\sum_{i=1}^{m} δ_i$ 为全要素共生度。$α、β、δ$ 的变化都会引起质参量 Z 的变化。相变原理指出，非对称分配、不匹配使用和全要素共生度变化是共生相变的基本原因。共生系统的相变按关键因子不同，分别有：α 相变主要引起共生行为模式的变化，属 P 相变；δ 相变主要引起共生组织模式的变化，属 M 相变；β 相变既可引起共生模式变化，又可引起共生类型变化，属混合相变。这三种相变为我们认识分析何种相变及其原因、改造自然共生系统、设计构造社会共生系统，提供了方向和方法。[1] 共生系统的基本状态如表 4-1 所示。

表 4-1　共生系统的 16 种基本状态

共生行为 共生组织模式	点共生模式 M_1	间歇共生 模式 M_2	连续共生 模式 M_3	一体化共生 模式 M_4
寄生 P_1	S_{11} (M_1, P_1)	S_{12} (M_2, P_1)	S_{13} (M_3, P_1)	S_{14} (M_4, P_1)
偏利共生 P_2	S_{21} (M_1, P_2)	S_{22} (M_2, P_2)	S_{23} (M_3, P_2)	S_{24} (M_4, P_2)
非对称互惠共生 P_3	S_{31} (M_1, P_3)	S_{32} (M_2, P_3)	S_{33} (M_3, P_3)	S_{34} (M_4, P_3)
对称互惠共生 P_4	S_{41} (M_1, P_4)	S_{42} (M_2, P_4)	S_{43} (M_3, P_4)	S_{44} (M_4, P_4)

资料来源：袁纯清：《共生理论及其对小型经济的应用研究》（上），《改革》1998 年第 2 期。

第四，共生的基本方法。共生理论分析的基本逻辑是从共生现象的识别开始寻求共生单元之间的关系。共生反映了组织之间的一种相互依存关系，共生不是共生单元之间的相互排斥，而是相互吸引和合作。共同进化、共同发展、共同适应是共生的深刻本质。共生关系反映了共生单元之间的物质、信息和能量关系，其产生与发展是物质、信息和能量关系作用的直接结果。一旦这种关系消退或丧失，共生关系就消退或丧失。[2]

（2）中职知识生态系统是一个共生系统。如果我们将中职学校看成是中

---

[1]　袁纯清：《共生理论及其对小型经济的应用研究》（上），《改革》1998 年第 2 期。

[2]　有关共生理论的基本内容如果不特别说明，主要来源于袁纯清的《共生理论及其对小型经济的应用研究》等。

职知识生态系统的核心成员的话，那么中职知识生态系统就是中职学校与外围组织通过价值共创、利益共享、风险共担形成的知识共生系统。这个知识共生系统成员包括中职学校、企业、大学（包括高职院校）、科研院所、行业组织、政府、中职学生等；他们在知识生态系统中履行着知识生产、知识分解、知识消费的职责。我们可以将中职知识生态系统解释为在特定的时空内，知识生产者、知识分解者、知识消费者之间由于存在知识联系、价值流动、物质联系而形成了一个有机的共生体。根据共生理论，中职知识共生系统也应由知识共生单元、知识共生基质、知识共生界面、知识共生环境等四大要素构成。虽然中职知识生态系统由多个系统成员构成，但关键问题仍然是两两单元之间的共生问题，通过共生现象识别寻求共生单元之间的关系，是共生理论分析的基本逻辑。

知识资源系统、知识分解系统、知识消费系统等三个部分构成了中职知识生态系统的基本群落。从生态系统成员个体分类角度而言，中职学生属于知识消费者，而且是一级消费者，这是与中职学校教师这一知识分解者相对而言的。当我们按单位或组织进行分类时，由于中职学校与中职学生不可分，原来中职知识生态系统中的二级消费者，包括用人企业和招收中职毕业生的高校，就单独以知识消费者的身份出现了。因此，用人企业、高职院校作为一级知识消费者是相对于中职学校这一知识分解者而言的。在中职教育逐步走向职业基础教育的背景下，分解系统的核心是中职学校，消费系统的核心为核心企业和高职院校，知识资源系统一般体现为中职教育的配套组织。配套组织一般包括政府机构、行业组织、知识服务平台、出版机构、大学及科研院所等，可以为中职学校提供职业标准、专业教学标准、教材等教学资源、新技术新方法等。中职知识生态系统以中职学校为中心，形成中职学校与企业、中职学校与高职院校、中职学校与配套组织等三对共生单元，如图4-3所示。

中职学校与企业是中职知识生态系统中最根本的一对共生单元。企业对技术技能型人才的需求是现代中职学校存在的基础，而技术技能型人才正是

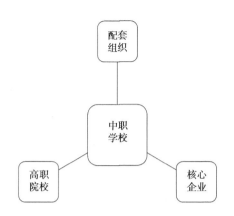

图4-3 中职知识生态系统共生单元结构图

职业教育知识的基本载体。当中职毕业生进入企业工作，中职学校向企业的知识流动就形成了。中职学校正是通过培养企业所需的生产和服务一线的技术技能型人才而发展起来的。校企这对共生单元最基本的共生基质就是技术技能型人才的供给与需求。随着校企共生日益深入，企业作为人才需求方和中职办学主体双重身份介入了人才供应过程，并提供了培养技术技能型人才所需的真实职业环境和工作情境，及具有职业实践能力的兼职教师，这些都是培养技术技能型人才所需过程知识、隐性知识的重要载体。中职学校在与企业合作培养学生的基础上，还通过培训企业员工和为企业提供技术服务等方式介入企业的生产经营过程。所以校企之间的共生界面包括了校企共建实训实习基地、共建专业和课程、互派人员兼职等活动，以及这些校企合作活动后面的职业标准、合作协议、支持政策、技术技能型人才供求机制等。

中职学校的关键资源为提供合格生源，高职院校的关键资源为优质的高职教育学位资源，它们的共生基质是高职教育合格生源的输送与接收。随着"职教高考"制度建设进程加快，国家不再限制专科高职学校招收中职毕业生的比例，并且还要求在培养周期长、技能要求高的专业领域扩大对初中毕业生实行中高职贯通培养的招生规模。为高职教育输送具有扎实技术技能基础和合格文化基础的生源已成为中职学校的重要任务，中职学校与高职院校这一对共生单元对中职知识生态系统的影响力正在迅速提升，并在许多地区超过了中职学校与企业这对共生单元的影响力。我国正在加快推进中职、高职专科、高职本科一体化人才培养体系建设，这需要中职与高职教育在专业设置、培养目标、课程体系、培养方案等方面实现全面衔接。推进"职教"高考、中高职贯通培养、一体职业教育人才培养体系等建设，打造中职学校与高职院校新的共生界面，是中职知识共生系统健康发展的需要。

中职学校与配套组织这一对共生单元，在中职知识生态系统中最容易被忽视，但是对中职知识生态系统的影响却不容低估。配套组织是中职知识生态系统中知识资源系统的主体，主要扮演着知识生产者的角色。知识进入中职教育领域是一个社会选择的过程，而特定的培养目标、行业对人才的需求、政府管理部门的要求、受教者的意愿等都会对知识输入和输出产生影响。2019年《国家职业教育改革实施方案》要求"及时将新技术、新工艺、新规范纳入教学标准和教学内容"，并规定国务院人力资源和社会保障行政部门组织制订职业标准，国务院教育行政部门依照职业标准牵头组织开发教学等相关标准。中职知识创新者主要为行业核心企业或创新企业。德国等西欧国家的行业职业知识的整理者主要由行业组织牵头完成，我国则由政府行政部门牵头完成，在职业标准实际制订过程中，我国人力资源和社会保障行政部门和教育行政部门都要依靠行业组织制订相关标准。在中职学校与配套组织这一对共生单元中，配套组织要提供系统化、标准化、规范化的中职知识体系，而中职学校则需要将这些知识进一步分解为中职学生所理解接受的常识。两者之间的共生界面，既包括行业教学指导委员会、中职教材编写委员会等机构，也包括职业标准、专业教学标准、课程标准、教材、教学资源等。

中职学校与企业、中职学校与高职院校、中职学校与配套组织等是中职知识共生系统中三对十分关键的共生单元，对中职知识生态系统共生演化起着十分重要的作用。在教育活动中，知识传授、创新、运用都离不开单独的个体，在中职学校内部还存在一对十分关键的共生单元，这就是中职学校的

教师与学生。教师与学生的共生基质体现为，学生借助教师的知识传授提升
个人综合素质和就业升学能力，教师借助教育教学活动实现个人的专业发展
及个人增值。学校师生在职业学校这一组织的促进和制约下，通过知识分解
服务、职业技能训练等质参量产生了共生关系，并在国家法律体系、招生市
场体系、政府支持体系、学校组织体系、学校教育教学规范等共生界面上，
通过教育教学等共生行为促进知识与信息的生产、分解和转移，实现共生效
应。中职学生毕业走出校园，或进入企业就职，或进入高职院校深造，这体
现了中职知识生态系统的社会价值。

　　共生环境是中职知识生态系统得以生存和发展的生态环境，是共生单元
之外的所有因素的综合，主要包括政治环境、经济环境、文化环境、技术环
境、教育环境等支撑辅助要素。政府机构是配套组织中最为特殊的部分，政
府机构可能是中职学校的投资者，也可能是中职学校的管理者，还可能是中
职学校与其他共生单元的协调者。根据我国中职教育管理体制，发展中职教
育的责任主要在市、县两级地方政府。市、县两级地方政府与中职学校之间
的共生基质体现为，政府是我国中职学校办学场地、资金设备、教学人员等
资源的主要提供者，而中职学校则为政府提供了社会所需的中职教育公共服
务。地方政府与中职学校是在共生环境的促进和制约下，通过资金投入、知
识服务、人力资源等质参量产生了共生关系，并在实施保障供给、配置资
源、出台政策等共生行为过程中促进中职知识的生产、分解与转移，扩大和
提高技术技能型人才培养的规模与质量。中央和省级政府参与中职教育的相
关行动，更多的是优化中职教育的共生环境。

　　2.中职知识生态系统的共生模式

　　共生模式是共生单元相互作用的方式或相互结合的形式，可分为共生组
织模式和共生行为模式。共生系统是由共生单元按某种共生模式构成的共生
关系的集合，而共生组织模式和共生行为模式的组合往往决定了共生系统的
状态。

　　（1）中职知识生态系统两两单元间共生模式。中职知识生态系统的组织

成员，以中职学校为核心，形成了中职学校与企业、中职学校与高职院校、中职学校与配套组织等三对最为重要的共生单元。因为中职学校与企业这对共生单元的共生模式最为复杂，本研究仅以校企共生单元为例，进行共生系统的两两单元间的共生模式分析。

共生行为模式是共生单元相互作用的形态类型。中职学校与企业之间的共生行为模式一般也分为寄生共生、偏利共生、非对称互惠共生、对称互惠共生等四种行为模式，它反映了共生单元之间的能量和分配关系。校企之间的寄生共生模式是一种特殊的共生关系，一般不产生新能量，能量由寄主向寄生者转移；或为校办企业、或由企业占用学校资源，但不能给学校提供任何回报；或为企业举办职业学校、或由学校占用企业资源，但是不能给企业提供任何回报；寄生共生也不一定会伤害寄主，但寄生关系一般情况下不可能长期存在。偏利共生能为共生系统产生新能量，但能量的分配只惠及其中某一共生单元，而另一共生单元无所得亦无所失。偏利共生模式在我国校企合作中大量存在，而且往往是合作企业无所得，如果缺少补偿机制，最后合作也无法长久。非对称互惠共生模式下，校企合作双方均可获利，但学校与企业之间的地位和能量分配不对等；非对称互惠共生体具有一定的稳定性，但是进化不能同步，甚至不对等达到一定程度会导致共生体解体，需要注意解决非获利方的补偿机制。对称互惠共生模式下，产生的新能量在校企共生单元间对称分配，校企两个共生单元地位对等、双方共赢、进化同步，它要求校企间有较高的信任度、资源互补程度。这种模式是中职校企合作共生的理想模式。

共生组织模式根据共生单元之间的共生组织程度，可分为点共生、间歇共生、连续共生和一体化共生四种模式。点共生模式下，校企共生单元间在某一特定时间发生一次相互作用，校企之间共生关系不稳定，具有随机性、偶然性，例如一个企业偶然地接收了一位中职学生实习或就业。间歇共生模式下，校企共生单元间按某特定时间间隔，多次相互作用，克服了点共生的随机性，但只在某一方面或少数方面发生作用，共生过程仍然不确定和不稳定，共生关系没有反映中职教育与产业联系的必然性。间歇共生是目前我国中职学校与企业之间的主要共生模式之一，主要体现为间歇性接收中职学生实习或就业，校企间有较明显的共进化作用，但是共生界面不稳定。连续共生模式下，校企共生单元在一封闭时间内连续、多方面相互作用，双方在共生关系中获得利益的同时又能维持各自的独立性；校企共生关系比较稳定且具有内在必然性，共生界面较稳定，校企一般能在专业和课程建设、学生实习、教师培训、企业服务等多方面进行交流与合作，不断地推动共生系统向前发展。一体化共生模式，是连续共生模式的进化结果，校企共生单元在一封闭时间内形成了具有独立性质和功能的共生体，例如共建实训基地等，全方位相互交流、相互作用，关系稳定且有内在必然性，具有稳定的主导共生界面。一体化共生，是中职教育校企共生的追求，只有深化共生关系，不断提高共生组织化程度，企业才能深度参与职业学校专业规划、课程设置、教材开发、教学设计、教学实施，合作共建新专业、开发新课程、开展订单培养，形成最稳定的共生关系，持续产生新的共生能量。

中职学校与企业的共生系统的状态是由共生行为模式和共生组织模式的组合决定的。理论上共生行为模式和共生组织模式组合存在 16 种模式选择，但是在现实中只有几种主要共生模式供校企合作选择。寄生这种行为模式在目前我国中职教育现实中是不太可能存在的。校企一体化共生一定是对称互惠关系，只可能形成对称互惠型一体化共生，不可能出现非对称互惠型一体化共生。偏利共生只会偶尔出现，不可能形成连续共生关系，即只会在点共生和间歇共生中出现。非对称互惠共生，不可能出现在点共生和一体化共生关系中，更多出现在连续共生和间歇共生关系中，且以连续共生为主。对称互惠共生，也不可能出现在点共生和间歇共生关系中，因为如果存在对称互惠共生，一定会连续不断地发生着共生关系，进入连续共生。常见的中职学校和企业的共生模式组合如表 4-2 所示。

表 4-2　中职学校和企业常见共生模式组合

组织模式＼行为模式	点共生	间歇共生	连续共生	一体化共生
寄生共生				
偏利共生	偏利型点共生模式	偏利型间歇共生模式		
非对称互惠共生		非对称互惠型间歇共生模式	非对称互惠型连续共生模式	
对称互惠共生			对称互惠型连续共生模式	对称互惠型一体化共生模式

　　随着我国职教高考制度、中高职贯通模式、一体职业教育人才培养体系等建设的推进，中职学校与高职院校（含本科）正在形成稳定的共生界面，它们之间的共生模式总体体现为对称互惠型连续共生模式和对称互惠型一体化共生模式，两者之间的共生关系得到了健康发展。中职学校与配套组织之间共生模式，较中职与高职这一对共生单元要复杂一些，主要是因为配套组织的单位类型复杂得多。中职学校与配套组织中的公益性组织的共生关系总体也以非对称互惠型间歇共生模式、非对称互惠型连续共生模式、对称互惠型连续共生模式、对称互惠型一体化共生模式等较为常见。

　　（2）中职知识生态系统复合共生模式。中职知识生态系统是一个由知识创新者、整合者、分解者、消费者等成员围绕中职教育而形成的松散组织。企业、高职院校都在这里主要是作为中职知识生态系统的消费者存在的，即或接收中职毕业生就业，或接收中职毕业就读。中职毕业后升读高职院校毕业后，一般也还是要进入企业就业，也就是说是企业也是高职知识生态系统的消费者。从共生角度来看，中职知识生态系统是由中职学校、企业、高职院校、配套组织等四类共生主体以开展中职知识生产、整理、传播、运用为主要活动的共生系统。共生主体在这个系统中通过共生界面进行密切接触，建立联系，实现异质互补性资源的跨界整合，并在互动中产生新的资源和能

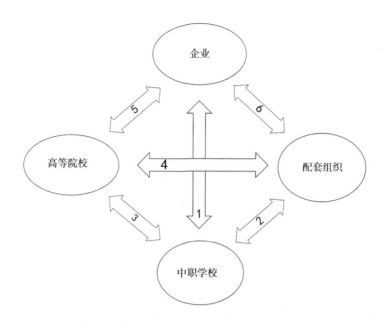

图4-4　中职知识生态共生系统概念模型

量，新资源和能量借助共生模式在共生单元间循环分配，从而增加各共生主体的竞争力，激发各共生主体协同进化，促进中职知识生态系统的共生演化发展。

我国中职教育发展经历了社会主义计划经济和市场经济两个阶段。在20世纪90年代，我国大部分行业企业将职业学校移交教育主管部门管理，计划经济时代的校企合作转化为社会主义市场经济时代的校企合作，中职知识生态系统也开启了市场经济时代新一轮的共生演化，并经历如下不同的阶段：

第一是偏利共生模式阶段。在偏利共生模式阶段，共生单元的形态方差差距很大，共生单元的亲近度低，出现新利益由某共生单元完全获得。20世纪90年代中后期到21世纪初，我国高等教育经持续扩招从精英教育阶段进入了大众化阶段，中专和技工教育毕业生就业实现了从包分配到"双向选择、自主择业"的转变，中职知识生态系统的共生环境发生巨大变化。高等教育扩招推动了高职教育快速发展，一大批优质中专学校升格成为高等职业院校或并入高等学校，中职教育资源流失严重。原有中职知识生态系统也还没有完全适应市场经济的要求，中职知识创新和整合跟不上时代的需要，校企供求脱节现象严重，中职吸引力开始降低。与社会主义市场经济相适应的中职知识共生系统的共生环境和共生机制处于建设的初级阶段，共生单元之间亲近性非常低。尽管出现了高等教育扩招这样的新利益，也基本上只有高职院校和普通高中受益，中职学校等其他共生单元获得的利益分配很少，新的共生界面尚未形成，协同创新共同体还没有出现。中职学校、企业和配套组织还在适应新的共生关系，共生单元之间互相交流机制不健全，呈现出不协调发展的封闭现象，共生环境比较差。中职知识生态系统的知识和物质流动集中流向高职院校，高职院校从中职知识生态系统中获得大量能量，整个共生系统形成偏利共生模式。

第二是非对称互惠共生模式阶段。在非对称互惠共生模式阶段，共生单元的亲近度有所提升，共生单元的形态方差逐步缩小，共生单元间相互依赖，相互依存，各方均获得一定利益，但是利益分配上呈现出差异性，即出现利益分配上一方多、而另一方少的现象。随着《国务院关于大力推进职业教育改革与发展的决定》《国务院关于大力发展职业教育的决定》《国务院关于加快发展现代职业教育的决定》等文件的发布实施，我国明确了以服务为宗旨、以就业为导向的职业教育办学方针，建立完善了在国务院领导下，分级管理、地方为主、政府统筹、社会参与的职业教育管理体制，形成了政府主导、依靠企业、充分发挥行业作用、社会力量积极参与的多元办学格局，建立起适应发展需求，产教深度融合，中职高职衔接，职业教育与普通教育相互沟通，体现终身教育理念，具有中国特色、世界水平的现代职业教育体系。我国中职知识生态系统的共生环境和共生机制不断完善，职教高考、职教集团或联盟、行业教学指导委员会、产教融合型企业、中高职贯通培养等共生界面不断建立和完善，中职知识生态系统共生单元间的亲近度整体开始提升、交流逐渐变得频繁和顺畅、协作与互动日益密切。但由于共生环境还不太完善，特别是校企合作方面还存在许多制度性障碍，中职毕业生发展通道还受到很大的限制，校企间共生要素不能实现有效流动，行业企业的技术技能进入知识整合系统还存在滞后现象，利益分配还不能实现对称性，这个阶段还只能实现非对称互惠共生模式。

第三是对称互惠共生模式阶段。在对称互惠共生模式阶段，共生单元的形态方差基本接近，共生环境良好，各种利益配置和共享机制完善，共生系统运行所需各项资源要素配置合理，共生单元间的亲近度较高，实现多边互动沟通、合作共存、互利互补、和谐共进、广谱进化。目前我国中职知识生态系统还没有达到对称互惠共生阶段，具体体现在如下几个方面：配套组织中的行业组织发展还不是很充分，产教融合、校企合作缺少行业组织协调，单个学校与单个企业之间的合作容易受到诸多不可控因素的影响，校企合作目前还很难实现对称互惠共生；由于行业组织发展不充分，导致相关行业中职知识的创新和整合缺少有力的中间环节，行业和企业中的新技术、新设备、新材料、新工艺等与中职教育相关知识也很难及时进入教学环节；教育链、知识链与产业链、创新链有机融合还不够充分，职业教育一体化人才培养体系建设还需加强等。中职知识共生系统要实现对称互惠共生，需要围绕生态知识链，建立和完善系统运行机制，通过创新共生机制、协调共生单元、建设共生平台、培育共生组织和集成共生功能要素，促进信息、人才、技术、资金等共生功能要素在共生单元之间科学配置和合理双向流动。中职知识生态共生发展以"合作共生"为发展理念，以"合作共赢"为发展路径，目的是实现职业教育界与产业界"对称互惠共生发展"及职业教育体系内部各组成部分的"对称互惠共生发展"，最终促进中职知识生态系统对称互惠型一体化共生发展。

3. 中职知识生态系统的共生演化

（1）中职知识生态系统共生演化趋势。中职知识生态系统为各系统成员准备了共生环境，创造了共生条件，提供了共生模式的选择，也促进了系统的共生演化。西方职业教育起源于古代学徒制——家庭式学徒制，与简单的家庭手工业相对应。中世纪时期，西欧国家出现了传统行会学徒制，行会制度为学徒技能形成提供了制度保障。学徒制形式职业教育与农业经济时代家庭手工业处于共生状态。产业革命后，工厂生产代替家庭手工业，19世纪初，德国学徒制几近崩溃。德国企业主动承担了工人培训的主要责任——职业实践训练培训，新兴职业学校辅助企业承担工人理论知识培训责任，德国形成了"双元制"职业教育。德国职业教育是从工厂制度内部内生出来的，职业学校教育与工厂机器化生产处于共生状态。德国、瑞士等西欧国家的职业教育体系与其工作体系一直维持着相互依存、相互作用、共同生存、协同进化的共生关系，并延续到现在。西方职业教育是企业与学校等共生单元自然共生演化的结果。

新中国成立后，我国最初的职业学校主要是普通中小学校按照政府的要求改造而来，主要是参照普通教育办学模式发展起来的，目前我国职业学校教育已成为一种规模庞大、社会化程度高、社会关系复杂的事业。虽然政产教融合、校企合作、工学结合是我国职业教育长期坚持的基本原则和理念，但是我国职业教育与其所依附的工作体系中的具体工作过程、工作情景、时空关系、主客体相互作用的种种因素还是相脱离。我国职业教育是在政府设计和推动下形成与发展的，职业学校的整个运作过程是围绕政府的要求开展的，虽然可能符合企业发展的利益需要，但不是企业界自己的意愿表达，企业界也难以完全意识到利益的所在。在我国，职业学校与企业的共生关系总体上处于点共生、间歇共生的状态之中，很难达到连续共生、一体化共生的状态，职业教育也好像始终是游离于社会的工作体系发展之外，没扎根到工作体系土壤之中。职业学校与政府的共生关系却能轻松达到连续共生、一体化共生状态。我国中职知识生态系统的共生进化，是在政府与职业学校形成的共生关系主导下开展的，企业与学校的竞合很容易演化成学校单方面的活动。

当前，我国职业教育外部环境正在发生深刻变化。第一，以深度网络化、生态化、智能化和生产组织分布化为特征的第四次工业革命已经来临，新职业不断出现，一些旧职业不断消亡，人才需求结构和人才需求规格出现新的变化，对高技能型人才需求数量与质量提出新要求。第二，我国教育事业发展形成新格局，高中阶段教育进入全面普及阶段，高等教育也进入普及化阶段，职业教育成为与普通教育同等重要的教育类型。第三，让每个孩子都能享有公平而有质量的教育正在变为现实，继续升学成为中职毕业生发展重要渠道；一体化设计由中职、高职专科、高职本科、专业硕士等构成的职业教育人才培养体系，成为构建纵向贯通的职业教育体系的关键。为了应对外部环境的变化，国家要求职业教育要实现"三个转变"，即"完成由政府举办为主向政府统筹管理、社会多元办学的格局转变，由追求规模扩张向提高质量转变，由参照普通教育办学模式向企业社会参与、专业特色鲜明的类型教育转变"[1]，这"三个转变"的实质是要实现职业教育发展模式的转变。

在这场职业教育发展模式的转变过程中，政府要实现"办"职业教育向"管理与服务"过渡，突出企业重要办学主体作用，推动职业教育从一元育人向产教融合校企"双元"育人甚至是"多元"育人转变，突出职业教育的类型教育特征。要实现中职教育发展模式转变，不是简单追求单一化问题的解决，而是将中职教育视为一个动态发展的组织生态共生系统，中职学校等系统成员要把自己的根深深地扎入社会的深处，从各方面寻找自己的共生单元，不断完善不同共生单元特别是企业之间的共生模式，实现系统内中职学校、合作企业、高职院校及经济社会的共生演化、共同进化、共同发展，最终实现职业教育由设计模式向内生模式的转型，促进中职知识生态系统有机融入职业教育体系及社会工作体系的机体之中。

（2）共同利益是共生演化要坚持的理念。联合国教科文组织认为知识涵盖信息、认知、技能、价值观和态度，教育是获取知识和培养在相关情况中运用这些知识的能力的有意识的过程，"发展和利用知识是教育的终极目标"。[2] 联合国教科文组织站在全球可持续发展的这一人类核心利益的高度，

---

① 《国务院关于印发国家职业教育改革实施方案的通知》，2019 年 1 月 24 日。

② 联合国教科文组织编：《反思教育：向"全球共同利益"的理念转变?》，联合国教科文组织总部中文译，教育科学出版社 2015 年版。

认为教育和知识是全球共同利益。所谓"共同利益"，是指人类在本质上共享并且互相交流的各种善意，但不是个人美德的简单累计，它是由人结合而成的一种社会群体的善意，在相互关系中实现善行，人类也正是通过这种关系实现自身的幸福。这为中职知识生态系统共生演化提供了指导。"千金在手，不如一技傍身""一技傍身，荒年不愁"，这些都是人们从个人发展角度用来鼓励年轻人选择职业教育的常用语。2035 年基本建成"技能型社会"①是我国职业教育的一个重要目标。"技能型社会"是人人学习技能、人人拥有技能的社会。建设技能型社会是全社会的共同利益，这意味着技术技能知识的创造及其获取、认证和使用是所有人的事，是社会集体努力的一部分，并对所有社会成员来说都是具备约束力的目标，无论其来自公共部门还是私营部门。这不仅是中职知识生态系统共生环境建设的最重要目标，也是其共生文化建设的重要内容。

联合国教科文组织认为，共同利益的含义必须根据环境的多样性以及关于幸福和共同生活的多种概念来界定。社会集体是由不同国家、不同地区、不同行业、不同群体等不同部分所构成。不同的组成部分就会有共同利益的不同文化解读，也有其需要保护的不同核心利益，这些都应该得到尊重和承认。在中职知识生态系统共生演化过程中，坚持将中职教育和技术技能知识作为共同利益，需要注意两点：

第一是包容性。中职知识生态系统包括政府、中职学校和高职学校、普通高校、企业行业、教师、学生及其家长、社区、初中学校、知识资源提供者等不同利益和价值追求的共生单元。这需要各共生单元增强包容性，特别是在关键政策问题上需要采取包容性更强的磋商程序，形成包容性决策。中职教育及其知识方面的包容性决策，对政府机构、职业院校、行业企业甚至学生及家长都具有重要意义，这些话语权的增加会增强共生与合作力量，不

---

① 《中共中央办公厅、国务院办公厅印发〈关于推动现代职业教育高质量发展的意见〉》，《光明日报》2021 年 10 月 13 日。

仅有利于共生环境和共生机制的完善，而且会对中职的课程框架、教科书、协同行动、发展政策等诸多方面产生影响。

第二是共同行动。联合国教科文组织认为，共同行动是共同利益本身所固有的，强调"参与过程"本身就是一项共同利益。共同利益超越公与私之间的对立，意味着构想和渴望实现参与式民主的新形式和新制度。① 共同利益并不会轻易转化为共同行动，因此构建利益共同体、谋求共同利益尤其需要真诚合作、同舟共济。中职知识生态系统要共生演化到对称互惠型一体化共生阶段，必须要促进行业、企业在中职教育领域起到更重要的作用。国家要完善职业教育和知识治理机制，推进政府与民间社会特别是行业企业建立多种多样的伙伴关系，通过多方协商和沟通，完善中职教育及其知识的相关政策，促进共生单元共同行动，协同发展，共生演化。

（3）中职知识生态系统的共生治理机制。当前我国中职知识生态系统处于由非对称互惠共生模式向对称互惠共生模式演化阶段。这要求党政部门要推进共生型治理，克制自己的权力冲动，主动分配、共享资源，推动各个治理主体在共生系统中形成共识、共同参与、共生演化、协同发展。② 建立健全共生治理机制，是促进中职知识生态系统实现由非对称互惠共生向对称互惠共生演化的重要措施。

优化中职知识生态系统的共生单元。产教融合、校企合作是职业教育的基本特征。中职知识生态系统共生单元必须发挥产业界与职业教育界两个部门共生单元的功能，增强系统共生基质的异质程度，使得知识的专用程度和互补程度越来越强，提高共生关系的稳定性。要关注中职知识生态系统在知识流动过程中形成的共生链，及时将共生链中的共生单元纳入共生治理的范围，保持共生链条的稳定性。完善不同共生单元在同一共生链条的不同生态

---

① 联合国教科文组织编：《反思教育：向"全球共同利益"的理念转变?》，联合国教科文组织总部中文科译，教育科学出版社 2015 年版。

② 柯红波、郎晓波、姜方炳等：《共生型治理：基层社会治理创新的"凯旋模式"》，浙江工商大学出版社 2016 年版。

位上的知识分工机制，增加资源共享和获取的便利性，形成耦合效应。要特别重视产业界各共生单元的作用，增强其在中职知识生态系统中的作用。建立共生单元之间的信任机制，教育界各共生单元要有意识地将应由产业界承担的任务和职责交由产业界承担。高职院校（含高职本科）对中职知识生态系统影响力在不断地增强，要注意及时将其纳入共生治理范围之中，促进中高职贯通培养及一体化职业教育人才培养体系建设。

完善中职知识生态系统的共生界面。共生单元之间通过共生界面交换物质，获得共生能量，维持共生关系。完善系统的共生界面，就是要建立健全共生单元之间的信息共享机制、物质交换机制、能量分配机制、分工与合作机制、协同创新机制等。信息共享机制对中职学校的专业设置与布局、课程体系建设及学生的发展方向产生重要影响等。我国产业界与职业教育界之间，特别是校企合作之间的物质交换机制还不是很完善，混合所有制、股份制等方面的探索还存在一定的障碍，校企之间人员相互兼职制度还需要完善。中职知识生态系统的存在和发展需要满足一定的能量（或利益）要求，如系统能量分配机制不健全，特别是校企合作能量分配机制不健全，共生单元之间难免发生利益冲突而引起种种矛盾。中职知识流动包括知识创新与整合、服务、分解、消费、认证、运用等环节，这需要建立和完善中职学校、企业、高职院校、配套组织等不同类型共生单元之间分工与合作机制。协同创新机制是中职知识生态系统共生界面的重要组成部分，是各类共生单元的协同推进职业标准和教学标准及课程标准制订，产教融合型企业建设，技术技能型人才培养的关键。

培育中职知识生态系统共生环境。培育中职知识生态系统共生环境是有效实施多主体共生治理的重要基础。一是完善宏观文化方面的机制，通过树立"共生"和"共同利益"的理念，推动政府由管理型社会治理走向服务型社会治理转变，规范共生单元之间的行为，协调成员之间的行动，保证合作共生关系的稳定性。二是建设中职知识生态系统各成员集体行动机制，促进生态系统中政府、行业、企业、职业学校等机构联合行动，形成培育共生环境的合力。三是完善中职教育和知识领域的相关法律法规和政策，政府可以通过税收激励、土地资源优惠、金融激励、优先采购等措施，为产教融合提供一个稳定的共生环境，实现共生利益的最大化。四是打造智慧共享平台，构建资源共享与信息流动的平台，促进各共生单元以更高效率在更广范围内实现兼容、联动、开放的生态格局。

二、中职学校课程建设

人的时间是有限的，而知识是无限的。中职教育要从知识宝库中筛选符合自身教育目的的知识，进行整理编排，并通过最有效的方式实现知识的传授和技术技能的传承，完成这一过程就需要借助课程建设。

（一）中职学校课程建设要素

对职业教育课程的通俗理解往往是：一个职业教育专业或职业培训体系的全部教学科目；一门教学科目。[①] 课程建设是落实国家和省市专业教学标准和课程标准，形成校本课程体系和课程特色的核心工作，关乎学校人才培养的规格和质量。中职学校课程建设也可分为三个层次：第一层次是只针对某一门具体课程的建设，第二层次包括具体课程在内的整个专业课程体系的建设，第三层次包括具体专业和学科科目在内整个学校课程体系建设。本研究侧重第二层次的研究。不管是从专业角度还是从具体课程角度，课程建设都可包括课程规划设计、课程教学实施、课程管理评价三个基本要素。课程规划设计对应"教什么或学什么"的问题，课程教学实施对应"如何教或如何学"的问题，课程管理评价对应课程教学"是否实现教育目的"的问题。在课程建设三要素中，课程规划设计是核心、课程教学实施是重点、课程管理评价

---

① 许远：《职业教育专业建设与课程教材开发》，中国人民大学出版社 2019 年版，第 27 页。

是关键。

1. 中职学校课程规划设计

课程规划设计主要是解决如何开发课程、设置什么课程、课程如何排序、如何编制课程标准等问题，课程规划设计最核心的问题是确定课程模式。课程规划设计一般要遵循一定的思想和理论来开发课程，按照一定原则序化课程，编制课程目标、课程内容等框架计划，形成专业课程方案、课程标准、教材及其他教学资源。当前中职学校课程设计推崇突出职业教育的类型特点，要求课程内容对接职业标准，一般采用行动体系课程模式，具有产教融合的特征。

（1）专业课程方案。专业课程方案是规定专业教育的培养目标和课程内容的文件，它具体规定了专业培养目标、课程内容、课程结构、所需教学条件及实施教学和评价建议。① 一般情况下，我国的专业课程方案在国家、省市层面被纳入专业教学标准，在中职学校层面被纳入专业人才培养方案。也有学者认为广义的专业课程方案还包括了专业核心课程标准，本研究采用了狭义的范围。专业课程方案是指导和管理中职学校教学工作的主要依据，是保证教育教学质量和人才培养规格的纲领性教学文件，是课程建设和管理的依据。

专业教学标准是国家、省市等教育主管部门组织开发编制的。2012 年，教育部办公厅发布《关于制订中等职业学校专业教学标准的意见》，由行业职业教育教学指导委员会（简称"行指委"）根据相关要求和实际情况，自主申报分批次开发专业教学标准。获批后，行指委根据获批专业，组建专业教学标准制订行业工作组，开展专业教学标准制订工作。行业工作组工作人员构成包括行业企业、科研院所、中职学校以及高等职业学院代表。专业教学标准包括专业名称、入学要求、基本学制、培养目标、职业范围、人才规格、主要接续专业、课程结构、课程设置及要求、教学时间安排、教学实施、教学评价、实训实习环境、专业师资等主要内容。主要接续专业是指高

---

① 赵志群：《职业教育工学结合一体化课程开发指南》，清华大学出版社 2009 年版。

职专科和本科开设的相关专业，为中高职衔接作准备。2014 年和 2015 年，教育部分两批制订并公布了 230 个中职专业教学标准，为中职学校开展课程建设提供了有力的支持。在此之前，国家编制的中职学校专业课程方案被称为中职学校专业教学指导方案。我国部分省市，如上海市、广东省等，也结合本区实际情况制订了专业教学标准。

专业人才培养方案是中职学校根据党和国家关于技术技能型人才培养总体要求、有关专业教学标准和公共基础课程方案组织制订的，是学校组织开展教学活动、安排教学任务的规范性文件，是学校实施专业人才培养和开展质量评价的基本依据。中职学校的专业人才培养方案要体现国家专业教学标准规定的各要素和人才培养的主要环节要求，包括专业名称及代码、入学要求、修业年限、职业面向、培养目标与培养规格、课程设置、学时安排、教学进程总体安排、实施保障、毕业要求等内容，并附教学进程安排表等。中职学校制订专业人才培养方案要以区域经济社会发展需求为依据，结合学校办学层次和办学定位，确定专业培养目标，明确学生的知识、能力和素质要求，体现出自己的办学特色。2019 年教育部发布的《关于职业院校专业人才培养方案制订与实施工作的指导意见》是我国中职学校制订专业人才培养方案的指导性文件。

（2）课程标准。课程标准是规定某一科目课程的课程性质、课程目标、内容目标、实施建议的教学指导性文件。与教学大纲相比，课程标准特别强调面向全体学生的学习基本要求，描述了一门课程结束后学生学习结果应达到的具体指标，是管理和评价课程的基础。课程标准作为落实培养目标和人才培养方案的最基本教学文件，它以课程为单位进行编制，也是各门课程进行教学和考核的基本依据。课程标准一般包括课程的基本情况、教学目标、教学内容与基本要求、课程内容与学时分配、课程教学方式与考核形式、教材与参考资源、教学方法与手段、教学评价和考核要求等。课程标准实际上反映了对学生学习结果的期望，通常包括内容标准、学生表现标准等几种具有内在关联的标准，是课程设计、教材编写、教学设计、教学实施和教学工作评价与考核的依据。中职学校课程标准从课程类型上可划分为公共基础课程标准和专业课程标准。

中职学校公共基础课程标准主要包括思政、语文、数学、外语、历史、信息技术、艺术、体育与健康、物理、化学等公共基础必修课程标准，一般由国家教育主管部门组织编制，体现了国家对中职学生在公共基础课程方面的统一要求。2019年以来，我国颁布了中职学校10门公共基础课程标准，每门课程标准由课程性质与任务、学科核心素养与课程目标、课程结构、课程内容、学业质量和课程实施等6个部分组成。课程性质与任务部分规定了课程属于中职学校公共基础必修课，主要任务是提升学生文化素养；学科核心素养与课程目标部分明确课程学习后应形成的正确价值观念、必备品格和关键能力；课程结构部分规定课程模块构成和学时安排，模块一般分为基础模块、拓展模块（职业模块）；课程内容部分明确课程的内容要点，提出相关教学要求；学业质量部分描述学生完成课程学习后的学业成就表现，分为毕业和升学两个水平等级；课程实施部分对教学、考试评价、教材编写、资源开发等提出要求。思政、语文和历史三科课程标准为培养技术技能型人才引领正确的政治方向，其他公共基础课程结合学科特点发挥特色育人功能。①

目前，我国国家层面中职学校专业课程标准包含在教育部颁布的《中职学校专业教学标准》之中，部分省市政府部门和中职学校也对专业课程建设进行了探索。上海市是我国较早制订中职教育专业课程标准的地区，2006年上海颁布实施首批12个中职专业教学标准，内含相应专业核心课程标准，初步形成了"以任务引领型课程"为主体的中职课程体系，近几年对相关专业教学标准和课程标准进行了修订。上海市中职学校专业课程标准包括前言、课程目标、课程内容与要求、教学活动设计参考、实施建议等5个部

---

① 王扬南：《全面把握中等职业学校公共基础课程标准的背景和意义》，《中国职业技术教育》2020年第17期。

分。根据当前思政课程的要求，专业课程标准还要关注培养特定行业领域、特定职业岗位的职业道德、工匠精神的要求。

（3）课程教材和其他教学资源。根据《中国大百科全书·教育》的定义，狭义的教材一般就是指教科书，广义的教材是指教师指导学生学习的一切教学材料，包括教科书、讲义、讲授提纲、参考书及教学辅导材料（如图表、教学影片、唱片、录音、录像等）。教科书，也称课本，根据教学大纲或课程标准编定的系统反映课程内容的教学用书。狭义的教学资源主要包括教学材料、教学环境及教学后援系统。广义的教学资源是为教学的有效开展而提供的一切要素，包括支撑教学及为教学服务的人、财、物、信息等。2019年教育部颁布的《职业院校教材管理办法》中所指的职业院校教材，是指供中职学校和高等职业学校课堂和实习实训使用的教学用书，以及作为教材内容组成部分的教学材料（如教材的配套音视频资源、图册等）。根据《职业院校教材管理办法》的要求，中职学校思想政治、语文、历史课程教材，以及其他意识形态属性较强的教材和涉及国家主权、安全、民族、宗教等内容的教材，实行国家统一编写、统一审核、统一使用。专业课程教材在政府规划和引导下，注重发挥行业企业、教科研机构和学校的作用，更好地对接产业发展。中职学校教材实行国家、省（区、市）两级规划制度，中职学校可根据本校人才培养和教学实际需要，补充编写反映自身专业特色的教材，学校党委（党组织）对本校教材工作负总责。中职学校教材编写必须依据课程标准、国家教学标准和职业标准（规范）等，服务学生成长和就业。

中职专业课程教材呈现如下特点：一是思政性，引导学生树立正确的世界观、人生观和价值观，弘扬精益求精的专业精神、职业精神、工匠精神和劳模精神。二是针对性，内容科学先进、针对性强，充分反映产业和科技发展最新进展，及时吸收比较成熟的新技术、新工艺、新规范等。三是符合规律性，符合技术技能型人才成长规律和学生认知特点，突出理论和实践相统一，强调实践性。四是科学性，编排科学合理、梯度明晰，符合国家有关技术质量标准和规范，倡导开发活页式、工作手册式新形态教材。四是主体多元化，在教材建设主体上强调发挥行业企业、教科研机构和学校的作用。随着教育信息化开展，中职传统教材出现了数字化转型发展，形成了全数字教材、数字化教学资源库等教育信息化产品、纸质与数字化结合教材等。数字化教学资源种类包括文本类资源、图形图像类资料、音频类资源、视频类资源、动画类资料、辅助教学软件、课件、练习题、试题库等。一般情况下，数字教材除具备一般基本的学习辅导功能、学习分析功能外，并能以统一标准对接各类教学资源库平台。

具体到某一门课程而言，课程规划设计部分包括课程标准、教材、学材、课程资源准备等，重点是根据课程标准围绕目标达成、教学内容、组织实施和多元评价需求进行整体规划，合理设计教学策略、教学方法、教学过程、教学评价，科学准备课程资源和教学手段等。具体课程规划设计要遵循一定的思想和理论，课程模式对每一门具体课程设计影响深远，且无可回避。

2. 中职学校课程教学实施

课程实施过程也就是教学过程，主要是解决怎样教才能实现课程目标等问题，课程实施最关键的问题是确定教学模式。课程模式与教学模式具有十分紧密的关系，例如，学科体系课程往往主要使用讲授教学模式，要求教师具有较深厚的理论功底；工作过程系统化课程则更多地采用行动导向教学模式，要求教师具有双师素质。当前中职学校课程实施特别重视实训实习等实践性教学，推崇行动导向教学、混合式教学等新型教学模式，具有工学结合和校企双元育人的特征。

（1）行动导向教学模式。随着技术革新和新型职业的发展，对专业技术工人的职业能力的要求不能只是掌握单项技能或单项工艺或单项制造过程，而是需要具有完成该职业典型工作过程的综合职业能力。因而学科知识的系统性和完整性不再是判断职业教育教学是否有效、是否适当的标准。行动导向教学模式通过从完成某一方面的"任务"着手，通过引导学生完成"任务"，提高学生的专业能力、方法能力、社会能力，从而实现教学目标。这些"任务"一般是根据企业生产的实际需要设计出来的，通过让学生自主地完成"任务"，可以培养一体化的、可迁移的关键能力。行动导向教学法引导学生完成"任务"的过程，一般会参照"资讯—计划—决策—实施—检查—评价"6个步骤普适性工作过程。姜大源、吴全全认为行动导向教学不仅是一种教学方法，更应被理解为一种新的教育范式，这种教育范式主张根据完成某一职业工作活动所需要的行动以及行动产生和维持所需要的环境条件与从业者的内在调节机制来设计、实施和评价职业教育的教学活动。[①]

行动导向教学模式有很多具体的教学法，如项目教学法、案例教学法、头脑风暴法、角色扮演法、引导教学法、七阶段协作—反思教学法等，分别适用于不同教学情境。这里对项目教学法进行一个说明，用来体现行动导向教学法的特点。项目教学法是师生通过共同实施一个完整的"项目"工作而进行的教学行动，它是一种最常用的教学方法。项目教学法一般按照完整的工作过程来进行：第一是由教师提供一个或几个项目任务，师生讨论后，确定项目的目标和任务，这个步骤简称确定项目任务。第二是由学生分组制定完成项目任务的工作计划草案，这个步骤简称计划。第三是师生讨论后最终由学生自主确定最终工作计划，并进行完善，这个步骤简称决策。第四是学生确定各自在小组中的分工及小组合作形式，按计划确定的步骤进行工作，这个步骤简称实施。第五是根据质量控制要求，由他人或自己进行工作过程或产品质量控制，这个步骤简称检查。第六是讨论检查结果及改进措施，可分为自我评价、小组评价、小组间的评价与教师评价；通过师生共同讨论，评价项目工作中出现的问题、解决问题的方法及学习行动的情况，找出造成结果差异的原因，这个步骤简称评价。项目教学法中，项目可以生产一件产品或完成以一项服务为目的的工作任务，一般采用小组工作方式，以提升学生的社会能力等关键能力。

行动导向教学模式是与行动体系课程模式相适应的，但与其他教学方法

---

① 姜大源主编：《当代德国职业教育主流教学思想研究》，清华大学出版社 2007 年版。

不矛盾，在实施过程中也会常用到讲授法、四阶段教学法、分组教学法等，且在教学过程中通常会出现确定任务要求、小组作业、展示学习成果、反思学习过程等情境。行动导向教学在实际运用中，教师可以根据课程对应职业工作活动的特点进行一些调整处理，例如有教师在汽车保险理赔课程教学组织实施过程中，就采用了明确任务、事故确认、原因分析、方案决策、实施操作、总结评价六个步骤进行教学活动组织。① 在推行行动导向教学模式过程中，许多中职学校混淆工作任务和工作过程两个基本概念，致使学校教学过程中设置的工作任务缺乏连续性和系统性，造成学校教育与实际工作情境形成巨大差距。行动导向教学模式需要向工作过程导向教学模式升级转换。

(2) 混合式教学模式。现代人已经走进了"屏读"时代，我们的生活与电视屏幕、电脑屏幕、投影屏幕、iPad 屏幕、手机屏幕、LED 广告屏幕紧密联系在一起，学生通过终端"屏幕"了解世界、与人交流已成常态。混合式教学模式是中职学校适应"屏读"时代的一种崭新的教学模式。混合式教学模式利用"互联网 + 物联网"技术与应用手段，通过资源库学习平台将线上学习和传统课堂教学有机结合起来，实现以学习者为中心的实时交互教学，以提高学习者的主动性和学习效果。

最简单的一种混合式教学模式是传统课堂改良型教学方式。第一是由教师在课前通过网络教学平台进行资源准备、课程建设、教学管理等。第二是授课者在课堂上将资源库中的课件投放给课堂上的学习者，进行课堂教学组织实施。第三是网络教学平台发布"随堂测验"，接收每个学生的即时回答，实时掌握每个学生的学习进程，并根据学习情况进行有针对性的教学调整。第四是学习者可以在不影响其他同学的基础上与教师在课堂进行实时互动、反馈。第五是通过网络教学平台发布课后作业，学生可以在通过平台复习课件的基础上完成作业，遇到学习上问题也可以通过平台向教师和其他同

---

① 巫海英：《德国职业教育行动导向教学模式的启示》，《中国多媒体与网络教学学报（中旬刊）》2020 年第 4 期。

学请教。这种传统课堂改良性的教学方式，既可完成教师一对多的教学活动，也可与学习者进行一对一的学习反馈，实现以学习者为中心的课堂教学，提升教学效率。

在数字化教学资源（包括教师自己简单的屏幕录制的数字化资源、配套练习题）充分条件下，教师可以将传统的课堂讲授内容通过微视频上线的形式进行前移，让学生在课前进行学习。在课堂上则针对重点、难点及同学们在线学习过程中反馈回来的共性问题，进行有针对性的组织教学。并通过精心设计的课堂教学活动，巩固在线学习的基础知识，提高学生灵活应用的能力，实现传统课堂不能实现的一些更高要求的教学目标。这种情况下，需要加强的是在线教学的测试评估，在线小测试是反馈学生学习效果的重要手段。总体而言，混合式教学扩展了传统教学的时间和空间，也为进行线上和线下教学、过程和结果评估提供了方便，学习者可借助设备与教学内容进行交互式学习，提高人才培养质量。混合式教学模式其实没有统一的教学方式方法，教师根据学校课程建设和学生实际情况进行不同方式的探索。如果要充分发挥混合式教学模式的优点，特别要注意数字化教学资源的准备、课堂教学活动的设计，并提高在线测试评估的有效性。

课程教学实施是中职学校特定课程建设最为关键的环节，因为这一环节必然会涉及中职知识生态系统分解子系统中的教师与学生两个共生单元，学生掌握知识与技能的情况与这一环节有着直接的关系。课程教学的组织与实施要正确处理好教师与学生的关系，突出学生的中心地位，并根据学生认知规律和接受特点，创新教学模式，因材施教，促进师生之间、学生之间的交流互动、资源共享、知识生成，在课程实施过程中实现课程创新。

3. 中职学校课程监控评价

课程监控评价是根据一定的标准，以科学的方法检查课程规划设计和课程教学实施实现教育目的程度，其实质是课程质量监控与评价。中职学校课程监控评价包括了课程监控和评价两个方面的工作。课程监控的目的是获取课程建设的基本数据资料，是开展课程评价的基础，一般由中职学校及其教师来进行。监控评价对象包括课程规划设计、课程教学实施、课程效果，课程效果主要体现为学生和教师发展程度。课程监控评价的指标、方式、方法往往受到人才培养目标、课程模式和教学模式的影响。

（1）国家对中职教育课程质量监控评价。自 2005 年以来，我国中职学校人才培养质量评价推崇"德技并修"的要求，形成从职业道德、职业能力、就业率、文化素质等几个方面进行质量考核评价的机制，形成以建立有别于普通教育的、具有职业教育特点的人才培养、选拔与评价的标准，并形成按企业标准进行评价的就业率发布制度、按行业职业标准进行评价的双证书制度、按高考升学成绩进行评价的职教高考制度，以及突出竞技对比评价的技能大赛制度等评价制度。

就业率发布制度。教育行政主管部门建立了中职教育就业率发布制度。在"双向选择"的就业模式下，影响中职毕业生就业率的主要因素是学校所培养出来的毕业生的质量。一般情况下，一个专业的课程质量越高，这个专业的中职毕业生的能力与素质越高，与社会要求之间的差距越小，在就业市场上就越具有竞争力，就业的可能性也就越大。就业率是一个综合性评价指标，是对一所中职学校的教育教学水平及课程的整体质量综合性评价。

双证书制度。我国中职教育积极推进学历证书和职业资格证书"双证书"制度。双证率是指学生通过三年学习同时获得毕业证书和职业资格证书（或职业技能等级证书）的比例。职业资格证书（或职业技能等级证书）分为初级、中级、高级，是职业技能水平的凭证，反映职业活动和个人职业生涯发展所需要的综合能力。目前我国职业教育正在探索实施"1+X"证书制度，是完善职业教育和培训体系、深化产教融合校企合作的一项重要制度设计。

职教高考制度。2014 年《国务院关于加快发展现代职业教育的决定》提出了中职学校毕业生要能"实现就业有能力、升学有基础"，并通过完善高等职业教育"文化素质＋职业技能"考试招生办法，为学生接受不同层次的高职教育提供多种机会。目前，我国明确要求加快建设职教高考制度，通过丰富职教高考的实现形式及扩大职业本科、应用型本科在"职教高考"中的招生计划，使中职学生在升学方面与普通学校的学生享有平等的机会。

技能大赛制度。对于中职学校影响最大的技能大赛是全国职业院校技能大赛，这项赛事是教育部发起并牵头，联合国务院有关部门以及有关行业、人民团体、学术团体和地方共同举办的公益性、全国性职业院校学生综合技能竞赛活动。每年举办一届，是专业覆盖面最广、参赛选手最多、社会影响最大、联合主办部门最全的国家级职业院校技能赛事。影响力大的技能赛还有每两年一次的中华人民共和国职业技能大赛、世界技能大赛。

2012 年以来，我国逐步建立职业教育质量年报制度。根据 2021 年 9 月教育部职业教育与成人教育司发布的《关于做好 2022 年职业教育质量年度报告编制、发布和报送工作的通知》，职业教育质量年报分为"省级年报""院校年报""企业年报"。其中"省级年报"和"院校年报"的内容一般包含学生发展、教学改革、政策保障（政策、财政专项与质量保障的落实和成效）、国际合作、服务贡献、面临挑战等六个部分，并要填报《中等职业教育质量数据表》。《中等职业教育质量数据表》要求填报 48 项指标，对中职学校教育教学质量进行较全面的反映。具体指标见表 4-3。

表 4-3　中等职业教育质量数据表

序号	指标	单位	2020 年	2021 年
1	思想政治课专任教师数	人		
2	德育管理人员数	人		
3	名班主任工作室数	个		
	其中：国家级	个		
	省级	个		
	地市级	个		
4	思想政治课教学创新团队数	个		
	其中：国家级	个		
	省级	个		
	地市级	个		

续表

序号	指标	单位	2020 年	2021 年
5	思想政治课示范课堂数	个		
	其中：国家级	个		
	省级	个		
6	就业单位对毕业生职业素养的满意度	%		
7	就业单位对毕业生职业技能的满意度	%		
8	体育课专任教师数	人		
9	美育课专任教师数	人		
10	学生文化基础课合格率	%		
11	学生体质测评合格率	%		
12	毕业生总数	人		
13	就业（含升学）人数	人		
14	在规模以上企业就业人数	人		
15	在中小微企业就业人数	人		
16	毕业生专业对口就业率	%		
17	通过职教高考升学人数	人		
18	通过对口单独招生升学人数	人		
19	通过中本贯通升学人数	人		
20	通过中高贯通升学人数	人		
21	通过技能拔尖人才免试升学人数	人		
22	升入本科院校人数	人		
23	升入高职高专院校人数	人		
24	其他升学人数（含留学、成人教育、自学考试）	人		
25	全国职业院校技能大赛学生获奖数	个		
26	全国职业技能大赛学生获奖数	个		
27	职业技能等级证书（含职业资格证书）获取人数	人		
28	全日制在校生数	人		

序号	指标	单位	2020 年	2021 年
29	生均校园占地面积	平方米		
30	生均校舍建筑面积	平方米		
31	生均教学仪器设备值	元		
32	年生均财政拨款	元		
33	纸质图书数	册		
34	电子图书数	册		
35	校园网主干最大带宽	Mbps		
36	教职员工额定编制数	人		
37	教职员工总数	人		
38	其中：专任教师总数	人		
39	生师比	/		
40	"双师"素质专任专业教师总数	人		
41	合作企业教师实践基地数	个		
42	高级专业技术职务专任教师占比	%		
43	硕士研究生及以上学历专任教师占比	%		
44	企业提供的实践教学设备总值	万元		
45	合作企业接收学生实习比例	%		
46	生均企业实习经费补贴	元		
47	其中：生均财政专项补贴	元		

说明：表格来源于《关于做好 2022 年职业教育质量年度报告编制、发布和报送工作的通知》。

（2）中职学校具体课程质量监控评价。各地、各学校对中职学校具体一门课程质量的监控评价的方法与指标探索从来就没有中断过，国家公布的课程标准在这方面也进行探索，对具体一门课程建设提出了要求。由于中职教育领域的国家品牌课程建设还没有完全展开，全国职业院校技能大赛教学能力比赛可以为我们思考中职学校具体课程质量监控评价提供一个很好的切入点。2021 年 6 月全国职业院校技能大赛执行委员会发布的《2021 年全国职业院校技能大赛教学能力比赛方案》强调教学能力比赛"重点考察教学团队（2—4人）针对某门课程中部分教学内容完成教学设计、实施课堂教学、达成评价目标、进行反思改进的能力"。具体要求如下：

对教学内容的要求：根据职业教育国家教学标准要求，对接职业标准（规范）、职业技能等级标准等，优化课程体系和教学目标，拓展教学内容深度和广度，体现产业发展新趋势、新业态、新模式，体现专业升级和数字化改造。结合专业特点，做好课程思政的系统设计，有机融入劳动精神、工匠精神、劳模精神等育人新要求，实现润物无声的育人效果。优化实践教学体系，实训教学内容应体现真实工作任务、项目及工作流程、过程等。

对教学设计的要求：依据学校实际使用的专业人才培养方案和课程标准，针对参赛教学内容，进行学情分析，确定教学目标，优化教学过程。针对不同生源分类施教、因材施教。合理运用平台、技术、方法和资源等组织教育教学，进行考核与评价，持续开展教学诊断与改进。专业（技能）课程鼓励按照生产实际和岗位需求设计模块化课程，强化工学结合、理实一体，实施项目教学、案例教学、情景教学等行动导向教学。中职学校应执行《关于加强中小学生手机管理工作的通知》规定的"有限带入校园、禁止带入课堂"的要求。

对教学实施的要求：教学实施应注重实效性，突出教学重点难点的解决方法和策略，关注师生、生生的深度有效互动，收集教师教、学生学的行为信息，并根据反映出的问题及时调整教学策略。合理选用国家规划教材和优质精品教材，专业（技能）课程应积极引入典型生产案例，使用新型活页式、工作手册式教材及配套的信息化学习资源；实训教学应运用虚拟仿真、虚拟现实、增强现实和混合现实等信息技术手段，通过教师规范操作、有效示教，提高学生基于任务（项目）分析问题、解决问题的能力。

对教学评价的要求：深入贯彻落实《深化新时代教育评价改革总体方案》，改进结果评价，强化过程评价，探索增值评价，健全综合评价；鼓励依托线上平台和软件工具，运用大数据、人工智能等现代信息技术，开展教与学行为分析。

对教学反思的要求：教学实施后应充分反思在教学理念、教学设计、教学实施、教学评价过程中形成的经验与存在的不足，总结在课程思政、素养教育、重点突出、难点突破等方面的改革与创新，做到设计理念、教学实施与育人成效的有机统一。

总体而言，我国中职学校课程质量监控评价体系还不完善，存在评价主体单一、评价指标不完整、评价方法欠科学等问题。教学能力比赛是一种带有激励性质的课程质量监控评价的手段。教学能力比赛对教学内容、教学设计、教学实施、教学评价、教学反思的要求，既是对中职教师教学能力比赛的一种引导，也是进行中职课程质量监控评价标准。课程监控评价是一项强大的管理工作，实施起来也是一项艰难的工作，需要中职学校做好全面设计，并长期持续进行才有效果。目前中职学校推行的教学诊改制度，可以将课程建设纳入诊改工作范围，从内部评价和外部评价同时入手，推进学校课程监控评价指标体系建设，促进课程监控评价常态化。

课程规划设计、课程教学实施、课程监控评价等三个要素建设，都需要学校建设一套完整的管理制度，因此课程建设离不开课程管理。学者朱大伟认为，学校课程管理是学校根据上级教育行政部门和有关课程的政策规定，结合学生身心发展和学校的实际情况及社会发展的要求，为实现学校的培养目标而进行的关于课程的一系列管理活动的总称。[①] 课程管理不仅要包括课程设置、课程标准、课程安排、课程实施、教学调课、教学考核、教材管理、课程评价等常规管理，还需要根据学校实际情况组织进行课程重点项目建设，如合格课程、精品课程、混合式教学试点课程建设，提高课程建设整体水平。随着校企合作、中高职衔接的深入推进，中职学校课程建设主体日益多元化，课程管理也有向课程治理转变的趋势。

---

① 朱大伟：《以人为本理念下职校课程管理的基本原则》，《职业技术教育》2003 年第 13 期。

（二）中职教育专业课程模式

课程模式的确定是课程规划设计的核心问题，对课程建设具有十分重要的意义。课程模式是以典型简约的方式表达的课程方案，其核心是与某种教育条件相适应，并能产生特定育人功能的课程结构，[①] 它既是一种结构模式，也是一种功能模式。

1. 中职教育课程模式演变

从新中国成立初期到现阶段，我国中职学校课程模式演变呈现阶段性的变化，不断推动专业课程由学科体系课程向行动体系课程转变。

（1）学科体系课程模式的确立。新中国成立初期我国中职教育课程设置深受苏联课程模式的影响，总体上确立了学科体系课程模式。学科体系课程模式将各类课程按知识内容的顺序分阶段排列，各门课程相互衔接又各自为政。姜大源教授认为，学科体系的结构是"基于知识存储的结构，即关注知识的范畴、内容、组织及理论的历史发展。这一结构强调以知识的量赢得未来，但这个量在何时能被用上是不知道的"[②]。

在学科体系课程模式指导下，中职课程内容理论化倾向十分鲜明，课堂教学是主要的学习方式，很好地适应了学校组织制度化的需要。其优点是逻辑性、学科系统性强，但是它重理论传授轻实践技能，对实践环节重视不够，造成学生动手时间少、动手能力差。例如，我国传统的中职教育会计专业主要课程有会计基础、财务会计、成本会计、管理会计、财务管理、审计学等，与大学会计专业主要课程保持着相对一致，[③] 但内容的深度有所不同。学科式中职教育会计专业课程模式将各类课程按知识内容的顺序分阶段排列，各门课程相互衔接又各自为政。

---

① 张娜：《学前教育课程模式的理论分析》，《江苏教育研究》2015年第1期。
② 姜大源：《课程开发关键：结构问题》，《世界教育信息》2018年第21期。
③ 据《财政部所属院校会计专业教学改革工作座谈会纪要》介绍，1983年，上海财院设置了"基础会计""财务会计""成本会计""管理会计""审计学"五门核心课；湖北财院设置了"会计原理""企业会计""企业财务""企业成本""审计学"五门主干课（《会计研究》1983年第2期）。

学科体系课程模式与我国工业化初期产业结构是相适应的：工业化初期经济发展缓慢，产业结构较为单一，工作技术水平较低，职业的更迭速度也十分缓慢。正是因为当时的技术水平较低，课程强调理论性；同时职业的更迭速度缓慢，课程内容更新速度也较慢。

（2）学习理论导向课程模式探索。改革开放后，随着我国工业化进程的加快和产业结构的升级调整，原有专业对应岗位的工作职责和工作内容不断调整，学科体系课程模式的弊端显现。从 20 世纪 80 年代开始，MES 课程、CBE 课程及双元制课程等带有职业分析导向的课程模式被介绍和引进到我国，中职教育的"能力本位"理念从此在我国生根发芽。20 世纪 90 年代，我国一些学者借鉴国外的课程模式，按照学习理论来确定中职教育课程结构的方法，形成了"学习理论导向课程模式"。"宽基础活模块"课程模式是"学习理论导向课程模式"中最有影响力的一种模式，它强调专业课程体系的设计要符合学科教学规律，以"专业技能"为轴线，基本理论、基本知识要服务于专业技能，以便有效地组织教学。

教育部职业教育与成人教育司和教育部职业技术教育中心研究所于2001 年联合发布的《中等职业学校会计专业教学指导方案》（简称《方案》）基本体现了"宽基础活模块"课程开发模式的思想和框架。《方案》把课程分为文化基础课程和专业课程。专业课程在岗位工作能力模块化的指导下，分为必修课模块（即专业主干课程模块）、限选修课程模块（即会计专门化方向课程模块）和任意选修课模块。专业主干课程 12 门：基础会计、财政与金融基础知识、税收基础、经济法律法规、统计基础知识、企业财务会计、财务管理、会计电算化、政府与非营利组织会计、审计基础知识、会计模拟实习、会计基本技能。会计专门化方向课程模块包括工业企业会计、流通企业会计、金融业会计、运输业会计、农业会计、基建会计等。《方案》的专业主干课程不针对具体的职业岗位，而是集合了一群相关专业所需的知识和技能，以期为今后的转岗和继续学习奠定"知识与技能"，并注意理论与实践教学的互相穿插，为宽基础课程。会计专门化方向课程针对相对确定的一个或几个就业岗位进行训练，为就业作技能方面的准备，供学生在选定就业岗位前进行学习，为活模块课程。

"宽基础活模块"课程理念坚持实现"全面素质和综合职业能力培养"与胜任"在生产、服务、技术和管理第一线工作要求"双赢的课程目标，这种尝试与努力受到了当时职业学校的欢迎，因为适应了当时学校教学管理机制和教师对职业教育的理解程度。学习理论导向课程模式体现了"能力本位"理念，但是在进行课程设计时把学校的教学管理和学生的认知规律放在首要位置，理论与实践课程还是相对分割，不能很好地为学生提供符合职业成长规律的工作经验，总体上属于学科体系课程模式的改良。

（3）行动体系课程模式发展。随着我国与世界职业教育交流的进一步深入，我国中职教育在模块化课程探索基础上，又进行了项目课程、学习领域课程、一体化课程和工作过程系统化课程等课程模式的探索与实践。这些课程模式都体现了对职业实践能力或动手能力的重视，闫智勇等将它们都归入行动体系课程模式。[①] 行动体系是相对于学科体系而言的，行动体系课程的结构是"基于知识应用的结构，即关注对象、方式、内容、方法组织及工具的历史发展。这一结构强调以知识的应用及知识的秩序建设赢得未来"[②]。工作过程系统化课程模式是姜大源教授在借鉴德国的学习领域课程基础上创立的。所谓工作过程系统化，是指将原先的学科知识内容基于行动体系的结构进行解构与重构，并按照职业能力成长规律和工作过程来进行排序。[③] 工作过程系统化课程模式的理论内核之一是"资讯—计划—决策—实施—检查—评价"六个步骤普适性工作过程，并通过普适性工作过程与典型工作过程的耦合，提高了普适性工作过程的实践性、实用性、教育性和可操作性，促进了学习者的学习过程与工作过程的对接，提升了学习者的专业能力、关键能力和个性发展。

---

① 闫智勇、吴全全、徐纯：《职业教育课程模式的演进历程与发展趋势》，《职教论坛》2019年第1期。

② 姜大源：《课程开发关键：结构问题》，《世界教育信息》2018年第21期。

③ 姜大源：《课程开发关键：结构问题》，《世界教育信息》2018年第21期。

　　2012 年发布的《教育部办公厅关于制订中等职业学校专业教学标准的意见》明确提出，坚持教育与产业、学校与企业、专业设置与职业岗位、课程教材内容与职业标准、教学过程与生产过程的深度对接，这表明了教育主管部门将行动体系课程模式作为当前中职学校专业课程的主要模式。在这一原则指导下，教育部组织制订颁布的《中等职业学校会计专业教学标准（试行）》将中职会计专业课程分为公共基础课和专业技能课两大类，其中会计专业技能课程又分为专业核心课和专业（技能）方向课两类。[①] 会计专业核心课主要包括会计基本技能、会计基础、出纳实务、企业会计实务、税费计算与缴纳、财经法规与会计职业道德、会计电算化、会计实务操作等八门课程。企业会计方向包括成本业务核算、商品流通企业会计、服务业企业会计、收银实务、财经应用文写作、财经文员实务等课程。会计服务方向包括统计信息整理与应用、会计事务代理、招标采购代理、库管员实务等课程。

　　（4）"人格本位"课程模式。我国职业教育课程模式转变过程中，人们也将学科体系课程称为"学科本位"课程，将行动体系课程称为"能力本位"课程。近年来，一种被称为"人格本位"的课程模式也得到人们关注。"人格本位"课程模式是以人为中心，从培养人格素质高度出发设计的职教课程模式。"人格本位"课程理论认为："技能本位"职业教育课程内容都围绕着过细的职业岗位"技能本位"职业进行教育，一旦社会分工出现了变化与波动，就不能很好地适应岗位了；"能力本位"职业教育忽视了人的内在品质和精神培养，以及作为社会人的更广泛知识理解。"人格本位"职业教育课程模式提出后，在我国并没有引起很大的反响，原因可能有：第一，重视培养人格素质是我国教育的根本特点，培养全面发展的人一直是我国教育的根本目标，当前中职教育更强调落实立德树人的根本任务，培养德智体美劳全面发展的社会主义建设者和接班人。第二，我国坚持以人民为中心发展教育的理念，坚持教育为人民服务、为中国共产党治国理政服务、为巩固和发展

---

① 《中等职业学校会计专业教学标准（试行）》，教育部网站，2017 年 8 月。

中国特色社会主义制度服务、为改革开放和社会主义现代化建设服务。职业教育要坚持"四个服务"就必须重视"技能本位"或"能力本位"。第三，包括工作过程系统化课程模式在内的行动体系课程模式，重视综合职业能力的培养。综合职业能力可分为三个层次：职业特定能力、行业通用能力、核心能力。其中核心能力包括社会能力、方法能力和沟通能力，还有观点将个人能力也包括在核心能力之中。社会能力、方法能力、沟通能力、个人能力的培养都有助于完善人格和提高综合素质。

目前，学科体系课程与行动体系课程在中职学校都存在，语文、数学、英语、思政、历史、化学等公共基础课程基本上属于学科体系课程；专业课正处在由学科体系向行动体系发展过渡过程之中，还有部分专业课程本质也属于学科体系课程。在我国中职教育课程模式演变过程中，也有学者提出社会职业岗位数量巨大，不可能有一种课程模式能够完全适用所有的专业类别，如机械制造、电气电子等专业重视技术操作能力的培养，重视经验性技能的获得，可借鉴工作过程系统化课程模式；管理、经贸、营销、服务等专业对应职业在社会活动中具有与各方面接触频繁的特点，强调学生的临场应变能力，宜借鉴 CBE 课程模式；文秘、涉外、设计等专业对应职业主要从事独立思维性较强的工作，对理论知识的要求相对较高，可采用"宽基础、活模块"课程模式。课程模式的最终选择会受到很多因素的影响，职业岗位的要求、职业技能等级评价方式、职教高考制度的考核评价方法等都会影响中职学校专业课程模式的选择，历史最终会作出选择。

2. 工作过程系统化课程模式

工作过程系统化课程模式是一种重要的行动体系课程模式，在我国职业教育界有庞大的学习群体和很强的社会影响力。工作过程系统化课程模式通过普适性工作过程与典型性工作过程的耦合，博采众长吸纳多种课程模式的优点，提高了普适性工作过程的实践性、实用性、教育性和可操作性。

（1）工作过程系统化课程的含义。确定课程的教学内容及课程内容的教学顺序是课程建设的核心问题。在解决职业教育课程这一个核心问题时，学科体系课程突出强调学科知识的完整性和系统性，行动体系课程则强调职业教育活动的实践性与职业化。工作过程系统化课程也强调职业教育的实践性与职业化，并认为职业教育课程内容的选择，"应以职业实践中实际应用的经验和策略的习得为主、以适度够用的概念和原理的理解为辅，即以过程性知识为主、陈述性知识为辅"[①]。

工作过程系统化课程注重知识的运用，并强调职业教育的逻辑起点在于职业。一般情况下，具有职业特征的工作过程由工作对象、内容、手段、组织、产品、环境等六要素构成。每一职业或职业群，都具有其相对稳定的工作过程；每一职业或职业群，又都有区别于其他职业或职业群的特殊的工作过程。[②]"一个职业之所以能够成为一个职业，是因为它具有特殊的工作过程，即在工作的方式、内容、方法、组织以及工具的历史发展方面有它自身的独到之处。"[③] 正是这种"独到之处"社会上才形成不同的职业领域，因而也推动职业教育专业的形成。

工作过程是指为完成一件工作任务并获得工作成果而进行的一个完整的工作程序，一般要经过资讯、决策、计划、实施、检查、评价等六个步骤，这是工作过程的普适共性。工作过程系统化课程发端于德国的学习领域课程，其理论内核之一就是普适性工作过程。它认为工作过程中"资讯—计划—决策—实施—检查—评价"六个步骤，体现的职业主体在工作世界的"行动—认知"过程具有普遍性。工作过程系统化课程认为将普适性工作过程纳入职业教育教学活动，符合学习者的认知心理过程的普遍规律，也符合人类学习的整体性和系统性的普遍规律，特别是"决策"和"评价"两个反思性思维提高了学习者课程学习的自觉性和能动性。目前，普适性工作过程六步

①　姜大源：《论高等职业教育课程的系统化设计——关于工作过程系统化课程开发的解读》，《中国高教研究》2009 年第 4 期。

②　姜大源：《职业教育学研究新论》，教育科学出版社 2007 年版。

③　赵志群：《职业教育与培训新概念》，科学出版社 2003 年版，第 97 页。

法在德国职业教育教学过程中得到广泛的运用。

工作过程导向的课程内容和结构追求的是工作过程的系统化。因为每一职业或职业群都有其自身的特殊工作过程，这些特殊的工作过程是由连续性和系统性的工作任务构成。工作过程系统化课程的开发通过对职业领域的工作任务进行分析，概括出这个职业领域的典型工作任务。每个职业一般有10—20个典型工作任务，构成这个职业的基本框架，也形成对应专业课程的基本框架体系。[①] 典型工作任务不是针对某个人或某个特定工作岗位，而是一个职业发展的各个阶段的任务，因为可能会涉及多个层次的职业教育，中职教育应根据自己的人才培养规格选择部分典型工作任务转化相应专业课程。这种分析法叫典型工作任务分析法，是工作过程系统化课程开发的基础。

工作过程不仅仅是一个操作过程，它还是一个社会工作过程，涉及团队合作、工作纪律、信息传递、工作组织成员的价值观和文化水平。工作过程系统化课程，不仅培养学生的专业能力，还通过工作过程与学习过程的有机融合，提高学习者的方法能力和社会能力，促进学生综合职业能力的形成。

（2）工作过程系统化课程建设流程。姜大源教授曾将工作任务分析、行动领域归纳、学习领域转换、学习情境设计作为工作系统化课程设计的四个关键环节。前面两个环节强调的是工作过程，后面两个环节强调的是教学过程，最终实现工作过程与教学过程的对接。从一些职业院校的操作实践中可以归纳出如下工作过程系统化课程建设流程：

第一步是市场调研。由中职学校牵头，吸纳政府、行业协会、毕业生、合作企业、职业教育专家参与组成课程建设工作组，对行业人才需求市场和毕业生就业情况进行调研分析，形成专业市场调研报告，确定专业的人才培

① 赵志群：《职业教育工学结合一体化课程开发指南》，清华大学出版社2009年版，第46—70页。

养目标及就业岗位群，并最终纳入专业人才培养方案。

第二步是工作任务分析。课程建设工作组对毕业生及相关企业单位进行访谈，了解分析中职毕业生首次岗位和发展岗位的工作过程及具体工作任务，并进行职业能力分析，把相应职业岗位群的出现频率高、承载知识能力强的重要工作任务，确定为相应职业岗位群的典型工作任务。进行典型工作任务描述时要体现职业、社会和个人的需求，并将此作为确定人才培养规格的重要依据。

第三步是归纳行动领域。对已确定的各典型工作任务进行职业能力分析，通过同类项合并等措施进行能力整合，将典型工作任务能力复杂程度一致的整合归纳，将典型工作任务加以归纳形成能力领域，即行动领域（一般10个左右）。这里要注意保持目前普遍水平的工作岗位或企业、未来发展趋势的工作岗位或企业的样本比例。行动领域是基于工作过程系统化课程开发的基础平台，归纳行动领域对课程设计十分关键，并将以工作任务与职业能力分析表的形式纳入人才培养方案。

第四步是转换学习领域。从这一步开始，需要根据认知学习的规律和职业成长的规律，将作为职业分析结果的行动领域转换为学习领域（即课程）。行动领域与学习领域并不一定存在一对一的对应关系，而是要将具有真实职业特征和有教学价值的行动领域转换为学习领域。行动领域"由职业能力描述的学习目标、工作任务陈述的学习内容、实践理论综合的学习时间（基本学时）"三部分组成。[①] 转换后的学习领域将融入专业课程方案，形成工作过程系统化课程体系，最后成为专业人才培养方案的重要组成部分。

第五步是教学情境设计。学习情境是学习领域课程的主题学习单元。姜大源教授认为学习情境的设计要遵循如下两个原则：一是具有典型的工作过程特征，即应具备职业特征工作的对象、内容、手段、组织、产品和环境等

---

① 姜大源：《论高等职业教育课程的系统化设计——关于工作过程系统化课程开发的解读》，《中国高教研究》2009 年第 4 期。

六个要素；二是要能实现资讯、决策、计划、实施、检查、评价等六个步骤的完整思维过程训练。同一学习领域课程的不同学习情境之间是平行或递进的关系，每个学习情境具有不同的载体，载体的形式包括项目，案例、模块、活动和问题等。设计好的教学情境构成了课程内容，并最终成为课程标准的主要内容。课程标准是学校选用教材或编写特色校本教材的基本依据。

第六步是行动导向教学实施。在传统的教学过程中，教师应在正式组织教学活动前，根据课程标准编制课程教学计划、教案、学习资料等教学资源。要组织好学习领域课程的教学，也要相应做好编写学习领域（课程）实施方案、针对教师的课业设计方案、针对学生的学习材料等准备工作。工作过程系统化课程一般采用与学习情境相适应的行动导向教学方法，紧密围绕学习情境组织实施教学，实现理论与实践有机融合，激发学生的学习兴趣，提高学生自主学习能力，培养学生的职业能力。教学实施受教师和学校硬件条件影响较大，建设一支"双师"专兼教师队伍及适应行动导向教学法的教学环境十分重要。

第七步是教学评价与反馈。工作过程系统化课程体系及其行动导向教学实施，应建立与其相适应的教学评价指标体系，对当前的中职学校而言还需付出持续的努力。中职教育教学评价是以提高学习效率为目的，要为学生终身发展提供服务的发展性评价。对学生的评价要注重"自我参照"标准，强调评价的多元化、过程的动态化。对于课程本身的评价要注意课程、教学和评价的整体化。考虑到工作过程系统课程与职业活动间的关系，教学评价可从课程反馈、学习收获、行为变化和工作绩效四个方面来进行，但是行为变化和工作绩效往往是学生结束学业后才能开始，有较大的难度。①

---

① 赵志群：《职业教育工学结合一体化课程开发指南》，清华大学出版社 2009 年版，第130—132 页。

3. 一体化阶梯式课程模式

2021 年 10 月发布的《关于推动现代职业教育高质量发展的意见》要求，"一体化设计职业教育人才培养体系，推动各层次职业教育专业设置、培养目标、课程体系、培养方案衔接"。教育部颁布的《职业教育专业目录（2021年）》基本上完成了中职、高职专科、高职本科专业设置的一体化设计，但是一体化课程体系建设仍是一个艰巨的任务。

（1）职业基础教育定位对中职课程改革的影响。中职教育的职业基础教育的新定位有三个层面的含义：其一是技术技能型人才成长有其自身的规律，需要进行系统培养。较低层次的中职教育需要为较高层次的高职教育输送合格生源，中职教育成为高职教育的基础性教育。其二是中职教育将在技能型社会建设中发挥基础性作用。技能型社会是人人学习技能、人人拥有技能的社会。核心技能、生活技能不仅是技术技能型人才需要掌握，而且还应为社会所有人掌握，应成为国民整体素质的重要组成部分。其三是随着高中阶段教育的普及，中级人才特别是中级技术技能型人才正在成为我国社会发展的基础性人才。培养基础性技术技能型人才的中职教育，将长期在保证我国劳动力合理的年龄结构和人才层级结构中发挥基础性作用。

要发挥中职的职业基础教育方面的作用，需要强化中职教育的课程改革：第一是扩大中职课程内容的范围，不仅要关注特定职业能力的培养，更应该着眼于整体国民素质的提高，强化基础技能、通用技能、核心技能、可持续技能等方面的培养，为建设技能型社会打好基础。第二是坚持"一体化设计职业教育人才培养体系"的理念，实施职业基础教育导向的课程改革，从人才培养目标、课程目标、课程内容、教学方式和方法、课程考核评价等方面进行系统改革，促进中高职课程有效衔接，为高职教育输送合格生源。第三是根据技术技能型人才成长规律，正视中高职人才培养的递进关系，要构建一体化阶梯式课程模式，打造职业教育阶梯式课程体系。

（2）不同层次职业教育的人才培养定位。中职教育和高职教育属于同一类型不同层次的教育。例如，教育部 2019 年发布的《高等职业学校会计专业教学标准》要求着力培养"面向各类中小微型企业和非营利组织的会计专业人员职业群，能够从事会计核算、会计监督等工作的高素质技术技能型人才"①。教育部 2017 年发布的《中等职业学校会计专业教学标准（试行）》要求"面向中小企业和会计服务机构，培养从事出纳、会计核算及财经相关服务工作，高素质劳动者和技能型人才"②。在这里，中职会计专业培养的是"从事出纳、会计核算及财经相关服务工作"的技术技能型人才，高职会计专业培养"从事会计核算、会计监督等工作"的技术技能型人才，两者具有递进关系。在理解技术技能型人才方面，还是有一些不同的看法：其一，职业教育培养的是高素质技术技能型人才，但是中职教育为技能岗位培养人才，高职教育为技术岗位培养人才；其二，还有学者认为技能型人才和技术型人才属于类型划分，而不是层级划分，二者在能力结构上存在差异，许多高等职业学校更是向培养工程技术人才的大学看齐。

姜大源教授认为，职业技术的技术是基于"人"的技术，是附身或具身的技术，可被指称为"专有的技术"——技能③，因而中职学校、高职院校培养的是同类型人才，高职院校没有必要强调培养技术型人才，更没有必要向培养工程技术的大学看齐。技术与技能具有适配性和伴随性，也就是说技能是一定技术条件下的技能，或者说技能是运用某种技术的技能，因此我们可以理解"技术技能"是因某种技术而形成的技能。职业教育必须要关注现代技术发展给职业与岗位工作带来的影响，中职教育不仅要训练职业技能，还需要关注学生技术思维的养成。技术思维是解决技术问题的一种特有的思维活动，其实质内容是提出确定的创造或改造事物的方案或意见，如技术发明、技术设计、工艺或施工措施、技术管理决策等④，其实质是个体在技术

① 教育部职成司：《高等职业学校会计专业教学标准》，教育部网站，2019 年 7 月 30 日。

② 教育部职成司：《中等职业学校会计专业教学标准（试行）》，教育部网站，2017 年 7 月 26 日。

③ 姜大源：《职业教育要义》，北京师范大学出版社 2017 年版。

④ 李永胜：《科学思维、技术思维与工程思维的比较研究》，《创新》2017 年第 4 期。

活动中"通过接受、存贮并处理各种技术信息，并导致对技术客体进行（思维）加工的这样一种认识活动"①，集中体现了技术型人才的软技能②。

2019 年 10 月教育部办公厅印发的《中等职业学校公共基础课程方案》将中职学校人才培养定位在培养德智体美劳全面发展的高素质劳动者和技术技能型人才。2021 年 1 月教育部办公厅印发的《本科层次职业教育专业设置管理办法（试行）》明确指出："本科层次职业教育专业设置应体现职业教育类型特点，坚持高层次技术技能型人才培养定位。"本科层次职业教育培养的是高层次技术技能型人才，使毕业生能够从事科技成果、实验成果转化，生产加工中高端产品、提供中高端服务，能够解决较复杂问题和进行较复杂操作。作为职业基础教育的中职教育，不仅应该为学生的技术技能水平提高打下基础，也应该为学生的技术思维培养奠定基础。

（3）职业教育一体化阶梯式课程模式构建。构建一体化阶梯式课程模式的可用参照系有"新手—专长"技能获得模型、"初级技工—高级技师"职业技能等级、资历框架的资格等级标准等几种。我国国家资历框架尚处于建设之中，且大部分国家资历框架将普通教育、职业教育、继续教育等诸多资历纳入其中，形成跨领域的综合性框架，将其作为构建职业教育一体化阶段式课程的参照系就会显得有点宽泛。"初级技工—高级技师"职业技能等级是基于工作岗位的实际需求与人员技能水平的客观划分，其职业技能要求体现在职业技能等级证书考核上，仅体现了某个职业某一发展阶段的职业功能，以此为依据进行课程设置可以满足当前职业岗位需求，但是一般不会为未来能力提升作准备。"新手—专长"技能获得模型不仅要求个体的能力要满足当前岗位需求，而且还体现了个体的内在职业能力发展的过程，并蕴含了个体的能力追求和自我成长。在职业教育课程开发实践中，职教专家采用典型工作任务分析对"新手—专长"各个阶段的工作任务做筛选和排序，最

---

① 易显飞：《技术现象学、经验转向与技术文化——伊德的技术哲学评析》，《湖南工业大学学报（社会科学版）》2010 年第 6 期。

② 程宜康：《技术思维力——技术应用能力培养的关键目标》，《职教论坛》2016 年第 30 期。

后转化为课程体系及具体课程，这些课程以学习者能力形成为中心，注重个人的心智技能与操作技能的完整培养。因此，"新手—专长"五阶段技能获得模型是可以成为构建职业教育一体化阶梯式课程模式的依据。

"新手—专长"技能获得模型是 20 世纪 80 年代由美国哲学家休伯特·德雷福斯（简称"德雷福斯"）与其弟弟斯图亚特·德雷福斯（简称"斯图亚特"）合作提出的。2001 年德雷福斯在发表的《远程学习是何种程度上的教育?》一文中又增加了两个阶段，形成新手、入门、胜任、精通、专长、驾驭、实践智慧七个阶段。人们通常把提高技能的这七个阶段称为"技能获得模型"。"技能获得模型"体现了学习者从技能的低级阶段到达高级阶段的发展过程，其中前三个阶段为低级阶段，第四个阶段为过渡阶段，后三个阶段为高级阶段。依据德雷福斯七阶段技能获得模型，学习者在这个不同阶段的成长过程中，往往会伴随着情感转变、实践转变、认知转变等三大转变，具体转变内容见表 4-4。通过分析七个阶段的学习者在知识呈现、情感体验、实践应对、认知敏感性及思维方式等方面的呈现状态和现象学转变可知，学习者从低级阶段向高级阶段发展过程，其在思维、认知、情感和实践性方面的转变具有连续性和动态性的特点。

表 4-4　技能获得七阶段知识呈现、情感转变、实践转变、认知转变情况表[①]

成长阶段		知识呈现	情感转变	实践转变	认知转变
低级阶段	新手 入门 胜任	身体动作比较僵硬，以遵守规则或程序进行操作为主。	学习者总是程度不同地处于某种紧张状态，遇到特殊情况时，时常会伴有恐慌与惧怕。	学习者程度不同地处于"手忙脚乱"和"应接不暇"的状态，甚至会因为情境因素的复杂多变而深感信息"超载"、能力不济。	学习者程度不同地处于情境无关状态，没有丰富的经验积累，还不具备处理突发事件的能力，在处理问题时，理性的分析思维占有主导地位。

---

① 本表中关于情感转变、实践转变、认知转变的描述，参见成素梅、姚艳勤：《德雷福斯的技能获得模型及其哲学意义》，《学术月刊》2013 年第 12 期。

续表

成长阶段		知识呈现	情感转变	实践转变	认知转变
过渡阶段	精通	知识、规则、程序、工具开始内化于身。	积累的积极与消极情绪的体验强化成功的回应、抑制失败的回应。	学习者开始在把实践经验同化到身体当中，发展出一种与理论无关的实践方式。	学习者经验增加，情境敏感提升，能够完全参与到问题域中。虽然还是以理性思维为主，但开始出现直觉思维。
高级阶段	专长驾驭智慧	身体动作灵活，应对问题老练，经验所起的作用超过语言描述的规则。	情感状态转变为"享受与体验"情境变化带来的刺激感与满足感。	学习者的实践体验转变为"得心应手""胸有成竹"和"沉着应战"的状态。能够自信而流畅地应对问题，知道如何去做。	学习者进入了情境敏感状态。具有丰富的经验积累，能全面把握情境要素，综合运用规则，判断和处理问题时，直觉思维占有主导地位。

　　2016 年以来，深圳市宝安职业技术学校与 7 所高职院校开展"三二分段"衔接办学，"三二分段"招生人数超过了当年招生人数的 30%。根据德雷福斯的职业人才发展理论，宝安职业技术学校以校企多元协同为途径，通过中高行企合作构建衔接课程宏观框架，"新手、高级新手、胜任者、精通者"四个阶段衔接构建递进课程中观体系，"职业认知、职业体验、基础学习、专业实习、岗位训练、顶岗实习、高职提升、定岗实践"8 个层级递进构建分层课程微观体系，"平台＋模块"构建定向选择课程体系，构建了"递阶分层定向式"中高职衔接课程体系基本框架。宝安职业技术学校借助宝安职教集团理事会这个平台，完善多元主体协同参与课程建设机制，联合中职学校、高职院校、行业、企业等多方力量，按照市场调研、工作任务分析、课程结构分析、学习领域课程分析、课程教学设计、教学实施与评估等"6"大环节，开发调研报告、工作任务分析表、教学标准、课程标准、课程设计及教学资源等"5"项成果，推进课程立体化建设，探索"递阶分层定向式"衔接课程体系成功建设之路。经过几年努力，宝安职业技术学校在牵头研制广东省《数控技术专业中高职衔接专业教学标准和课程标准》的基础上，制

订实施 11 个专业的"递阶分层定向式"中高职衔接人才培养方案。①

"递阶分层定向式"中高职衔接人才培养方案建设探索，一方面为中高职一体化课程体系构建提供了新的路径；另一方面依据德雷福斯七阶段技能获得模型建设分阶段课程，体现了技术技能型人才培养"阶梯"式成长的特点。我国正在建设包括中职、高职专科、高职本科、专业硕士等层次的纵向贯通的现代职业教育体系。德雷福斯七阶段技能获得模型为纵向贯通的现代职业教育体系提供了一条建设一体化课程体系基本路径。具体是：中职主要完成新手、入门、胜任三个阶段的培养任务，而高职专科、高职本科、专业硕士、博士可分别参照精通、专长、驾驭、实践智慧等阶段的状态开发课程并进行人才培养。德雷福斯七阶段技能获得模型为技术技能型人才个人成长提供了一个值得珍视的职业能力发展阶梯，可以把各级职业教育衔接起来。我们将这种按照技术技能型人才成长规律，对构成现代职业教育体系组成部分的中职教育、专科职业教育、本科职业教育等各层次课程建设进行一体化设计，而形成的分阶段、分层次、分目标的阶梯式课程体系，称之为一体化阶梯式课程体系。将这种构建课程体系的模式称之为一体化阶梯式课程模式。

（三）中职学校课程建设模式

根据产业部门和教育部门关系来看，我国中职教育课程建设模式与专业建设模式保持着实质性的同步发展，有学科式建设模式、校企合作建设模式、产教融合型建设模式等三种主体课程建设模式。随着中高职贯通培养的推行，高职院校在中职课程建设过程中扮演着越来越重要的角色，对中职学校课程建设模式产生重要影响。

---

① 夏益中：《"递阶分层定向式"中高职衔接课程体系与实践——以宝安职教集团为例》，《天津中德应用技术大学学报》2021 年第 4 期。

1. 中职学校课程建设模式

（1）中职学校专业建设与课程建设。中职学校专业是根据社会职业需求而设计的，反映了经济社会某一职业领域对中职层次技术技能型人才培养的社会需求。社会职业岗位群工作要求决定了一个专业技术技能型人才培养的目标和规格。中职学校的专业结构反映了这个学校服务经济社会的总体结构。在我国中职学校内部管理中，专业是学校内资源使用与人才产出的实体组织。相应的学生的教学、实习、就业、升学等依托专业进行组织，即一个专业意味着有同一专业学生所组成的班集体，有这个专业的教师队伍，有这个专业的教室、仪器设备、实训室、校外实训实习基地等。因此，专业的设置、调整、撤销往往牵涉各方利益而有一定的难度。

专业是由众多门课程组成的，课程是专业的基本构件。专业人才培养目标的规格的实现需要课程去实现，这影响着专业的课程设置与课程目标，所以专业是课程带有特定目标的集合。课程建设则是专业建设的具体落实，是借助于专业教师、专业教材、专业设施、专业网站等条件，采用正确的教学方法与手段，向学生传授现代专业知识，形成专业教学效果。课程建设的中心任务则是致力于课程教学水平与质量的提高，并通过课程标准（或教学大纲）、课程教学团队、课程教学组织、课程教学质量监控等环节的协同持续建设，构筑起学生某一方面的知识体系与能力体系。专业建设思路要通过一门一门的课程建设来体现、来落实。众多课程卓有成效的建设，共同构筑起专业课程平台，众多的专业课程平台就会凸显专业建设理念。一个学校的课程建设直接支撑起这个学校的专业建设、主干专业建设乃至专业群的建设。

专业建设目标及专业方向的设置不仅决定课程建设目的和方向、专业课程结构及课程的学时分配，也会影响专业的人、财、物的分配，影响具体课程建设质量。任何一个专业都是由一门一门具体的课程组成，专业的课程结构不仅反映了专业技术技能型人才培养的知识与能力结构，还可以反映专业满足社会职业需求的总体质量程度。课程建设是专业建设的核心内容，课程建设不仅决定专业的教师队伍配置，而且还影响到专业实训室建设、仪器设备的配置、实习基地的建设。更为重要的是，课程建设的状况决定了除专业规模外的专业水准、专业知名度、专业层次，直接影响专业人才培养目标的实现。

做好中职学校课程建设，第一是要紧紧围绕各专业的人才培养目标，厘清课程间的相互关系，做好课程间的衔接，构建课程体系；第二是要处理好理论教学与实践教学的关系，做好"工"与"学"两个课堂的结合；第三是要做好网络课程资源的建设，充分利用现代信息技术和现代教育技术手段，开发好网络课程教学资源，特别是要强化隐性知识的传授、记录与整理；第四是要创新教学模式，积极探索教学方法改革；第五是要重视隐性知识在人才培养中的重要作用，强化以隐性知识为主体的课程建设，突出中职学校特有的文化氛围；第六是要高度重视教师队伍建设，发挥教师的关键作用。

(2) 中职学校课程建设模式。课程建设模式是指特定环境下，为达到一定课程建设目标，课程建设主体在一定理论指导下开展课程建设的基本方法、结构和范型。目前，我国中职学校列入计划的课程可分为公共基础课和专业课（技能课）两大类，根据课程内容及教学的特点又分为理论课、实践课、理实一体化课程三类。校企协同育人成为中职课程建设的重要特征，但是课程的性质不同，企业介入课程建设的程度也会有所不同，其课程建设模式也就可能有所不同。2022 年 4 月 9 日在中国知网检索（题名％ ="课程建设模式"），检索范围：期刊，共录得文献总数 1416 篇。在相似度最高的 145 篇文献中，可以分为如下几类：

第一类主要是探索某一门具体课程的建设模式，如《高职会计专业〈经济法〉"1+1"课程建设模式研究》(王国均，《商业会计》2012 年第 13 期)、《"现代网络通信工程设计"课程建设模式探索》(陆镕，《软件导刊》2019 年第 3 期)等，虽然有的采用了校企行合作模式，有的依托 CDIO 工程教育模式等进行课程建设，但这些都是从一门具体课程角度出发开展课程建设模式探索的。

第二类主要是加持信息技术的课程建设模式探索，如《线上线下混合式"金课"建设模式的研究与应用——以农业设施工程学课程为例》(董晓星，

《河南教育（高等教育）》2021 年第 12 期）、《地方农业院校在线开放课程建设模式探索》（王畅等，《高教学刊》2018 年第 15 期）、《基于资源的开放式网络课程建设模式研究》（周立元，《中国远程教育》2006 年第 4 期）、《高等院校在线课程建设模式的实践及改革探讨》（蒋鑫，《当代教育实践与教学研究》2017 年第 11 期）、《精品课程建设模式的分析与研究》（邢林芬、王华，《光盘技术》2009 年第 10 期）、《强化内涵提升的精品课程建设模式与实践》（胡向东等，《电气电子教学学报》2009 年第 S2 期）、《基于 Moodle 的微课程建设模式探究》（李长齐、王菡，《计算机光盘软件与应用》2014 年第 18 期）、《美国高水平综合性大学在线课程建设模式、保障机制及启示——以加州大学洛杉矶分校为例》（张冲、戴丽娟，《成人教育》2022 年第 3 期）等，这一类集中于在线课程、精品课程、微课程的建设模式探索与研究。

第三类主要是按专业课或公共基础课来区分课程建设模式，如《职业院校计算机类专业课程建设模式探索》（赵晓燕，《辽宁高职学报》2009 年第 2 期）、《土地资源管理专业课程建设模式探讨》（蔚霖，《科教导刊（中旬刊）》2016 年第 32 期）、《创建"教·学·做"一体化建筑装饰专业课程建设模式》（陈婷，《亚太教育》2016 年第 28 期）、《高等职业教育财经类专业课程建设模式初探》（孙万军，《北京财贸职业学院学报》2009 年第 2 期）、《论高校大学生创新创业课程模式建设》（许红、巧彭进，《科技视界》2021 年第 26 期）、《边疆少数民族地区高校通识教育课程建设模式探索——以大理大学为例》（张彩彩，《创新创业理论研究与实践》2020 年第 20 期）、《职技高师人文课程建设与课程模式的设计》（王金珍，《吉林工程技术师范学院学报》2004 年第 10 期）等，主要是对大中院校专业课或公共课的建设模式的探索和研究。

第四类主要是基于某一理论进行课程建设模式探索，如《首要教学原理视角下的网络课程建设模式》（俞建华，《中国电化教育》2010 年第 4 期）、《基于工作体系的知识、技能、态度三位一体的课程建设模式研究与实践》（郭江平，《武汉船舶职业技术学院学报》2009 年第 1 期）、《"工作过程导向"课程模式在高职农业机械应用技术专业课程建设中的应用》（辛连学，《教育探索》2011 年第 6 期）、《实践能力导向的应用型本科船舶类专业课程建设模式研究》（关伟嘉、谭文才，《教育教学论坛》2020 年第 22 期）、《基于成果导向的〈仓储运营与管理〉课程建设及教学模式改革与实践》（李辉，《河北旅游职业学院学报》2021 年第 3 期）、《基于能力培养的目标的统计学课程建设模式探索》（张翠凤，《现代教育科学》2010 年第 9 期），这些探索以某种理论为指导，结合课程特点进行的课程建设模式探索，对丰富课程建设的思想很有帮助。

第五类主要是进行特色课程建设模式的探索，如《高校形势与政策教育"343"课程建设模式探索》（李天友、张莉，《思想教育研究》2014 年第 8 期）、《经济新常态下高职院校"产学创融合"课程建设模式的实践研究——以药品生物技术专业为例》（蒋留生等，《职教通讯》2018 年第 6 期）、《以项目为核心的校企合作课程建设模式探索》（潘红艳、陶剑文，《职业教育研究》2010 年第 7 期）、《烹饪专业"项目、基地、课程"相结合课程建设模式》（杨志武，《合作经济与科技》2012 年第 22 期）、《创建"教·学·做"一体化建筑装饰专业课程建设模式》（陈婷，《亚太教育》2016 年第 28 期），这类特色课程建设模式是根据国家政策和社会环境变化的要求，结合学校发展实际情况进行自主探索所取得的积极成果。

另外，还有文献介绍了国外课程建设的经验，并从不同角度对课程建设模式进行了探索，也说明课程建设模式的多样性和复杂性，对我国中职教育课程建设模式构建有积极的借鉴意义。如《澳大利亚高职课程建设模式及启示》强调澳大利亚职业教育"人才培养之所以很好地满足了社会、经济发展的需要，主要原因在于国家职业标准与职业教育之间实现了紧密衔接"[①]，这提示我们要跳出职业教育本身的范围去认识职业教育课程建设，构建与职业教育具有良性互动的课程建设模式。

---

① 倪文燕：《澳大利亚高职课程建设模式及启示》，《教育与职业》2013 年第 1 期。

深入分析以上文献发现，我国中职教育课程建设模式按课程建设主体不同可以分为学校单主体、校企合作、产教融合三种主要课程建设模式。学校单主体课程建设模式也可称为学科式课程建设模式，课程建设主要由学校教师完成，这种建设模式适合学科体系式课程，如中职学校的语文、数学、英语、艺术、历史、化学、物理等公共基础课程，也有部分专业基础课程。校企合作课程建设模式，是通过学校和企业两类主体合作开展课程建设，实现教学内容与职业标准对接、教学过程与生产过程对接；采用工学结合、"教学做"一体化、项目导向、任务驱动等教学模式，持续提升人才培养质量。产教融合课程建设模式，是指产业部门和教育部合作开展课程建设而形成的具有一定规律和特征的课程建设范式。校企合作课程建设模式可以视为产教融合课程建设模式的初级阶段，也是形成产教融合课程建设模式的重要基础。2017 年发布的《国务院办公厅关于深化产教融合的若干意见》要求"逐步提高行业企业参与办学程度，健全多元化办学体制，全面推行校企协同育人"，促进"教育和产业统筹融合、良性互动的发展格局总体形成"，这进一步推动了产教融合课程建设模式的形成和发展。职教集团型课程建设、"1+X"证书制度在中职学校的试点、"岗课赛证"育人等都体现了强烈的产教融合课程建设模式特征。随着中高职贯通培养的推行，高职院校也开始介入中职学校课程建设，形成了中高职协同课程建设模式或中高企协同课程建设模式，进一步丰富了中职学校课程建设模式，对产教融合课程建设模式形成和发展具有十分重要的意义。

2. 中职学校课程建设模式构建

课程建设模式是指特定环境下，为达到一定课程建设目标，课程建设主体在一定理论指导下开展课程建设的基本方法、结构和范型。中职学校课程建设模式构建主要采用定性建模的方法。从方法论角度来看，定性建模主要有总结归纳法、问题导向法、理论推演法、综合法等几种方法。所以建构课程建设模式并没有固定不变的程式，但无论采取哪一种课程建设模式，都必须经过教育教学实践的检验。

（1）总结归纳法。归纳法课程建设模式的基本路径是"实践—理论—实践"，它首先要进行大量的课程建设实践，其次对大量实践进行归纳总结筛选出成功范例，最后上升到理论形成规律性的认识，并指导课程建设实践。中职学校的教学计划（或课程计划、或课程方案）层次的课程建设，一般都是在国家或省级教育主管部门颁布的专业教学标准指导下进行的，是国家或省级专业教学标准的进一步的延伸应用及具体化，其建设模式相对更复杂一些，这里只重点讨论一门具体课程的建设模式。总结归纳法构建课程建设模式是最适用中职学校一线教师的，可以用于公共基础课程，也可以用于专业课程。总结归纳法构建课程建设模式的起点是课程建设的"原型"，或者说是课程建设经验。"原型"是指已存在的一种课程建设模式，或者是一种课程建设模式的雏形。这种"原型"可以来源于建模者自身，也可以来源于建模者外部，但这个原型必须具有一定的优点，并且在运作过程中取得较好的效果。建模者以这个原型为基础在进行大量的课程建设实践基础之上，对其优点进行提炼概括形成共性，再加以规范化、系统化、程序化，就会形成较为成熟的课程建设模式。

从学校课程建设管理角度来看，利用总结归纳法开展课程建设模式探索实践，可以从上而下，也可以从下而上，但是总体而言是一种从下而上、具有"草根"特性的课程建设模式。课程建设模式探索，一般需要组建一个课程建设团队，通过团队合作的形式共同完成课程建设相关工作。对文化基础课程建设，课程建设团队往往可以只需考虑职业教育内部的教师群体就可以，但是专业课程建设一般需要通过校企合作来完成团队建设，因为专业课程的教学内容还需要考虑企业的新技术、新材料、新业态、新模式、新环境等方面的影响。利用总结归纳法开展课程建设模式探索实践一般应经过如下步骤：

第一步是总结归纳。课程建设团队的成员特别是课程负责人，应该善于不断地总结反思自己和团队的课程建设行为，并运用现代职业教育课程理论和教学理论，总结出自己和团队在课程建设过程中成功的范例，归纳提升自己和团队课程建设的优势和特色，形成独特的课程建设模式内核和雏形，这不仅是课程负责人自己和团队的课程建设实践的结晶，而且也是建构课程建设模式的必要基础。

第二步是对比反思。一种课程建设模式并不是简单的课程建设经验及教学经验的汇编。课程建设团队一方面要反思课程建设要素之间的关系，如要不断反思团队课程规划设计、课程教学实施、课程质量评价等各个环节的建设指导理念是否先进且相对一致，课程建设采用的课程模式、教学模式、评价模式等核心部分是否相互配合，课程内容及课程资源准备、课程建设中师生的活动、课程教学实施的程序和方法、现代化教学手段的运用等是否融为一体。另一方面要反思课程建设是否有利于学生素质全面发展，是否体现了社会、经济、产业发展趋势，是否满足企业对相应技术技能型人才的需求等。通过对比、衡量、反思、综合等，形成课程建设的策略体系。

第三步是完善模式。课程建设模式的构建，是一个不断完善、发展的过程。运用总结归纳法构建模式，需要遵循从"实践到理论再到实践"的不断升华过程，不断从教学目标、建设主体、课程设计、教学实施、质量评价等方面完善课程建设模式的设计。剔除不利于学生身心素质全面发展的因素，留其精华把优秀的课程传统继承下来，并将现代科学文化技术相关内容融入课程之中，丰富课程知识的载体和呈现形式。对于技术技能课程，要提高产教融合、校企合作的程度，使知识在学校、企业、学生之间形成循环运作，保证课程能持续不断地将企业中新技术、新材料、新工艺、新设备等新知识有序融入课程教学内容。

第四步是实践检验。一种课程建设模式是否成功，是否能提高教育教学效果，只能通过实践来检验。因为课程建设模式的形成，会不同程度受到人们的主观假设、人为加工的影响。这些主观假设、人为加工在模式形成过程中都是必要的，但在实际运行中这些假设是否成立、人为加工部分能否顺利实施，则需要经过课程建设实践，特别是教学实践的验证。只有在课程建设中持续提高认识、反复进行实践、不断反馈修正并及时补充完善，才能提高所建构模式的信度和效度，才能使之符合客观规律，才能成为行之有效的方法、途径，才会富有较强的生命力。

第五步是理论升华。课程建设模式的构建是一种实践探索，也是一种理论研究。只有经过理论研究，才能将感性经验上升到理性认识，再通过反复实践和理论总结，形成一个符合中职学生认知规律和技术技能型人才成长规律的、具有一定特色的课程建设模式框架，并能通过文字等形式加以传播和推广。经过理论升华的模式一般包括如下几个方面的内容：科学的模式命名、模式形成和适用环境、建构的理论依据、模式的结构特点、典型案例、实践效果与分析等。任何课程建设模式都是在一定条件和环境下的模式，课程建设模式的构建和推广不能急于求成、简单化搞一刀切，应循序渐进在小范围内实验、提供实验和示范的基础上逐步推开，才会取得较为满意的效果。

（2）问题导向法。问题导向法是以课程建设实践中遇到的问题为出发点，通过调查研究，发现分析产生问题的原因，寻找解决问题的基本理论和方法，并在实践过程中检验基本理论和基本方法的正确性和可行性，经过持续的研究、修正、完善，形成课程建设模式。美国建筑学家 C. 亚历山大在《建筑的永恒之道》中提出，"每个模式是一条由三部分组成的规则，它表示了一个特定环境、一个问题和一个解决方案之间的关系"。这为课程建设者提供了问题导向法构建模式的思维框架。问题导向法构建课程建设模式的具体步骤如下：

第一步，分析课程建设中遇到的问题。问题分析是构建课程建设模式的起点，一般情况下课程建设中存在的问题都源于现实与目标之间的差距。例如，中高职课程有效衔接是中高职衔接办学的要求，但是在现实中中职与高职课程内容重复现象存在，部分中职毕业生掌握的课程内容或能力达不到高职要求等。这就是现实与目标的差距，也产生如何才能保证中高职课程有效衔接的问题。对于课程建设中存在的问题是不是真问题、是不是有价值的问题，这需要课程建设主体去甄别与界定。界定问题的方法可以分为三步：一是准确地描述问题。课程建设过程中，我们可能会遇到不明确、非量化、模糊化、有歧义的问题，我们需要做的就是准确地描述问题，将这些问题转化为可量化、可例证、清晰化的问题描述。二是明确问题的构成要素。可以采用 5W2H 分析法，即做什么（What）、为什么（Why）、何人做（Who）、何时（When）、何地（Where）、如何（How）、多少（How much），也称"七何分析法"。"七何分析法"有助于弥补考虑问题的疏漏，发现解决问题的线索，进行设计构思，使思路条理化，杜绝盲目性。三是弄清问题的本质，区分问题的表象与根本原因，有时还要显性化问题隐含的假设，形成初步的解决方案。通过界定问题，了解问题的性质及解决问题的价值与难度，对构建课程建设模式具有十分重要的作用。

第二步，课程建设的环境分析。中职学校课程建设是一种嵌于社会网络之中而又为社会对象服务的实践活动，它受到社会及课程自身的内外部环境共同制约。中职学校课程建设中遇到的问题，很多体现为课程内容和教学方式方法不能满足技术技能型人才培养的需要。因此，中职课程建设往往需要分析中职知识生态环境，明确课程建设主体和服务对象，了解课程知识流动过程和特点。生态位是指一个种群在生态系统中所占据的时空位置及其与相关种群之间的功能关系与作用。不同的课程建设主体，在生态系统中占据的生态位是不一样的，不同的生态位可以获取的课程建设要素也是不一样的，这决定着不同的课程建设主体对外界的认知是不同的，其能找到的合作者及共生单元也会不同，其解决问题的方式也会有所不同，所构建的课程建设模式也会有所不同。产教融合、校企合作是职业教育的基本特征，中高职贯通培养、中本贯通培养是当前职业教育发展的重要现实。正是因为这样，中职学校课程建设的环境较普通中学复杂得多。通过中职课程建设环境的分析，我们可了解行业企业发展对技术技能型人才培养的需求、技术和工艺等更新对课程的影响、职业教育一体化人才培养对课程建设的要求等。这些变化可能就是引发课程建设问题的原因，也可能是我们寻找解决问题的重要立足点，对构建模式具有十分重要的影响。

第三步，设计解决方案。设计解决方案就是要为问题寻找新的、创造性的解决方案。问题的解决方案要与问题本身具有紧密的关系，并确定如何达成课程建设的目标。因为课程建设的最终目的是提高人才培养质量，所以设计解决方案时要将社会需求和学生成长需求放在首位。也就是说，设计课程建设问题的解决方案要以课程建设目标作为出发点，并将问题的解决作为方案的中心和重点。斯坦福大学哈斯普拉特纳设计学院提出了一个五阶段设计思维模型：即共情（Empathize）、定义（Define）、构思（Ideate）、原型（Prototype）和测试（Test）。以中职学校为主体，以中高职课程衔接问题为例，"共情"就是中职学校以同理心去体会企业和高职等用人单位与学生等服务对象的需要。"定义"就是根据企业、高职和学生的需求和见解，重新构建问题；我们可以发现中高职课程衔接问题，其实是如何实现中高职有效合作培养人才的问题。"构思"就是要开始构思解决方案了，提出尽可能多的想法以备参考和筛选。"原型"就是准备出一个粗略的解决方案，我们可以建立一个中高职合作机制，如邀请高职院校加入中职学校专业建设委员会或教学指导委员会，定期对中高职课程体系及其他合作问题进行研讨。"测试"就是实施原型设计阶段确定的最佳解决方案，测试方案的可行性，并最后检查总结测试结果。如果总体效果较满意，则对原方案进行完善，并推广到不同专业同类问题的解决，这样模式就形成了。

以上是依据 C. 亚历山大对模式的定义进行模式构建的方法，其实质是针对"问题解决"来构建课程建设模式。问题导向法对模式三要素（即环境、问题、解决方案）的强调，让我们意识到模式是在一定条件下的模式，随着环境的变化，问题的性质也会发生变化，解决问题的方法也就应该有所不同。对于基层学校和教师而言，通过问题导向法来构建课程建设模式，符合我们在日常教育教学过程中"以问题为中心，通过寻求解决问题途径和方法，以提高课程建设效果"的一般思路，也是一种具有可操作性的方法。

（3）理论推演法。理论推演法是由模式构建者以某一科学理论为基础，并将理论模仿演绎应用到课程建设实践中去，形成"理论—实践"演绎型课程建设模式。中职教育是跨界教育，仅仅依靠职业教育理论来创新教育理论和解决教育实践问题已经感到力不从心，往往要借助相关领域的理论来分析、整理、鉴别、修正、创造职业教育知识，探索解决中职教育课程建设实际问题的新路径。用理论推演法构建课程建设模式时，可以借助职业教育理论进行推演，也可以选择普通教育理论进行推演，还可选择其他学科的理论进行推演。例如，金泽龙在《同步工程理论视阈下职业技术教育高水平课程建设新模式研究》一文中就是"基于同步工程理论，结合我国职业技术教育高水平课程建设的特质与未来趋势，坚持同步工程各要素整合观点，建构职业技术教育高水平课程新模式"[1]。同步工程理论本不属于教育学理论，但是作者却根据同步工程理论的整合观点，在高水平课程建设中心协调下，实施现代的研究、发展、执行与评鉴来进行高水平课程建设，并形成课程建设模式。在近几年，有学者将行动学习理念、成果导向教育、产教融合、工学结合等理论应用于课程建设，探索课程建设的新模式。

根据教育学理论、课程理论、教学理论、心理学、社会学、管理学、信息学以及其他相关学科的研究成果提出假设，加以设计、演绎并运用到课程建设实践中去，丰富了职业教育课程建设模式。用理论推演法构建课程建设模式一般是先从理论出发提出设想，然后结合课程建设要求和实际进行模式设计，再将课程建设模式付诸实践，并在课程建设实践中验证设想、加以完善，形成可供借鉴、推广的课程建设模式。用理论推演法构建课程建设模式的过程可表述为"设计—试验—修改—试验—完善—推广"，因此从某种理论出发设计课程建设模式并用于课程建设实践，这还有一定的实验性质，需要进行多次反复修改和完善。如果说从先进的理论出发提出正确的设想是理论推演法构建课程建设模式的关键，那么通过实验验证设想就是课程建设模式形成和完善的重要保障。可能会有人认为通过这种方法构建的课程建设模

---

[1]　金泽龙：《同步工程理论视阈下职业技术教育高水平课程建设新模式研究》，《江苏高职教育》2022 年第 1 期。

式没有很大的实践价值，但是如果通过在众多的理论推演法构建的模式中选优，肯定会有助于提高中职教育的活力。因此，这种课程建设构建法是一个很有力的工具，有助于活跃教师的思维，有助于形成新颖的课程建设模式，最终有助于中职教育创造新的价值。

基于工作过程系统化课程建设模式和基于成果导向的课程建设模式探索是当前职业教育通过理论推演法构建课程建设模式的两大热点。基于工作过程系统化课程建设探索的重点范围集中在职业教育领域。基于成果导向的课程建设探索起源于工程教育，是美、英、加拿大等国家教育改革的主流理念，目前也正在向职业教育领域进行渗透。成果导向教育（Outcomes-Based Education，简称 OBE）强调教学设计和教学实施的目标是学生通过教育过程最后所取得的学习成果（Learning Outcomes）[1]，要求"清晰地聚焦在组织教育系统，使之围绕确保学生获得在未来生活中取得实质性成功的经验"[2]。OBE 教育提倡以学生为中心，高度重视所有学生的学习成果，核心目标是以能力为根本、遵循学生个性发展的需求、以个性评估为动力、以持续改进为重点来适应教育的需求。[3] 基于成果导向的课程建设，着力实现从学科导向向目标导向转变、从教师中心向学生中心转变和从质量监控向持续改进转变等三个转变改革，目前在中职教育课程建设中也取得较为丰富的成果。

构建课程建设模式就是希望能够高效、高质量地完成课程建设任务，达到专业人才培养目标。对课程建设模式的观察角度不同，对课程建设模式的认识和构建方法也会不同，因此在实践过程中形成丰富多彩的课程建设模式，如目标导向模式、课程标准校本化模式、借鉴重构模式、课程群建设模

[1] 李志义、朱泓、刘志军等：《用成果导向教育理念引导高等工程教育教学改革》，《高等工程教育研究》2014 年第 2 期。

[2] 王珊珊、孟祥欣：《基于 OBE 理念的学生创新创业能力培养途径探讨》，《高教学刊》2018 年第 12 期。

[3] 王维娜、侯晓羽：《OBE 教学模式在应用型高校〈电路原理〉课程中的应用研究——以河套学院为例》，《科学大众（科学教育）》2019 年第 8 期。

式、评价改进模式、名师牵头模式、管理促建模式等。这些模式各有优缺点，且都会受制于一定的现实条件，因而课程建设的深度和层次也会有所不同。很多模式只重点关注一个角度，因而也不是所有的模式都是可以独立运用的模式，往往需要在课程建设中进行组合、综合加以运用。

3.多元主体课程建设模式探索案例

宝安职校牵头与中高职院校、行业企业、政府机构组建了深圳宝安职业教育集团，并与集团七所高职院校合作探索中高职"三二分段"贯通培养，构建了"中高企"多元主体协同课程建设模式，形成了"递阶分层定向式"中高职衔接课程体系，促进了中高职有效衔接及学校教育与企业实践紧密结合，推进了中职、高职、企业三方协同育人。根据《宝安职教集团"递阶分层定向式"中高职衔接课程体系构建与实践总结报告》①，对该校的实践介绍如下：

（1）改革背景。《国家中长期教育改革和发展规划纲要（2010—2020年）》要求建立"中等和高等职业教育协调发展的现代职业教育体系""建立健全职业教育课程衔接体系"。2014年《国务院关于加快发展现代职业教育的决定》明确要求职业教育要"适应发展需求、产教深度融合、中职高职衔接"，并首次将"系统培养，多样成才"作为发展职业教育的基本原则。广东省积极探索职业教育人才培养模式创新，并于2010年前后开展中高职"三二分段"衔接试点办学。

2010年以来，深圳市坚持产业升级和区域转型并举，构建梯次型现代产业体系，在"十二五"期间经济结构战略性调整取得实质性突破。当前，深圳市正在加快建设更具辐射力带动力的创新型全国经济中心城市，努力建设更具辐射力带动力的全国经济中心城市，加快建成现代化国际化创新型城市，这使得深圳市对高素质、多元化、多层次技术技能型人才的需求不断增

---

① 胡龙、夏益中、卓良福等：《宝安职教集团"递阶分层定向式"中高职衔接课程体系构建与实践总结报告》，此项目于2020年获广东教育教学成果奖（职业教育）一等奖。

加，并对高技能型人才多元化培养提出新的要求和挑战。

（2）面临问题。第一，中高职课程衔接不够深入的问题。2010年，学校开始中高职"三二分段"衔接试点办学。在对接过程中发现，中高职课程主要是学科体系课程，且课程内容重复，不符合职业人才发展规律和工作岗位需求。第二，学校人才培养与企业人才实际需求脱节的问题。通过"腾笼换鸟"，深圳经济结构战略性调整取得实质性突破，急需适应产业升级的高素质技能型人才。2007—2009年，学校在扩大办学规模的同时，积极与粤西北及中西部地区职业学校联合办学，为深圳地区培养更多技能型人才，但是发现职业学校培养与企业实际需求相脱节问题比较严重。第三，中职学生职业生涯发展受限的问题。许多家长和学生认为接受中职教育是被淘汰者被动选择，中职学生的"职业教育低人一等"偏见仍然存在。其主要原因是现行就业发展公共政策限制了中职生的就业质量和职业发展空间，中等技能型人才向高素质、高技能型人才提升的路径不畅通，在一定程度上限制了中职学生的个性发展和多渠道成长。第四，企业等多元主体参与课程建设不深入的问题。只有中职、高职、行业企业共同参与，才能使中高职课程有效衔接、校企人才供求精准对接，但是由于缺乏机制保障，行业企业对职业学校课程建设的参与程度并不深入。

（3）改革历程。为了适应深圳市经济结构调整升级对多层次技能型人才的需求，满足中职生多维度职业生涯发展的迫切需要，宝安职校积极开展如下实践：第一，探索阶段。2010年1月，学校制订实施《职业教育"宝安模式"总结工作方案》，同年，学校数控专业与深圳职业技术学院开始了中高职"三二分段"衔接办学。《工学交替六层推进螺旋上升》入选当年全国职业教育与成人教育工作会议材料《职业教育与成人教育改革创新案例选编》，《政府、企业、学校三方合作的"企业校区"教学模式》入选教育部全国中等职业教育《教学模式改革创新案例》，"递阶分层定向式"课程体系已成雏形。第二，成熟阶段。2011年，学校的中职阶段"三段六层"课程和教学体系建设被列入国家示范校建设项目特色项目的子项目。

2014 年,《中国职业技术教育》刊载的《"宝安模式"开启职业教育校企合作新视界》对学校课程体系及多元协同课程建设进行了介绍。数控、服装、网络等专业先后开展中高职"三二分段"衔接试点办学。2013 年 6 月,学校与广东机电职业技术学院、深圳市金凯进光电仪器有限公司共同牵头的《数控技术专业中高职衔接专业教学标准和课程标准研制》获广东省教育厅立项,并于 2015 年 1 月结题。"递阶分层定向式"中高职衔接课程体系框架构建基本成熟。第三,完善阶段。2016 年以来,学校所有专业与 7 所高职院校开展"三二分段"衔接办学,"三二分段"招生人数超过了当年招生人数的 30%。学校联合高职院校、行业企业协同制订实施 11 个专业的"递阶分层定向式"中高职衔接人才培养方案,成果得以在全市推广运用。

（4）解决方法。第一,四个阶段递进,解决了中高职课程衔接不够深入的问题。建立学校、专业部、专业三级课程建设机构,通过"中高行企"多元协同方式构建中高职衔接课程宏观框架,推动中职、高职、行业、企业定期和不定期参与课程建设,构建"新手、高级新手、胜任者、精通者"四个阶段递进衔接课程中观体系,实现中高职技术技能型人才的系统培养。第二,八个层级分层,解决了学校人才培养与企业人才实际需求脱节的问题。依据技能迁移理论,构建"职业认知、职业体验、基础学习、专业学习、岗位训练、顶岗实习、高职提升、定岗实践"等八层递进的课程微观体系,促进人才培养与职业岗位需求紧密结合。第三,"平台＋模块"定向,解决了中职生职业生涯发展受限的问题。按"基本培养规格＋发展型培养规格",在基础课和专业核心课平台基础上,开设岗位就业型、分段衔接型、"3+证书型"、创业型等模块课程,构建"平台＋模块"定向选择课程体系,促进学生多元发展,多通道成才。第四,多元主体协同,解决了企业等多元主体参与课程建设不够深入的问题。建立学校、专业部、专业三级课程建设机构,为学校、高职、行业、企业参与课程建设搭建平台,共计聘请 23 所中高职院校为办学顾问单位、专家 32 名,聘请 35 个行业（企业）协会为专业建设委员会成员、专家 38 名参与学校专业和课程建设，多元主体共同促进了课程体系持续完善。

（5）改革成果。第一，构建了一个"递阶分层定向式"衔接课程体系基本框架。根据德雷福斯的职业人才发展理论，以校企多元协同为途径，通过中高行企合作构建衔接课程宏观框架，"新手、高级新手、胜任者、精通者"四个阶段衔接构建递进课程中观体系，"职业认知、职业体验、基础学习、专业实习、岗位训练、顶岗实习、高职提升、定岗实践"八个层级递进构建分层课程微观体系、"平台 + 模块"构建定向选择课程体系，构建了"递阶分层定向式"中高职衔接课程体系基本框架。

第二，开发了一批"递阶分层定向式"教学标准、培养方案、教材和课程。联合高职院校、行业企业协同制订 10 个"递阶分层定向式"专业教学标准和课程标准，11 个"递阶分层定向式"中高职衔接中职学段专业人才培养方案；牵头研制了《数控技术专业中高职衔接专业教学标准和课程标准》，参与研制教育部中职物流专业教学标准；新增广东省课程改革专业 2 个。2011—2018 年共编写"递阶分层定向式"教材 66 种，由高等教育等出版社出版发行，包括《服装款式设计》等国家规划教材 28 种、《汽车配件管理》

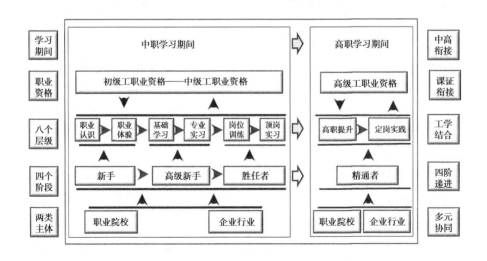

图 4-5 "递阶分层定向式"中高职衔接课程体系结构示意图

等创新示范教材 4 种、《二维动画企业实训教程》等校企合作教材 17 种，涉及动漫等 9 个专业。《数控铣床操作与加工工作过程系统化教程》《网页设计与制作》等教材参加深圳市首届校本教材评比交流活动获一等奖 2 项、二等奖 5 项、三等奖 2 项。实施合格课程、重点课程、精品课程、竞赛课程的分类建设，创新行动导向教学、混合式教学、技能训练，建设了《服装款式设计》《影视后期制作技术》两门国家级精品课程资源，《网页设计》《数控铣床零件加工》等 9 门市级精品课程，《会计综合模拟实训》等 20 门校级精品课程，《汽车维修与保养》等 15 门校级混合式教学改革试点课程，《服装款式设计》等 28 门技能竞赛课程，提高课程开发和实施水平。

第三，探索了一条"递阶分层定向式"衔接课程体系立体化建设之路。以宝安职教集团理事会为平台，设立学校、专业部、专业三级课程建设机构，完善多元主体协同参与课程建设机制，凝聚中职、高职、行业、企业等"4"方合力，按照市场调研、工作任务分析、课程结构分析、学习领域课程分析、课程教学设计、教学实施与评估等"6"大环节，开发调研报告、工作任务分析表、教学标准、课程标准、课程设计及教学资源等"5"项成果，推进课程立体化建设，并通过诊断改进不断完善，探索了一条"递阶分层定向式"衔接课程体系成功建设之路。目前，学校形成了以职业人才发展理论和工作过程系统化课程理论为指导、以职业实践为主线，建立适应职业岗位（群）所需要的学习领域和以项目课程为主体的"递阶分层定向式"中高职衔接专业课程体系。

（6）创新之处。第一，构建"四阶段八层级"技能迁移理论。基于德雷福斯的职业人才发展理论和认知迁移理论，将中高职技术技能型人才系统培养分为新手、高级新手、胜任者、精通者四个阶段，"职业认知、职业体验、基础学习、专业学习、岗位训练、顶岗实习、高职提升、定岗实践"八个层级，构建了"四阶段八层级"高素质、高技能型人才培养的技能迁移理论，促进中高职课程衔接、课程内容与岗位实践及职业标准衔接，实现职业能力的螺旋递进。第二，建立中高企多元协同的课程建设机制。学校牵头成立宝安职教集团，集团理事会包括宝安区经济促进局等 4 个政府机关、深圳职业技术学院等 7 所高职院校、宝安中德（欧）产业发展合作联盟秘书处等 12 个行业企业、龙川县技工学校和德国 F+U 集团等 7 所中职及教育机构。参与全国物流职业教育教学指导委员会等 16 个行业协会，与银宝山新科技股份有限公司等 32 家企业建立了稳定合作关系。建设了学校专业建设管理委员会、专业部专业建设委员会、专业教学指导委员会等三级课程建设机构，聘请了 23 所中高职院校、35 个行业或企业组织参与课程建设，推进中职、高职、行业、企业多元主体参与课程建设各环节，建立校企多元协同中高职衔接课程建设机制，促进多元主体协同建设"递阶分层定向式"中高职衔接课程体系。第三，形成"递阶分层定向"中高职衔接人才培养模式。"引校入企"建设三叶精密等 8 个企业校区，推进校外实训基地教学化建设；"引企入校"建设财华财等 6 个教学企业，开展校内实训基地企业化建设；与 7 所高职院校开展"三二分段"衔接办学，打造"中高企"产教联合体；携手广东机电职业技术学院、深圳市银宝山新科技股份有限公司创新开展"中高企"五年一贯制模具专业双元制试点，2019 年推广到汽车、服装等专业。以此为基础，实施"递阶分层定向"衔接课程体系，推进校企协同育人，创新"递阶分层定向"中高职衔接人才培养模式，搭建校企双向培养，中高职有效衔接的技能型人才培养"立交桥"，实现中高职有效衔接，学校教育与企业实践紧密结合。

自 2019 年发布《国家职业教育改革实施方案》以来，我国现代职业教育体系得到了进一步完善。在 2021 年 4 月召开的全国职教大会上，孙春兰副总理明确"要一体化设计中职、高职、本科职业教育培养体系"，这也表示我国中职知识生态系统中，中职、高职（含高职专科和本科）、企业、行业的共生关系得到进一步加强，中职教育政府、中职学校、高职院校、行业企业等多元主体课程建设格局得到进一步加强。在党的领导下，发挥政府的统筹作用、行业的指导作用、企业的主体作用、高职院校的引领作用，是中职学校提高课程建设质量的基本途径。宝安职校多元主体协同课程建设模式，不仅推进了该校"递阶分层定向式"中高职衔接课程体系建设，也为一体化设计中职、高职、本科职业教育培养体系提供鲜活的案例。随着职业教育一体化人才培养体系及产教融合校企双元育人的深入探索，中职学校多元主体协同建设课程模式也日益成为趋势。

三、中职学校混合式教学课程改革

以计算机多媒体和网络通信为基础的信息技术，给我们的教育带来了无限生机，同时也为教育改革提供了有利条件。基于信息技术的教学模式便孕育其中，它是教育信息化的必然结果，也是教育改革、解决教学问题的有效途径之一。开展混合式教学改革课程建设是推进中职学校信息化教学改革的重要抓手。

（一）混合式教学改革课程建设背景

1.国家政策的推动

2012 年，教育部制定下发《教育信息化十年发展规划（2011—2020 年）》，将教育信息化提上议程，并提出了到 2020 年"基本建成人人可享有优质教育资源的信息化学习环境、基本形成学习型社会的信息化支撑服务体系、基本实现宽带网络的全面覆盖、教育管理信息化水平显著提高、信息技术与教育融合发展水平显著提高"的发展目标。2015 年，李克强总理在政府报告中首次提出的"互联网＋"行动计划为我国进一步推动教育信息化开辟了新的思路和空间。2019 年 6 月，教育部发布的《关于职业院校专业人才培养方案制订与实施工作的指导意见》明确要求，中职学校要进一步深化教师、教材、教法改革，推广混合式教学等现代教学模式，推进课堂教学革命。

2.现有教学模式的局限

虽然中职学校的教学模式已经摒弃了早期的以"教"为主、注重理论讲授的模式，部分专业课教学中逐步尝试了项目教学、理实一体化教学、行动导向性教学等教学模式，尤其是理实一体化教学对操作性强的专业来说，极大地帮助了学生对抽象理论知识的理解和应用，学生的专业操作技能提高极快，这也在全国中职校的学生技能大赛中学生优异表现中有所体现。但学校文科类的专业和公共基础学科的教学依然沿用传统的教学模式，教学媒体仍以黑板与粉笔、书籍为主，即使使用了计算机，只限于 PPT 展示教学内容，增加课堂教学容量，并没有完全发挥出媒体的作用，教学组织形式以集体教学为主，教学方法以讲授法为主，讨论法、实验法等用得较少；教学程序基本都是按照先复习旧课，然后讲授新课，接着巩固小结，布置作业等展开。教师的自由度较大，学生的自由度较小，以教师为中心，教学缺乏学生的参与，教学活动方式比较单一，课堂气氛不活跃。

3.师生对信息技术的欢迎

2017 年，深圳市宝安职业技术学校为了解师生对教学模式的认识和改革的态度，分别针对教师和学生制作了调查问卷。本次参与调查的专任教师122 人（其中财会专业教师 21 人、计算机网络和软件专业教师 13 人、数控专业教师 14 人、汽修专业教师 8 人、物流专业教师 5 人、公共基础课教师61 人），全部提交了调查问卷。

表4-5 信息技术条件下的教学模式创新改革调查问卷结果（教师卷）

问卷内容	回答选项	回答人数(人)	占比（%）
您的课堂有没有固定模式	有	51	41.80
	没有	69	56.56
您了解并运用过的教学模式有（多选题）	讲授模式	108	88.52
	自主学习模式	89	72.95
	情景学习模式	73	59.84

问卷内容	回答选项	回答人数(人)	占比（%）
您了解并运用过的教学模式有（多选题）	任务驱动模式	84	68.85
您对您目前使用的教学模式所带来的教学效果满意程度	满意	17	13.93
	不满意	78	63.93
您希望作哪些方面的教学模式改革（多选题）	以教师为主转变为以学生为主	88	72.13
	教学资源不局限于书本资源，给学生提供更多的视音频资料	107	87.70
	课堂组织形式改变	90	73.77
	考核方式的变化	78	63.93
	教学环境的改变	68	55.74

由表4-5看出，参与调查的教师对教学模式有一定的了解，但局限于小范围的课堂教学模式或教学方法，且大部分局限于使用传统的讲授式教学模式，他们对目前所使用的教学模式不满意，希望能以教师为主转变为以学生为主，并从教学环境、教学资源、课堂组织形式、考核方式等方面有所改变。

学生提交的有效调查问卷184份，高一年级49人、高二年级100人、高三年级35人。其中有104人认为所在专业理论课与实操课的比例为2∶1且难以理解，62人认为比例为1∶2且相对容易理解专业理论，89人认为比例为1∶1且认为有必要减少理论内容加大直观展示和操作。

表4-6　信息技术条件下的教学模式创新改革调查问卷结果（学生卷）

问卷内容	回答选项	回答人数（人）	占比（%）
你更喜欢以下哪种教学模式	传统的教师灌输模式	12	6.52
	师生互动式学习	134	72.83
	学生自主式学习	18	20.65

问卷内容	回答选项	回答人数（人）	占比（%）
你觉得融合了以下哪些元素的课堂更有吸引力（多选）	老师引导学生课堂讨论互动	124	67.39
	老师将理论知识与社会热点问题相结合引发学生深度思考	134	72.83
	学生以小组合作形式讨论并汇报	99	53.80
	播放视频	121	65.76
信息技术进课堂有哪些积极影响（多选）	提供了丰富的学习资源，有利于自主学习，培养自学能力	145	78.80
	能够与教师和其他同学交流，促进写作学习	125	67.93
	培养了团队意识，合作能力及领导能力	109	59.24
	开阔了视野，拓展了知识面	137	74.46

由表 4-6 得出，大部分学生更喜欢师生互动式学习，希望改变教师上课单一讲授的模式，希望培养自己的自主学习、团队意识、合作能力和领导能力。

（二）混合式教学改革课程建设条件创设

成熟稳定的教学模式下的教学过程一般包含教师、学生、教学内容和教学媒介等四个因素。传统的教学模式是以教师为中心，教师是知识的传播者和灌输者；学生处于被支配地位，是知识被动的接受者和灌输对象；教学内容一般以教材为载体；教学媒体是教师向学生灌输知识的方法与手段。而信息技术条件下的混合式教学模式则要以学生为中心，学习者在教师创设的情境中自主学习、协作学习，用其所学解决实际问题。可看出基于互联网的信息技术条件下的教学模式与传统的教学模式有着本质的区别，它的主要特征可概括为四个方面：

一是教师角色的转变。在新的教学模式中，教师的角色由原来的知识讲解者、传授者转变为学生学习的指导者、促进者。二是学生地位的转变。在新的教学模式中，学生的地位由原来的被动接受转变为主动参与，学生将成为知识的探索者和学习过程中真正的主体。三是教学过程的转变。在新的教学模式中，教学过程由原来的知识归纳型、逻辑演绎型的讲解式教学过程转变为创设情境、协作学习、会话商讨、意义建构等新的教学过程。四是媒体作用的转变。在新的教学模式中，教学媒体由原来作为教师讲解的演示工具转变为学生的认知工具。因此要进行教学模式的改革，我们就要从教学媒介、教师、教学内容等方面创设条件。

1. 信息化学习环境搭建

数字化学习环境，尤其是网络教学平台和教育教学资源，将为信息化教学提供有效的支持，可以将课堂教学扩展到课堂外，教师在课堂教学中可以利用网络教学资源进行授课，课后学生可以借助网络教学资源和网络交互工具进行学习和讨论交流，从而提高学生的学习效率和学习效果。自 2015 年以来，深圳市宝安职业技术学校进行了一定程度的信息化建设，如每个教室讲台都有电脑和投影仪，黑板和电子白板同时配备，以及教室墙壁配备扩音器等，每个教室电脑里都安装了"鸿合备授课软件"，还有校园网络班班通（仅限于教师使用）。教师可以利用网络在教室备课，或是利用网络通过授课软件授课，这时网络和信息技术设备的功能只是发布教学内容，无法支持教学交互、教学评价和教学管理。而教学交互、教学评价和教学管理是保证教学质量的重要环节。因此我们极需要有一个集教学内容发布与管理、课堂教学、在线教学交互、在线教学评价和教学管理等功能于一体的网络教学平台。

经过多方考察比较，该校选用了超星集团的"一平三端"智慧教学系统作为信息化教学模式改革的支持系统。此系统中的网络教学平台可以支持在线课程建设、在线课程学习、在线教学互动、教学效果分析等，此平台还可覆盖教室端、移动端和管理端。教室端可以关联教室现有的硬件，课堂上实施签到、选人、抢答等互动与资料上传、分组教学、主题讨论等教学活动的发放，或是线上课程及资源的实时调用。移动端可以通过移动电子设备进行远程移动学习、课堂教学互动、课后作业考试、阅读在线资源等。管理端能给教学管理部门提供大数据分析。通过这个智慧系统，老师可以改变以往的教学方式，不用将教学资料放在 U 盘等设备中，只需存储在智慧教学系统的云端即可，通过线上功能将线下课堂场景打通，通过系统的投屏功能，依靠教师的移动手机，就可以激活课堂，打破传统课堂的活跃性差、互动性疲乏、教学烦琐等问题；学生可以通过移动手机在教学平台上进行课前预习、课后复习、与教师互动等。

2.师资培训

在信息化教学模式下，教师的角色发生很大的变化，教师成为学生学习的组织者、引导者、参与者、促进者和评价者，成为课程的开发者和设计者。这种角色的变化向教师的能力提出了挑战。为了帮助教师们尽快适应并熟悉教学环境，排除技术障碍，承担教学改革任务，我们进行了多角度、多方面、多批次的综合培训。

首先进行了教育理念和教学环境使用的培训。以全国职业院校教师信息化教学大赛（现为教学能力大赛）为抓手，聘请了全国有名的信息化教学专家到学校进行信息化教与学的教育观念和理论的培训；同时也请超星集团公司的技术人员进行网络教学平台使用培训，内容包括教学平台各模块功能、建课、教学资源管理、教学任务发放、利用平台的教室端和移动端上课、与学生互动等。

其次是教学设计及信息技术的培训。一方面鼓励年轻教师参加职业院校教师信息化教学大赛，对参加比赛的教师进行信息化教学设计、信息化课堂教学以及信息技术制作教学资源的培训；另一方面启动了"混合式教学改革试点课程建设"课题研究，将各课题组成员作为重点培训对象，采取"请进来"和"送出去"的方式进行信息化教学多方面的培训，希望这些教师在后续的教学改革中起承担者、推动者和传帮带的作用。

在培训教师的同时，也对学生进行基本的网络平台使用培训。主要是教会学生如何利用平台资源自主学习、如何与教师互动、如何上传作业等。

（三）混合式教学改革课程建设模式构建

以混合式教学改革试点课程建设为抓手，进行教学模式的建构。虽然超星泛雅教学平台里有大量成熟的网络课程和资源可供选择，但是并不完全适合学生，从实际需要出发开发一批面向学生并适合线上线下混合教学的课程就是深圳市宝安职业技术学校启动试点课程建设的初衷。经过自愿申报与专家评选，将15门课程作为试点课程，除了语文、英语、数学是公共基础课外，其他均为专业课（包括理论课、理实一体化课）。

1.课程设计

混合式教学课程要素包括教学目标、教学内容、教学资源、教学活动、教学评价、教学环境等。因此，要探索线上线下混合式教学模式改革，就是将信息技术与上述各课程要素融合起来，经过精心的设计，形成新的结构、新的流程，以提高教学效果。

第一，课程教学计划说明。线上建课始于课程的教学计划。各课题组经过培训和研讨，在分析课程目前现状、课程授课对象的学习基础和学习类型、课程传统教学与混合式教学的优劣、教学时间安排等基础上，对课程教学进行计划和设计。我们要求各课题组将整个课程的教学计划以及各个章节/单元（公共基础课）或各个模块（项目课程和工作过程系统化课程）以表格形式列出，并发布到网络教学平台上。课程教学计划的内容应该包括课程内容单元或模块划分、课程学习目标、辅助资源等，引导学生了解课程结构、明确学习目标；单元/模块计划的内容应包含学习内容、学习目标（知识目标、技能目标、情感目标）、重难点、教学资源、作业、反思和考核评价方式等。

第二，课程教与学的流程设计。鉴于公共基础课教材目前还是以全国规划教材为主，所以课程设计是以教材的单元划分为依据进行的；专业课方面，大部分都是在项目式模块化内容基础上进行设计。以混合式教学理论为指导，我们将教与学的流程设计为"课前自主学习→课堂释难和交流消化→课后巩固、反思与拓展"。

课前。本部分主要是知识点提炼和内容资源设计和开发。各课程组根据课程教学目标，将单元／模块内容再进行分割，提炼知识点和重难点，根据教学目标和重难点，设计线上预学任务、开发或搜集相应的教学资源作为线上学习资源、编制预学自测题。线上预学任务的设计要考虑学生的兴趣、认知能力、知识的重难点等；资源搜集和开发的宗旨是"学教并重"，即不仅要包括课件、视频、微课等类资源，还要开发支持自主探究、协作交流的有关资源，如真实生活中的案例等；预学自测题的开发要与预学的知识点紧密关联。

课中。"混合式教学"最大的亮点就是挑战传统课堂，将传统课堂教学和在线学习进行优势融合，把传统的课堂讲授通过多样的线上资源的形式进行前移，给予学生充分的学习时间，尽可能让每个学生都带着较好的知识基础走进教室，从而充分保障课堂教学的质量。在线下，老师根据学生预学情况查漏补缺、重点突破后，剩下的就是通过精心设计的课堂教学活动为载体，组织学生们把在线所学到的基础知识进行消化巩固与灵活运用。课堂活动形式可以是师生间的重点问题解答、生生间的互动式提问、分组交流讨论、角色扮演、情境演练、案例分析和展示等。总之，是要将线上线下知识相互衔接、有机融合，通过形式多样的课堂活动，实现知识的内化和能力的提升。

课后。课后阶段是学生巩固知识、拓宽视野的关键环节，应包括课前和课中知识点检测、根据课前和课中所学完成的作品、与课前课中内容相关的拓展知识，还有师生各自总结收获反思不足等。

考核评价。混合式教学模式下，学生课前、课中和课后需要花更多的时间和精力用于线上学习和交流、线下讨论、展示与拓展等，因此在新的教学模式下，要开发面向学习过程的发展性评价。要以学生在知识学习与运用或运用信息技术解决问题过程中的表现和成果作为评价依据。经过专家指导和课题研讨，各课程统一设计从出勤和学习态度、线上学习时长与预学自测成绩、课堂小组讨论和展示的表现、课后线上互动和单元／模块大作业成绩或作品成品、期中和期末成绩等几个维度进行评价。也就是说我们的考核评价贯穿课前、课中和课后。

2.课程资源建设

优质、多样的课程资源是在网络环境下开展混合式教学的重要基础，是为辅助课程内容达到教学目标而用于学生学习的重要途径。资源内容的设计开发既能支持教，又能支持学；既能适应不同学习者的需要，又能解决资源共享的问题。因此我们要求课程资源应包含如下内容：

课前自主学习的导入性、辅助性资源，如视频、音频、动画、图形/图像、微课、PPT等。这些资源都应上传到课程的网络教学平台上，供学生在线观看或手机上观看，以供学生自主学习、自行复习等。

课堂多媒体教学PPT和活动设计。这些资源也需上传到教学平台，方便上课教室端调取或其他教师参考和修改。

课后知识拓展资源，如相关知识拓展的视频、音频或网址链接等。这些资源与课前和课中的PPT等互为补充，拓展学生的知识广度和深度。

在线测试题库、作品库。利用超星平台功能模块，建立课程在线题库，包括课前预学自测题、课后巩固习题、单元测试题、期中期末测试题等。作品库包括语言类课程的说和读的音频和视频、体验类课程的调研和采访视频与报告、专业类课程的作品成品照片等，供展示和其他学生学习参考。

信息技术条件下的教学模式改革没有完全统一的模式，但是有统一的追求，那就是要利用信息技术和网络，充分发挥"线上"和"线下"两种教学的优势，改造我们的传统教学，改变我们在课堂教学过程中过分使用讲授而导致学生学习主动性不高、认知参与度不足、不同学生的学习结果差异过大的问题，把更多的课堂时间还给学生，使学生成为课堂的中心，优化学习效果，培养学生自主学习能力和思辨能力。

参考文献

陈承欢、罗友兰：《专业建设、教学管理的诊断与优化》，电子工业出版社 2019 年版。

陈解放：《合作教育的理论及其在中国的实践》，上海交通大学出版社 2006 年版。

邓泽民、王宽：《现代四大职教模式》，中国铁道出版社 2006 年版。

何世松、贾颖莲、王敏军：《基于工作过程系统化高等职业教育课程建设研究与实践》，武汉大学出版社 2017 年版。

姜大源主编：《当代德国职业教育主流教学思想研究：理论、实践与创新》，清华大学出版社 2007 年版。

姜大源：《职业学校专业设置的理论、策略与方法》，高等教育出版社 2002 年版。

姜大源：《职业教育要义》，北京师范大学出版社 2017 年版。

徐国庆：《职业教育原理》，上海教育出版社 2007 年版。

徐国庆等：《从分等到分类：职业教育改革发展之路》，华东师范大学出版社 2018 年版。

许远：《职业教育专业建设与课程教材开发》，中国人民大学出版社 2019 年版。

俞可平主编：《治理与善治》，社会科学文献出版社 2000 年版。

赵志群：《职业教育工学结合一体化课程开发指南》，清华大学出版社 2009 年版。

翟海魂：《发达国家职业技术教育历史演进》，上海教育出版社 2008 年版。

查尔斯·辛格、E. J. 霍姆亚德、A.R. 霍尔主编：《技术史》第 1 卷，王前、孙希忠主译，上海科技教育出版社 2004 年版。

[美] 弗里曼：《战略管理：利益相关者方法》，王彦华、梁豪译，上海译文出版社 2006 年版。

曹玉姣、蒋惠园：《长江中游城市群的物流共生演化机制》，《改革》2015年第10期。

陈新文：《技术文化的发展与职业教育模式演进》，《职业技术教育》2008年第16期。

冯晓敏：《现代学校治理体系的理念框架与内容建构》，《现代教育管理》2015年第8期。

高红琴：《我国中等职业教育身份危机研究》，西南大学硕士学位论文，2009年。

葛俐：《创业投资（VC）和私募股权投资（PE）产业链的共生研究》，东华大学硕士学位论文，2010年。

姜大源：《课程开发关键：结构问题》，《世界教育信息》2018年第21期。

姜大源：《职业教育立法的跨界思考》，《教育发展研究》2009年第19期。

刘文全、马君：《新中国成立70年中等职业教育的历史使命与变迁——基于中等职业教育政策文本分析》，《中国职业技术教育》2019年第24期。

刘旺生：《专业建设模式的选择》，《职业技术教育》2000年第7期。

马君、张苗怡：《"职业基础教育"定位下中等职业教育新课程体系构建》，《中国职业技术教育》2022年第4期。

孟北明：《中等职业学校专业设置原则及存在问题剖析》，《职业技术》2014年第10期。

平和光、李孝更：《十八大以来中国特色现代职业教育体系建设报告》，《职业技术教育》2017年第24期。

苏福亭：《教育生态环境理念与青年教师成长》，《中国电子教育》2009年第2期。

孙帅帅、祁占勇：《新中国成立70年来我国职业教育地位变革的审视——基于政策文本分析的视角》，《职业技术教育》2019年第10期。

万后芬：《新中国成立70年来大陆高等教育的发展》，中南财经政法大学网，2019年9月4日。

王文彬、聂劲松：《粤港澳大湾区中等职业学校中高职贯通人才培养研究》，《河北职业教育》2018年第5期。

王庆金、田善武：《区域创新系统共生演化路径及机制研究》，《财经问题研究》2016年第12期。

肖化移：《大众化阶段高职教育发展模式之比较》，《职业技术教育》2004年第7期。

谢莉花、余小娟：《我国职业能力标准体系的系统化发展思考》，《职教论坛》

2022 年第 2 期。

徐平利：《从"技艺经验"到"技术知识"：职业教育作为"类型"的知识论逻辑》，《职业技术教育》2020 年第 19 期。

徐晔：《我国中等职业教育身份危机研究》，《职教通讯》2019 年第 19 期。

余韵、徐国庆：《基础导向：中等职业教育课程改革思路》，《职教论坛》2020 年第 9 期。

闫智勇、吴全全、徐纯：《职业教育课程模式的演进历程与发展趋势》，《职教论坛》2019 年第 1 期。

查国硕：《基于应用型人才培养的我国职业教育政策分析（1978—2016 年）》，浙江师范大学硕士学位论文，2017 年。

张红：《高职院校高水平专业群建设路径选择》，《中国高教研究》2019 年第 6 期。

张兆诚、曹晔：《新中国成立 70 年来我国中等职业教育发展历程与成就》，《职教通讯》2019 年第 23 期。

郑勤华等：《广东开放大学课程建设模式设计研究》，《广东开放大学学报》2015 年第 2 期。

曾天山：《新中国职业教育 70 年的发展轨迹和历史经验》，中国网·中国政协频道，2019 年 10 月 30 日。

后　记

因缘际会，笔者于 2017 年成为深圳市第三批教育科研专家工作室主持人，并与工作室成员一起将中职学校专业和课程建设模式的探索研究作为工作室研究的主要课题。本书既是笔者多年来从事中等职业教育及其专业和课程建设理论研究和实践工作的总结，也是笔者主持或参与多项科研课题的集体研究的成果。

在承担深圳市"十三五"教育科研规划专项资助课题"中等职业学校专业和课程建设模式研究"项目研究中，我们对中国特色现代职业教育体系建设及中等职业教育定位等中等职业学校专业和课程建设的外部环境、中职学校的专业建设模式和课程建设模式进行了研究，并取得广东省教育教学成果一等奖、二等奖各一项。

在承担广东省"十三五"规划 2019 年度教育科研重点项目"资历框架视阈下的粤港澳大湾区中职教育资历互通互认研究"子课题"粤港澳中职教育数控技术应用专业互通互认研究"项目研究中，我们以国际视野对资历框架、香港资历框架下的职业教育体系特别是其高中阶段的普职融通、粤港澳中职教育数控技术应用专业对比等方面进行了研究。

在承担广东省"十三五"规划 2018 年度教育科研重点课题"职业学校基于教学生态系统的'OTO'教学模式研究与实践"项目研究中，我们对知识生态系统、职业教育信息化教学及混合式教学课程进行了研究。

在本书撰写过程中，得到了许多师长、朋友、工作室成员以及单位的支持和帮助。感谢姜大源名家工作室及姜大源研究员、吴全全研究员、闫智勇博士，广东省教育科学研究院杜怡萍研究员，是他们为我们提供了系统化的理论指导；感谢深圳职业技术学院李建求研究员、卿中全副教授和深圳信息职业技术学院闫飞龙博士，他们对本书提出了很多建设性意见；感谢陈伟明、余朋、陈凌云、林玉芬、史红玲、刘锐、周志伟、钟泽友、叶仙虹、罗忠、闫英战、冯艳妮、蔡善武、张雯文、张志钧、李双双、王凯书、李红梅、李玉凤、胡洪、姚超等工作室成员，他们为本书提供了许多有价值的经验和建议；感谢深圳市宝安职业技术学校胡龙校长、刘贵丹副校长、卓良福同志等校领导和众多同事，以及深圳市教育局、深圳市教育科学研究院、宝安教育科学研究院等单位对我们的大力支持。

在本书撰写过程中，参考并引用了大量的文献资料，大部分资料来源已经列出，如有疏漏，恳请谅解。同时，向这些文献资料作者表示深深的谢意！特别是袁纯清先生的共生理论为我们打开了知识生态系统共生演化理论之门。

由于能力所限，书中难免有不足之处，敬请读者和各位同仁批评和指正。

夏益中

2022 年 10 月

责任编辑：韦玉莲

封面设计：徐　晖

图书在版编目（CIP）数据

走向职业基础教育的专业与课程建设研究／夏益中，吴秋枝 著 . — 北京：
人民出版社，2023.2

ISBN 978－7－01－024204－0

I.①走…　II.①夏…②吴…　III.①中等专业学校－课程建设－研究

IV.① G718.3

中国版本图书馆 CIP 数据核字（2021）第 256417 号

走向职业基础教育的专业与课程建设研究

ZOUXIANG ZHIYE JICHU JIAOYU DE ZHUANYE YU KECHENG JIANSHE YANJIU

夏益中　吴秋枝　著

人民出版社 出版发行

（100706　北京市东城区隆福寺街 99 号）

北京九州迅驰传媒文化有限公司印刷　新华书店经销

2023 年 2 月第 1 版　2023 年 2 月北京第 1 次印刷

开本：710 毫米 ×1000 毫米 1/16　印张：19

字数：270 千字

ISBN 978－7－01－024204－0　定价：65.00 元

邮购地址 100706　北京市东城区隆福寺街 99 号

人民东方图书销售中心　电话（010）65250042　65289539

版权所有·侵权必究

凡购买本社图书，如有印制质量问题，我社负责调换。

服务电话：（010）65250042